宰相群体

与南宋孝宗朝政治

崔英超　著

暨南大學出版社
JINAN UNIVERSITY PRESS

中国·广州

图书在版编目（CIP）数据

宰相群体与南宋孝宗朝政治/崔英超著．—广州：暨南大学出版社，2014．6
ISBN 978－7－5668－1068－7

Ⅰ．①宰…　Ⅱ．①崔…　Ⅲ．①政治人物—研究—中国—南宋 ②政治—研究—中国—南宋　Ⅳ．①K827＝442

中国版本图书馆CIP数据核字（2014）第135601号

……………………………………………………………………………………

宰相群体与南宋孝宗朝政治
著　　者：崔英超

责任编辑：李　战　曹　军　黄少君　牛　攀
责任校对：卢凯婷　周优绚　王嘉涵

地　址：中国广州暨南大学
电　话：总编室（8620）85221601
　　　　营销部（8620）85225284　85228291　85228292（邮购）
传　真：（8620）85221583（办公室）　85223774（营销部）
邮　编：510630
网　址：http：//www.jnupress.com　http：//press.jnu.edu.cn
排　版：广州市天河星辰文化发展部照排中心
印　刷：佛山市浩文彩色印刷有限公司
开　本：787mm×960mm　1/16
印　张：16.25
字　数：267千
版　次：2014年6月第1版
印　次：2014年6月第1次
定　价：42.00元

序

宋孝宗（1162—1188 年在位）可算是南宋最有作为的一个皇帝了。孝宗朝是南宋唯一没有权相的朝代，宋孝宗锐意改革，力除弊政，起用主战派大臣，在内政和外交方面都企图有所作为，中兴宋朝，在南宋历史上写下了浓墨重彩的一页。然而，外部面临进入全盛的金朝世宗时期，宋军北伐失败，在 1164 年的“隆兴和议”签订后，对金战争结束，三十年未再有大战；内部则受到太上皇高宗的牵制，改革措施多受干扰，虽有和平的外交局面，但内政始终无大的起色，南宋趋向腐败的政治，终未能扭转。孝宗在晚年，待到太上皇死去，心灰意冷，终于决定步高宗后尘，禅位给儿子光宗，自己也去当太上皇了，可谓壮志未酬。

对于宋孝宗朝，已有不少人研究，但集中进行全面探讨的终属罕有。在吉林文史出版社组织编写的《宋帝列传》中，收有方如金、陈国灿所著《宋孝宗》，但尚显不足。因此，2002 年，在崔英超选择博士论文题目时，我请她考虑一下宋孝宗朝。经过一番商讨，决定以“南宋孝宗朝宰相群体研究”为题，撰写博士论文。宋人有云：“国事成败在宰相。”通过对宰相群体的研究，正可以看出宋孝宗施政的倾向、用人的好恶，以及政策的贯彻执行。这些，正是考察孝宗朝政治必不可少的视角，也是少有人注意到的角度。由此，文章可写出新意，有所收获。崔英超的博士论文，大致达到了我预想的深度，把握住了南宋孝宗朝政治运作的脉搏，达到了博士论文的水平。2004 年，崔英超完成博士论文，并通过了答辩，获得了历史学博士学位。

博士毕业后，崔英超到暨南大学华文学院预科部任历史教师，教授外国学生及海外侨生。在此期间，崔博士完成了人生的一件大事——生育。随着儿子的出生，作为妈妈的崔英超，显然忙碌了许多。一眨眼间，几年过去，崔英超的儿子已经是小学生了，虽然教学任务亦十分繁重，但她总算可以将更多的精力投入到学术研究中了，博士论文的修改提上了她的议事日程。经过修改的论文水平，显然比博士论文有了更大的提高，已成为一本较好的著作。十年后的今天，论文终于可以出版。我听闻此讯，亦为之高兴。希望这是崔英超完成生育大事后，在学术道路上的一个新起点，并在此基础上，争取更大的成绩。是为序。

张其凡

2014 年 5 月 1 日于暨南花园

目　录

第一章

绪　论

第一节　研究目的与研究现状

一、研究目的和意义

在中国古代官僚政治体制中，宰相作为中央权力的核心成员，历来位极人臣，在国家的政治生活中扮演着非常重要的角色。而宰相群体则更是一个地位尊崇，往来于帝王、显宦与名士之间，且对一个时代的政治面貌、特色与发展走向有着深远影响的社会群体。在宋代这一特殊的中国古代专制社会的历史转型期，宰相群体在国家政治中的作用及影响更加重要。宋代，宰相之名几经变更。北宋之初，沿用唐制，以同平章事为宰相；神宗元丰改制，以尚书左仆射兼门下侍郎、尚书右仆射兼中书侍郎为宰相；宋徽宗政和年间，设左辅、右弼、太宰、少宰为宰相，仍兼两省侍郎。靖康中曾复改为左右仆射；南宋高宗建炎三年，以尚书左右仆射同中书门下平章事为丞相之职；孝宗朝乾道八年二月以后改为左右丞相。关于宋代宰相之职权，据《宋史·职官志》记载："佐天子，总百官，平庶政，事无不统。"

本书即以南宋孝宗朝宰相群体为研究对象。南宋是权相辈出的时期，权臣政治是南宋政治的一大特色。而孝宗朝却是南宋时期唯一没有权相的朝代，并且宰相的任用状况呈现出新的特征。与此同时，孝宗朝出现了一些不同于前代的"新气象"，造就了南宋历史上的黄金时代——"乾淳之治"的局面。因此，本书所要探讨的是在孝宗朝，这一南宋社会由动荡、粗安到平稳发展，且呈蒸蒸日上之势，国家政策逐渐由对外转向对内的转型时期，作为权力中枢的宰相群体的特点，以及该群体在孝宗朝对外关系和对内政治中的作用及影响。本书的研究目的，就在于通过对孝宗朝政治状况与宰相群体状况的分析和考察，进而论述孝宗朝不同的宰相群体在不同的历史阶段，针对不同政治问题所产生的作用及影响，并在此基础上进一步揭示宰相群体对孝宗朝政治面貌、特点及发展趋势的深刻影响。

以往关于孝宗朝的研究多从单个人物的角度进行考察，着重对宋孝宗及孝宗朝的某些著名人物进行研究，此外就是针对孝宗朝政治、思想文化等方面的一些概论。本书则从孝宗朝宰相个人、群体的角度出发，对其与孝宗皇帝、孝宗朝内外政治的发展进行互动考察。另外，孝宗朝有些宰相如叶颙、蒋芾、梁克家、曾怀、叶衡、赵雄等人，以前很少或根本没有对他们的研究，本书则较为具体详细地考察了他们在国内外政治中的影响。此外，通过对孝宗朝全体宰相进行群体研究，从而反映该朝内外政治的特点与发展走向，这在学界尚属新的尝试。更为重要的是，本书从对孝宗朝宰相群体的研究中，不但揭示出孝宗朝对于高宗朝政治的反动倾向，以及其在实践中的成败，而且揭示出孝宗朝政治乃至南宋前期政治重心由对外转向对内的内在原因，从而对孝宗朝“乾淳之治”局面的出现做出了诠释，即对外虽北伐不成而达成和议，但却显示出一种主动的、积极进取的态势，从而在一定程度上提高了宋朝的军事、外交地位。对内则实现了稳定的局面，使一度遭到破坏的士大夫政治体制得以恢复和重建，从而使孝宗朝的政治达到了一种较为清明而向上的局面，为孝宗朝经济、文化的发展创造了良好的环境。因此，本书对于研究孝宗朝乃至南宋中后期政治发展的趋势，对于深入了解南宋时期“士大夫”政治、南宋权臣政治都具有一定的积极作用，因而具有一定的学术价值。这也是本书写作的意义所在。

二、本课题的国内外研究现状

孝宗朝宰相群体研究是一个全新的课题，过去学者对这一领域的研究主要体现了以下几个特点：

其一，以宋孝宗为中心来研究这一时期的政治发展状况。如：方如金、陈国灿《宋帝列传·宋孝宗》（吉林文史出版社 1997 年 12 月版），王德毅《宋孝宗及其时代》（台湾《宋史研究集》第十辑），柳立言《南宋政治初探——高宗阴影下的孝宗》（台湾原刊《国立中央研究院历史语言研究所集刊》第 57 本，第 3 分，1986 年）、《宋孝宗与三教合一》（《大陆杂志》，78/4，1989 年 4 月第 35 页）、“The Absolutist Reign of SungHsiao-tsung（r. 1163—1189）”（Ph. D. diss，Princeton University，1986，92—106；

133—141)，王德忠《孝宗加强专制集权浅论》（《东北师范大学学报》1989年第1期)、《宋孝宗“恢复”图治述评》（《东北师范大学学报》1991年第1期）和《金世宗与宋孝宗之比较研究》(《史学月刊》1999年第6期)，朱学山《宋孝宗的内政建设》(暨南大学古籍所刊《历史文献与传统文化》第二辑)，范有芳《宋孝宗为改变不平等“受书礼”的斗争》(《松辽学刊》1997年第1期)，陈晓莹《宋孝宗治国政策与成效之评析》(《甘肃社会科学》2001年第3期)，方如金《试评宋孝宗的统治》(《浙江师范大学学报》2000年第6期)，王曾瑜《宋孝宗时的佞幸政治》（中国宋史研究会第十届年会论文)，张邦炜《宋孝宗简论》(《天府新论》1991年第3期)，庄练《中国历史上最孝顺的皇帝——宋孝宗孝行无双》(《文坛》1983年4月第274期，第63~64页）等。这些论著与论文从不同方面对宋孝宗的治国方略、统治得失做了一些非常有益的论述和探讨。

其二，对孝宗朝宰相人物的个案研究较多，而对宰相群体性的研究则非常缺乏，甚至是空白。如：陈乐素《读〈宋史·魏杞传〉》(《求是集》第二集，广东人民出版社1984年9月版)，柳定生《张浚与虞允文》(《文史杂志》1942年4月第2卷第4期)，元祐《南宋抗金英雄张浚》（成都晚报1963年2月7日)，夏顺均《虞允文的一生》(《历史知识》1983年第2期)，杨德泉《张浚事迹述评》(《宋史研究论文集》，河南人民出版社1984年7月版)，魏隽如《关于张浚的评价问题》(《历史教学》1990年第12期)，蒋义斌《史浩与宋孝宗朝政局——兼论孝宗之不久相》（台湾《中国历史学会史学集刊》1982年第14期)，俞倍芳《鄞籍中兴宰相史浩二三事》(《宁波师范学院学报》1991年第3期)，何忠礼《从对张浚和史浩的评价看民族心理对历史研究的影响》（杨渭生《徐规教授从事教学科研工作五十周年纪念文集》，杭州大学出版社1995年10月版)，诸葛忆兵《老成谋国的南宋宰相史浩》(《文史知识》1999年第11期)，王曾瑜《汤思退与隆兴和议》(《漆侠先生纪念文集》，河北大学出版社2002年10月版)，林叶蓁《南宋二相陈俊卿、陈文龙亲缘考》(《纪年研考》1995年第6期)，王德忠《张浚新论》(《东北师范大学学报》1992年第3期)，蔡哲修《张浚与川陕的经略（1129—1133）——“南宋偏安局面的形成”研究之二》(《大陆杂志》，1/99，1999年7月第13~30页)，雷大受《忠诚卫国、勇荷重任的虞允文》(《文史知识》1982年第9期)，刘诗《谈宋代虞允文的墨迹〈适造帖〉》（《四川文物》1994年第4期），林建曾《采石之战及其指挥者虞允文》（《南充师范学院学报》1982年第2期），施平《虞允文采石破金兵》（《北京师范大学学报》1975年第4期），周生春《虞允文晚年事迹述论》（《岳飞研究》1996年第4辑），童向飞《尹焞、陈亮、吕祖谦、朱嘉、周必大等与韩元吉交游考略》（《徐州师范大学学报》2000年第1期）等。这些文章对孝宗朝的个别宰相从政治、外交、军事、文化等方面进行了有益的探讨。

其三，对孝宗朝政治、思想文化诸方面的概论。如：何忠礼、徐吉军《南宋史稿》（杭州大学出版社1999年4月版），寺地遵著，刘静贞、李今芸译《南宋初期政治史研究》（稻禾出版社1995年7月版），诸葛忆兵《宋代宰辅制度研究》（中国社会科学出版社2000年7月版），余英时《朱熹的历史世界》（三联书店2011年7月版），张其凡《两宋历史文化概论》（广东人民出版社2002年7月版），周生春《十二世纪七十年代的宋金关系》（《岳飞研究》1992年第3辑），范立舟《乾道、淳熙年间朝野对理学的批评》（《暨南学报》2000年第7期），何忠礼《"绍兴和议"签订以后的南宋政治》（《杭州大学学报》1997年第9期）、《试论南宋孝宗朝初年与金人的和战——兼论对张浚和史浩的评价》（《浙江学刊》1998年第6期），黄山松《南宋的和战之论与"规模"说》（《浙江学刊》1996年第4期），张邦炜《论宋代的皇权和相权》（《四川师范大学学报》1994年第2期），唐自斌《试论南宋封建法制的败坏及原因》（《湖南师范大学学报》1994年第4期），陈寒鸣《南宋道学与反道学之争及启示》（《历史教学》1996年第5期），虞云国《宋代台谏系统的破坏与君权相权之关系》（《学术月刊》1995年第11期），朱宁《南宋新迹象及其结果》（《光明日报》1999年11月），李华瑞《两宋改革的特点及其历史作用》（《西北师范大学学报》1994年第4期），王瑞来《论宋代皇权》（《历史研究》1989年第1期）与《论宋代相权》（《历史研究》1985年第2期），倪士毅《宋代宰相出身和任期的研究》（《杭州大学学报》1986年第4期），罗家祥《试论两宋党争》（《华中师范大学学报》1984年第2期），俞兆鹏《论朱熹按劾唐仲友事件：兼论朱熹的政治思想》（《江西社会科学》1991年第2期），史继刚《宋代宰执的谒禁制度》（《西南师范大学学报》1990年第3期），陈丽《南宋理学官学化原因探析》（《河北师范大学学报》1999年第

3 期），陈国灿《南宋反理学思潮的理论总结者——叶适》（《文史知识》1999 年第 1 期），诸葛忆兵《宋代相权强化原因探析》（《江海学刊》1999 年第 3 期），郑强胜《宋代吏风初探》（《中国史研究》1998 年第 4 期），诸葛忆兵《宋代士大夫的境遇与士大夫精神》（《中国人民大学学报》2001 年第 1 期），程民生《论宋代士大夫政治对皇权的限制》（《河南大学学报》1999 年第 3 期），刘庆、毛元佑《中国宋辽金夏军事史》（人民出版社 1994 年 4 月版），黄宽重《南宋军政与文献探索》（新文丰出版公司 1990 年 7 月版），赵绍铭《中国宋辽金夏政治史》（人民出版社 1994 年 4 月版），赵晓耕《宋代法制研究》（中国政法大学出版社 1994 年 1 月版），任崇岳《隆兴和议新论》（《中州学刊》1991 年第 1 期），西岳《从采石之战到隆兴和议》（《史学月刊》1958 年第 6 期），杜文玉《“隆兴北伐”的几个问题》（《宁夏教育学院学报》1986 年第 3 期），殷维雄《宋金和战始末及其影响》（《史学通讯》1986 年第 22 期），张博泉《宋金和战史论》（《史学集刊》1984 年第 2 期），董克昌《采石之战新论》（《北方论丛》1993 年第 4 期），郑昌淦《隆兴和议前后的战与和》（《文史知识》1982 年第 9 期），蒙文通《从采石瓜洲毙亮记认识到宋代野史中的新闻报导》（《四川大学学报》1955 年第 2 期），刘肃勇、王晓莉《论完颜亮南征伐宋的战争》（《求是学刊》1987 年第 5 期），许国《宋金关系浅析》（《湘潭师范学院学报》1985 年第 2 期），董克昌《宋金外交往来初探》（《学习与探索》1990 年第 2 期），赵永春《宋金交聘制度述论》（《辽金史论集》1989 年第 4 期）、《关于宋金交聘“国书”的斗争》（《北方文物》1992 年第 2 期）、《宋金关于“受书礼”的斗争》（《民族研究》1993 年第 6 期）、《宋人出使辽、金“语录”研究》（《史学史研究》1996 年第 3 期），程定飞《宋代皇帝的内禅》（《历史教学月刊》1996 年第 2 期），龚延明《宋代的皇帝制度》（《河南大学学报》1992 年第 1 期），何忠礼《略论宋代士大夫的法制观念》（《浙江学刊》1996 年第 1 期），王志强《南宋司法裁判中的价值取向——南宋书判初探》（《中国社会科学》1998 年第 6 期），唐自斌《试论南宋封建法制的败坏及原因》（《湖南师范大学学报》1994 年第 4 期），李家骥《南宋和战与党争商榷》（《华东师范大学学报》1981 年第 1 期），陈丽《庆元党禁及其起因探析》（《河北师范大学学报》1993 年第 3 期），倪士毅《宋代宰相出身和任期的研究》（《杭州大学学报》1986 年第

4 期)，张伟《也论宋代相权》(《宁波师范学院学报》1997 年第 1 期)，梁天锡《南宋宰辅带衔编修制度》(《史学汇刊》1983 年第 12 期)，虞云国《宋代台谏系统的破坏与君权相权之关系》(《学术月刊》1995 年第 11 期)，贾玉英《台谏与宋代权臣当政》(《河南大学学报》1996 年第 3 期)，诸葛忆兵《宋代宰相制度、职权述略》(《文史知识》1999 年第 2 期)，龚延明《宋代"中书"刍议》(《杭州大学学报》1986 年第 1 期)，郝若贝(美)撰、邓小南译《对于中国宋代官僚派别活动的新探讨：一种假说》(《宋史研究通讯》1987 年第 11 期)，张其凡《"皇帝与士大夫共治天下"试析——北宋政治架构探微》(《暨南学报》2001 年第 6 期)，余贵林《宋代士大夫的心态与行为》(《中州学刊》1993 年第 2 期)，郭学信《时代迁易与宋代士大夫的观念改变》(《文史哲》2000 年第 3 期)，唐任伍《论宋代知识分子的地位》(《松辽学刊》1987 年第 2 期) 等。这些论著与论文都论及了孝宗朝的政治、军事、外交、文化等诸多方面的状况，对本研究课题提供了非常有益的帮助和参考。

第二节 材料的使用、研究的方法及本书的构想

要研究孝宗朝这一特定历史时期的宰相群体对内外政治的作用和影响，就必须有大量的史料作为佐证。有关孝宗朝宰相个人的各种材料非常多，如何取舍是一个重要的问题，在反复权衡的基础上，笔者决定以具有代表性和一般共性的史料为根据来分析宰相群体的基本政治行为，以具有特殊性的史料为根据来解析一部分宰相特殊的政治影响力。而本书所指的代表性和一般共性的史料，为宋代(尤其是南宋)正史、政书和官箴等；特殊和非共性的史料，为南宋人的文集、笔记、地方志、年谱和碑传等。总体来说，可资引用和借鉴的资料共分三类，即古代文献史料、今人的论文及论著等。(详见附录)

本书采用了个案研究与群体研究交互使用，同时将历史心理学、社会学、政治学的方法贯穿其中的研究方法。

本书除了绪论和结语两章外，正文主体部分共有四章。

第二章题为“孝宗朝政治概况”，分两节进行论述。第一节是孝宗朝政治的演进。本节分隆兴政情（隆兴和战）、乾淳之治两个阶段，详细论述了整个孝宗朝内、外政治发展、演变的总体情况。第二节是孝宗朝的政治特点与时代风貌。本节分频繁换相，造成宰相势弱；宠信近习，造成佞幸得势；倡导务实、尚武之风等三个方面进行论述，从而对孝宗朝的政治特点与表现出来的新气象有一个总体的概括。

第三章题为“孝宗朝宰相群体状况”，分为三节。第一节谈孝宗朝宰相群体之概况，从诸多方面叙述了宰相群体的总体概况，并将宰相们的各种情况用表格的方式表现出来，一目了然。第二节是对孝宗朝宰相群体的类型分析，即按照不同的标准将宰相分为多种不同的类型，而着重论述与本书相关的几种分类，如：按政治阶段分；按对金的不同态度分为主战、主和、主守三派；按对理学的态度分为倡导者和反对者；按宰相罢免与皇权的关系分为健康原因自行辞职者、才能不足罢相者、忤逆上意而被罢免者、权势日隆威胁皇权而被罢免者；按对近习的态度分攀附者、中间徘徊者与坚决反对者。此外，还有按宰相籍贯分、按任相长短分等等。第三节是宋孝宗的用相方略，从四个方面论述了宋孝宗的用相特点。

第四章题为“宰相群体与孝宗朝的对外关系”，分为三节。第一节谈孝宗朝对外路线、方针的转变，从崇岳贬秦、振作人心和倡导文武并用，提高武人地位两个方面进行了论述，从而表明了孝宗朝在对外关系上的新气象。第二节谈宰相群体与对外军事的发展，分主战派宰相群体与孝宗朝的军事，主守派宰相群体与孝宗朝的军事，主和派宰相群体与孝宗朝的军事三个方面加以论述。本节着重论述了主战派宰相群体对孝宗朝军事的积极和消极影响，从而对孝宗朝对外军事的成败有了一个清晰的认识，同时对于主守派宰相群体对军事的影响亦有充分的论述。第三节谈孝宗朝宰相对宋金外交的影响，首先论述了孝宗朝宰相对外交礼仪的影响，其次论述了孝宗朝宰相与战后对金外交。两部分都从战、守、和三派的角度加以论述，从而对三派在孝宗朝外交中的作用和影响有一个清楚的了解。

第五章题为“宰相群体与孝宗朝的对内政治”，分为五节。第一节谈宰相群体与孝宗朝法制建设的关系，本节分三部分论述了孝宗朝君臣对法制的重视、宰相群体与孝宗朝的法制建设以及孝宗朝君臣重视法制建设的意义；第二节谈宰相群体与朋党的关系，首先论述了宰相群体与孝宗朝朋党状况，分析了孝宗朝朋党的概况和宰相群体与朋党的关系，其次论述了孝宗朝晚期宰相群体与道学党、反道学党形成的关系，分析了孝宗朝宰相群体与理学及理学家的往来关系以及道学与反道学党派的形成及其斗争；第三节谈宰相群体与近习的关系，首先回顾了孝宗朝近习势力的概况，然后分析了对近习势力采取不同态度的三类宰相群体与近习的关系，着重探讨了大多数宰相对近习势力的斗争，即“宫府相争”的情况；第四节谈孝宗朝宰相群体与皇权运作，本节首先回顾了“三省制”与宋代的中枢权力运作的情况以及前朝高宗朝的皇权运作特点，然后重点分析了孝宗朝皇权运作的特点及宰相群体的应对，最后总结了孝宗朝中枢权力运作的政治影响；第五节分两部分谈孝宗朝皇权与相权的状况及君相之间的关系。

第六章为结语，总结了宰相群体与孝宗朝政治发展状况以及其对国家政策由对外转向内政建设的政治走向的影响，从而阐明了宰相群体与孝宗朝士大夫政治体制的重建与“乾淳之治”局面产生的重要作用。该章是对全篇写作意旨的总结和概括，从而使本书的论述观点更为突出和鲜明，使全书的主旨有一个提高和升华。

第二章

孝宗朝政治概况

靖康之变致使北宋政权顷刻间土崩瓦解。唯一幸免于难的徽宗第九子康王赵构，于建炎元年（1127）五月初一日即皇帝位，为南宋开国之君宋高宗，南宋政权正式建立。在广大主战派爱国将领与军民的浴血奋战下，绍兴八年（1138），定都临安，南宋政权得以粗安，从而立足于江南。在高宗与秦桧等主和派的主持下，南宋于绍兴十一年（1141）与金达成“绍兴和议”，以屈辱的代价换取了暂时的和平。绍兴三十一年（1161），金主完颜亮大举南侵。次年（1162），在和战未定的局面下，宋高宗禅位给养子赵昚，孝宗朝拉开了帷幕。

第一节　孝宗朝政治的演进

作为南宋朝第二位皇帝，宋孝宗堪称南宋一代最有作为的皇帝。他本为宋太祖赵匡胤的七世孙，6 岁时被宋高宗收养入宫，34 岁时正式成为皇储。绍兴三十二年（1162）六月，时年 36 岁即位。淳熙十六年（1189）二月退位，称太上皇。5 年后病逝，终年 68 岁。

宋孝宗在位近 27 年，历经隆兴、乾道和淳熙三个年号。他曾一度雄心勃勃，立志收复中原，中兴国家。虽最终未能遂志，但在他统治期间，国家地位提高，宋金关系稳定，政治较为清明，社会相对安定，经济也呈现出较快的发展势头，从而开创了南宋历史上的鼎盛时期。纵观孝宗近 27 年的统治，大致经历了从早期志高气盛、急于求成到晚年保守、安于现状的演变过程。孝宗朝政治具体可分为两大发展阶段，即隆兴时期和乾道、淳熙时期。

一、隆兴政情

孝宗即位的次年改元隆兴，以合建隆、绍兴之义，意味着皇权又转到了太祖一系。这种具有道义性的皇权回归，不但合乎人心所向，而且太祖开国的神勇武功，亦令人们对新皇帝、新朝代充满了希望，使高宗所继承的北宋末年以来腐败、因循的政治气氛为之耳目一新，也使南宋有可能在内政、外交方面有所变更。隆兴时期（1163—1164），乃孝宗即位之初，一向锐意恢复的孝宗面对有利的战争形势，更加充满了收复故土的热情。在张浚北伐、符离师溃之后，孝宗于无奈之中，不得已又走上了和谈之路。

隆兴时期绍兴和议体制瓦解、新体制尚未形成，处于金国南侵战争告败、南宋新君初立的关键时期。在这个时期，宋金两国关系以及南宋政治形势的发展、走向都处于待定之中。这种不确定状态，蕴含着各种可能性、各种发展走向的契机。可以说，南宋恢复大业的成败与否，政治走向的何去何从都取决于这一时期。而高宗值此关键时刻让位给孝宗，不但是自己推卸责任，更延误了战机。新即位的孝宗担负着作出重大抉择的历史使命，而由于对朝政、人事、统筹等各方面的不熟悉，难免错过十分有利的时机，从而使有利于积极进取的因素大为弱化。最终又不得不回到高宗一贯主张的委屈求和的局面。纵观孝宗隆兴时期的政治，大致经历了拨乱反正、力振朝纲；兴师北伐、符离师溃；隆兴和议等重大事件。

这一时期的政治格局与高宗朝一脉相承，在对金的态度上，仍然主要是主战派与主和派两个阵营非此即彼、此消彼长的斗争格局。虽然如此，变化还是在悄悄产生。在隆兴战、和的争论中，主战派逐渐分化，并开始重构一个新的阵营——主守派阵营。随着隆兴和议的达成，孝宗朝的政治重心开始转移到内政建设上来，因而主张治内、备战、待机再战的主守派逐渐压倒战、和两派，成为隆兴之后、乾淳时期的政治主流，从而开启了南宋中期政治史的端倪[①]。因此，隆兴时期便成为南宋初期政治史的终结。

（一）即位之初的政局：金主南侵之役的善后

金主完颜亮侵宋战争失败后，因皇帝更替，其国内形势尚不稳定，而宋则既摆脱了绍兴和议的束缚又赢得了战争的胜利，形势对宋相来说较为有利。高宗却认为这次金兵南侵虽然没有成功，而且一度引发了其内部的混乱，但朝中主战派所要求的趁机北进、收复中原的行动仍属于冒险之举。与其冒险北伐，不如就此再度议和，可以获得金人的部分让步。这是他以战绩为和议筹码的故技。因此，在退位前夕，高宗采取了一系列转攻

① 参见［日］寺地遵著，刘静贞、李今芸译：《南宋初期政治史研究》之附注157，台北：稻禾出版社，1995年，第510页。

为守的举措，以期给孝宗留下一个走向求和的既定局面。高宗置广大军民的抗金热情于不顾，下令停止对金军的反击作战，使随海陵王完颜亮进抵长江北岸的10余万精锐金朝军队能够从容渡淮北撤；又撤销了为收复失地而设置的前线指挥机构——淮东、淮西、京湖招讨司等军事机构；裁撤边境守备，排斥抗金人士，重用主和将臣，并派遣使臣赴金求和。由于宋高宗把注意力集中在如何与金朝议和上，错过了北上恢复失地的最好时机。

此时，宋廷一方面不敢进行北伐，另一方面在许多官员的竭力主张下，停止履行“绍兴和议”，也没有从部分已经收复的州县撤军。金朝方面此时正忙于镇压契丹农牧民起义和河北、山东的农民起义，对南宋虽然不满，但一时也无暇顾及。这样，除吴璘领导的川陕宋军仍不断与金军进行战斗外，宋、金在东线和中线都暂时处于不战不和的状态之中。何去何从，仍莫衷一是。在此期间，朝臣中主张乘机北伐的呼声逐渐激昂，一向以求和为立国根基的高宗实不乐闻其事，于是决定让位，从而把这一难题转交到后继者手中。绍兴三十二年六月，宋高宗以“老且病，久欲闲退”①为由，让位于皇太子赵昚，是为宋孝宗。高宗在将皇位交给孝宗的同时，也将一个自绍兴和议以来形成的军政腐败、阶级矛盾尖锐、国弱民贫、日趋衰落的烂摊子与一条走向妥协、和议的既定路线交给了孝宗。这便是孝宗即位时的政治形势。

即位之初的宋孝宗年富力强、励精图治，且早有恢复中原、中兴宋室的雄心壮志。在藩邸时，他就目睹了南宋在宋金关系中的屈辱地位，对秦桧的擅权误国行径已表示出不满。他曾向高宗揭露秦桧隐匿军情不报的情况，还识破秦桧临死前企图让其子秦熺代相的阴谋。完颜亮南侵时，面对文武臣僚的畏敌退避行为，他“不胜其愤”，请求“率师为前驱”②。由此可见，孝宗对高宗时期权臣当道的腐败内政，以及屈辱侍敌的外交状况深感不满，而决意有所变革。因此，孝宗即位后马上进行了拨乱反正、转变政治路线的努力。

诚如清人王夫之所言：“宋自南渡以后，所争者和与战耳。”③ 宋金关

---

① 《宋史》卷110《礼志六十三》。

② 《宋史》卷33《孝宗本纪一》。

③ 《宋论》卷13《宁宗三》。

系及其影响下的内政外交是宋室南渡以后的主要政治课题。孝宗即位于宋金战争之后，首先摆在他面前的就是这个问题。他面临两种选择，一是和，即继续交涉，缔结和约；二是战，即由宋重启战端，以北伐实现恢复。由于孝宗一向以汉唐名君作为自己的榜样，希望重振朝纲，振兴国家，正如他常对大臣所说的："朕常恨功业不如唐太宗，富庶不及汉文景耳。"① 在对外军事方面，他更是以收复中原故土为己任，在一首诗中，他说："平生雄武心，览镜朱颜在。岂惜常忧勤，规恢须广大。"② 因此孝宗选择了"战"。为此，他就必须彻底改变、扭转高宗时期姑息妥协的政治风尚与政治路线，开创一个振作进取的新局面。因此，孝宗很快从既定的议和局面中摆脱出来，积极着手进行拨乱反正、重振朝纲的改革。

即位不久，他就向大臣宣布了将要鼎新朝政的决心："朕惟天下有弊事，无弊法，今日之弊，在乎因仍习俗，若改而更张，宫商斯在。"③ 为振兴朝政，弘扬爱国主战的精神，孝宗首先从平理冤案，恢复在高宗朝遭秦桧迫害的主战派官员的名誉开始。即位的第二个月，孝宗便决定正式为岳飞平反，下诏追复岳飞、岳云父子的官爵，以隆重的礼仪重新改葬④，并以百万巨资在其家乡建庙立祠，赐名"忠烈祠"，供人们纪念。不久，又下令归还岳飞的全部财产，寻访其流落各地的后代，特予破例录用。同时，对于那些参与诬陷岳飞等人的秦桧党羽和爪牙，则追究责任，依法治罪，并规定，未经特许，这些人一律不准擅自返回京城，违者以抗旨不遵论处。自岳飞父子因抗金报国而蒙受不白之冤、横遭杀害以来，人们一直对他们十分怀念，也深感不平，不少正直之士曾多次上诉为他们鸣冤。但高宗、秦桧一伙不仅没有答应，反而对这些人也多加迫害。在这种政治高压之下，爱国士人们敢怒不敢言，隐忍于心，朝野笼罩在一片讳言抗金复国的沉闷气氛之中。孝宗一即位就追复岳飞名誉，黜斥秦桧余孽，此举颇得人心，朝野上下为之一振。平反岳飞，好似一声春雷，震动了整个南宋朝野。这个事件在南宋历史上无疑具有划时代的重要意义。它是一个风向标，指引着一个新时代的风尚与舆论的导向，意味着一个积极进取的时代

① 《皇宋中兴两朝圣政》卷50，乾道七年七月乙未。
② 《玉海》卷30《洪迈跋孝宗御诗》。
③ 《宋宰辅编年录校补》卷17，绍兴三十二年十月己巳。
④ 《宋史》卷365《岳飞传》。

已经到来。

接着，孝宗又清理了其他各种冤案，为横遭秦桧之流迫害的李光、赵鼎、范冲、朱震等人恢复名誉，厚待其子孙；对于那些尚健在的，则大多重新起用，不少人还被授予显位重职。如辛次膺、胡铨在高宗朝以敢于直率地批评、抨击高宗与秦桧集团而著称，是反秦桧集团的"领袖人物"。他们因此在高宗朝受到排挤和打击。辛次膺被罢职赋闲二十年，胡铨被加上"狂妄凶悖，鼓众劫持"的罪名发配外地编管①。孝宗即位后，立即将两人重新召回。辛次膺初任御使中丞，旋升同知枢密院事，进而担任参知政事。胡铨亦被授予权兵部侍郎之职。

同时，孝宗继续重用高宗末年那些坚持抗金、政绩卓著、清明廉洁的官员，如陈康伯、张焘、张震、虞允文、陈俊卿等人。此外，孝宗还注意提拔、任用一些新人，使新组成的朝廷充溢着振奋而具新鲜活力的气氛。

鉴于高宗朝权臣秉政、打击异己、言路壅塞，朝廷一片死气沉沉的局面，孝宗力倡直谏之风，开直言极谏之门。在即位后的第九天，孝宗就颁下一道求谏纳言的诏书："朕躬有过失，朝政有缺遗，斯民有休戚，四海有利病，凡可以佐吾元元，辅朕不逮者，皆朕所乐闻。朕方虚怀延纳，容受直辞。言而可行，赏将汝劝；弗协于理，罪不汝加。悉意陈之，以启告朕。勿隐勿讳，勿惮后害。自今时政阙失，并许中外士庶直言极谏，诣登检、鼓院投进，在外于所在州军实封附递以闻。"② 此后，类似的求言诏书不断，在即位后的半年内，正式见于史载的就有五次之多。在孝宗积极而诚恳的鼓励下，官员们逐渐打消顾虑，纷纷直言极谏，或谈国家之弊端，或论治国安邦之策略，为新君出谋划策。言路的打开与畅通，不但为孝宗提供了许多很好的建议，更重要的是调动了朝野士人参政、议政的热情，转变了高宗统治时期那种以"钳默为忠，容悦为志"的朝风，从而使朝廷上下呈现出一派振作、活跃的新气象。

在扭转舆论导向与振作朝风的同时，孝宗着手整顿内政、革除弊端，对朝政中的一些积弊进行了改革。首先，孝宗一改高宗总揽大局，放权于宰相的为政之道，而事必躬亲，勤于政事。以致有些大臣觉得孝宗理事过

① 《宋史》卷374《胡铨传》。

② 《建炎以来系年要录》卷200，绍兴三十二年六月甲申。

细，劝他不要太“劳心庶政”①，应将全部精力放在治国大政大策的制定上。孝宗躬勤政事，综名核实，目的是务求各项政策、措施都落到实处，以防人浮于事，政事流于形式而不注重实效，官吏徇私枉法，吏治腐败。

为改变高宗时权臣结党蔽政，吏治腐败、混乱的局面，孝宗对整顿吏治非常关注，并投入了很大精力。他连续发布几道诏书，强调“永为邦本，实在斯民，民之休戚，实系守令”，吏治好坏直接关系到国家的兴衰安危。因此要求各级官吏，尤其是直接治民的地方官吏应努力做到“勿滋讼狱，勿纵吏奸，勿夺民时以重土木，勿掊民财以资饷遗”，若有阳奉阴违，营私舞弊者，“必罚无赦”；若能勤政守职，使百姓“安其田里，愁叹不生”，则“增秩赐金”，予以褒奖②。为此，孝宗陆续采取了五项措施：

其一，严贪赃之法。绍兴三十二年十一月，孝宗颁布加重惩处贪官污吏的诏令。规定凡经审查确认犯有贪赃罪的官吏，一律免职，终身不许再用。以前已被重新起用的，也要依此改正③。政府各部门对贪赃案均详细记录在册，以备录用官吏时核查。此外又规定：凡朝廷命官犯有贪赃枉法之罪，情节严重的，除没收全部家产外，一律像罪犯那样黥面刺字，流戍边地。孝宗一再严格贪赃之法的举措，在很大程度上改变了南宋自建立以来对贪官污吏处罚过轻、官吏贪墨盛行的局面，使官吏们望法生畏而有所收敛。

其二，重官吏考核。高宗时对官吏的考核流于形式，官吏凭资历升迁，而不讲求实际政绩。加之权臣当道，许多官员或趋炎附势，贿赂升职；或敷衍职守，不求有功，但求无过。为改变这一弊端，孝宗严格考核制度，以实际业绩和才能为升迁依据，同时限制升迁名额，宁缺毋滥，以激励官吏之间的互相竞争④。这一举措对于提高官员政治能力与进取热情，加强政府行政办事效率无疑是大有裨益的。

其三，裁汰冗官，筹划调整官制。南宋的冗官现象与北宋时期的一脉相承，孝宗整顿吏治，必然涉及冗官问题。即位初，他就颁布两条诏令：遇郊祀大礼，不再奏荐任子；暂停特奏名一年。这两项命令因涉及众多官

---

① 《宋史》卷385《周葵传》。
② 《建炎以来系年要录》卷200，绍兴三十二年七月壬寅。
③ 《建炎以来系年要录》卷200，绍兴三十二年十一月乙卯。
④ 《建炎以来朝野杂记》乙集卷14《隆兴至嘉泰积考改官沿革》。

员的切身利益，反对呼声风起云涌，有大臣指出："陛下即位未久，恩泽未遍，此二事关于士大夫者甚众，愿少宽之。"① 然而孝宗不为压力而退却，仍坚持实施。之后又规定官员年满70岁者，如无特殊情况，都应主动或强制退休。与此同时，孝宗还开始着手准备调整官制，以便从根本上解决冗官问题。绍兴三十二年十二月，他下令重新调整宫内侍从和外朝文武官员的人数，裁减部分散官闲职。隆兴元年七月，他又决定精简朝廷各部门的属吏人数。但由于对金战争及之后的议和问题，此事只好暂时搁置下来，直至隆兴和议达成之后的乾道时期，官制的调整才重新展开。

其四，严格官吏选拔。在宋代科举、任子、大臣推荐是选拔官吏的三个主要途径。其中，后两种方法既无明确标准，也无严格的审核制度，致使不少官吏趁机营私舞弊，因贿赂而推荐。孝宗即位伊始，大臣凌景夏就上书直言此弊："国家设铨选以听群吏之治，其掌于七司，着在令甲，所守者法也。今升降于胥吏之手，有所谓例焉。长贰有迁改，郎曹有替移，来者不可复知，去者不能尽告。索例而不获，虽有强明健敏之才，不复致议；行例而不当，虽有至公尽理之事，不复可伸，货贿公行，奸弊滋甚！"② 他认为，要改变这种弊端，必须严明制度，详求考核。他还提出了具体的做法。孝宗听后，深以为然，立即下诏按此施行，并补充规定：官吏举人须负连带责任，若所举非人，则要受相应的处罚。此外，孝宗还减少了任子奏荐的次数，进一步严格了任子入职之法。

其五，严禁朋党之风。自北宋后期熙丰、元祐党争以来，朋党之风愈演愈烈。及至南宋，围绕战和问题又形成了新的党争。秦桧专权，结党蔽政，更使党争达到登峰造极的地步。孝宗对此深恶痛绝，在与大臣的一次谈话中，他感叹地说："近日士大夫议论好恶，多不公心，卿每论事，皆可施行，如卿所谓其言若善，虽仇怨在所当用；如其不善，虽亲故不可曲从，此意甚好。"③ 孝宗还特意将"知无不言，言皆当理"八个字作为大臣们，尤其是台谏言官们应该遵循的基本准则，将其载入"训词"之中④，并反复告诫臣下，为政切不可因于朋党之争。孝宗严防朋党，但从不轻易

① 《建炎以来朝野杂记》甲集卷5《孝宗革冗官》。
② 《宋史》卷158《选举志四》。
③ 《宋史全文续资治通鉴》卷24上，隆兴二年十二月甲申。
④ 《鹤林玉露》丙编卷2《御史八字》。

以朋党论臣下，他说："宰相岂当有朋党，人主亦不当以朋党名臣下，既已名其为朋党，彼安得不结为朋党？朕但取贤者用，否者去之……前世朋党之兴，尽由人主偏听，及党论既成，亦堕其中。"[①] 孝宗即位后，将所宠信的近习龙大渊、曾觌破格任以显职。对此，朝野舆论大哗。御使刘度、胡沂等人相继上书表示反对。孝宗误以为他们互相串通，复行朋党之风，便大为恼火，立即将他们撤职，并明确表示："朕欲破朋党，明纪纲耳！"[②] 后来在了解事实真相后，孝宗才重新恢复了他们及有关官员的职务。

去冗费、济民生，是孝宗所关注的另一个重点。由于冗费名目之多，数额之大，使得南宋朝廷原本拮据的财政更是入不敷出。为应付冗费的开支，政府便加重了对民间的苛捐杂税，使百姓苦不堪言。孝宗即位后开始裁减冗费。即位次日就宣布暂停各地进献寿礼。三个月后又决定停止孝宗诞辰日——会庆节的庆祝活动。此后又相继裁撤了供皇室享用的临安府的膳营机构以及宫廷教坊。祭祖拜神是每年必不可少的一项规模宏大的活动，其活动开支及向文武百官、军士所赐钱物的开支成为政府财政的沉重负担。隆兴二年正月，孝宗决定对此项开支进行裁减，规定除必不可少的开支外，其他开支都从严控制，如降低军士赏赐标准，百官之赐减半颁发等[③]。

在裁减冗费的同时，孝宗大力提倡节俭之风。首先，孝宗以身作则，力行节俭。孝宗一向生活简朴，为普安郡王时就"平居服御俭约，每以经史自适，尝与府僚曰：声色之事，未尝略以经意，至于珠宝瑰异之物，心所不好，亦未尝蓄之"[④]。即位后更是勤政节用，爱民惜物。他认为"人主苟有贪心，何所不至"[⑤]！故常以此自戒。当时有人称赞孝宗"圣行简俭，虽古帝王未有也"[⑥]。

---

① 《鄮峰真隐漫录》卷10。

② 《建炎以来朝野杂记》乙集卷6《台谏给舍论龙、曾事始末》。

③ 《建炎以来系年要录》卷200，绍兴三十二年；《宋史全文续资治通鉴》卷24，绍兴三十二年。

④ 《建炎以来系年要录》卷184，绍兴三十年二月甲子。

⑤ 《皇宋中兴两朝圣政》卷52，乾道九年三月丙辰。

⑥ 《四朝闻见录》乙集《孝宗召周益公》。

裁减冗费是为了缓解财政压力，同时也是为了减轻百姓的生活负担。孝宗即位后十分关注民生问题。他一再提醒各级官吏要注意民间疾苦，去除那些额外的科敛，以缓解人民的负担，并在这方面陆续采取了不少举措。如即位次日，他就下诏要求各地官员仔细求访，“应有扰民之事，一一条具开奏”，以便“尽与民间除去科扰”①，并下令免去四川地区历年所欠租赋。8月，颁发宽恤百姓的18条具体措施。11月，免各地酒坊欠税40万缗。12月，免征四川地区扰民严重的税钱。不久，又豁免秀州等地贫困之家的欠租等等。

此外，面对各地频起的自然灾害，成群的灾民，孝宗一方面要求各级官吏如实报告灾情，共商解决的办法；另一方面，采取有效措施，赈灾救荒。同时，严厉打击救灾工作中截留克扣、假公济私、分发不公等营私舞弊的不法活动，并带头进一步削减宫中开支，“避殿减膳”，将节省下来的钱物赈济灾民。经过一番努力，终于缓解了灾情，避免了大规模灾民哄起，维护了社会的稳定局面，这对于新即位的孝宗来说已属不易。

即位后励精图治的孝宗，希望全面改善国家内政与军事、外交的状况。面对宋金战争后战和未定的局面，孝宗一方面及时转变政治路线，积极进行抗金恢复的准备，另一方面抓紧整顿内政，改善国计民生。可以说对内政的整顿亦是为了拥有一个健康、精干而又富有活力和战斗力的行政体系，以及一个较为充裕、稳定的国内环境，从而为全力北伐做好准备。由于孝宗的努力，隆兴时期的国内政治在许多方面较高宗时期有了很大的改观。但这一时期的主要政治任务并非在于内政的整顿和建设，而在于决定金主完颜亮侵宋战役后的宋金关系走向，新的内外政治体制的形成。因此，孝宗在隆兴时期的内政整顿只是个开端和尝试，甚至是浅尝辄止，还不彻底，也还没能从根本上改变长期以来的一些弊端。随着张浚北伐和隆兴和议的展开，孝宗对内政的整顿暂趋停顿。然而在隆兴和议达成后的乾道、淳熙时期，国家的政治任务又转到了内政建设上来，并因此而成就了孝宗朝乃至南宋时期的治世局面。可以说，乾淳时期的内政建设是隆兴时期内政整顿的接续和发展。

为在南北对峙的局面中争取主动的地位，孝宗在着手对岳飞等主战大

---

① 《建炎以来系年要录》卷200，绍兴三十二年七月丁未。

臣的冤案进行平反，拨乱反正、重振朝纲的同时，亦开始为发动北伐战争做积极的准备。

第一，大胆起用主战派的元老大臣张浚。孝宗即位，“慨然以奋伐仇虏克复神州为己任”，在即位的次月，就毅然召见以力主抗金闻名、自绍兴和议以来就长期被高宗压制，宣称“宁至覆国，不用此人”① 的张浚，并付之以兵权，“起忠献公都督诸军事”②。这一举措同宣布对岳飞的平反一样，具有非常重要的意义，在当时引起了很大的反响。它是孝宗决心对高宗路线反向而动之的又一宣言，同时也是为发动北伐所做的第一步准备。

孝宗对张浚寄予很大期望，初见张浚，“上改容曰：久闻公名，今朝廷所恃惟公”，而“浚见上天锡英武，力陈和议之非，劝上坚意以图事功”，并讲陈战略规划，“公请临幸建康以动中原之心，用师淮堧、进舟山东以遥为吴璘之援”③，君臣相见，一拍即合，更使孝宗对恢复事业充满了信心和希望。因此，孝宗马上任命张浚为江淮东西两路宣抚使，负责统一指挥两淮前线诸路军马，同时，对张浚亦极尽优宠，“阜陵初受禅，首任张魏公以经略中原，礼貌之隆，群公莫及”④。破格加其少傅衔、进封魏国公，并亲自书写《圣主得贤臣颂》赠予张浚，以示褒崇。隆兴元年（1163）正月，任其为枢密使，后又拜右相，付之以军国大政，命其筹划恢复事宜。

第二，积极备战。在大胆起用主战派的旗帜性人物——张浚之后，孝宗开始对长期以来积弊重重的军政进行整顿，以全面展开备战工作。孝宗主要在三个方面进行了北伐的准备。其一，进行人事调整。孝宗即位后，着力打击投降主和派势力，“逐秦桧党人，仍禁辄至行在”⑤，而陆续起用了一大批抗金主战的人士。随着张浚入朝执政，一批受张浚推荐的主战派人士如虞允文、陈俊卿、汪应辰、王十朋、张阐、刘珙、王大宝、胡铨、张孝祥、冯时行、冯方、林栗等人，也纷纷进入朝廷，充任要职。与此同

---

① 《齐东野语》卷 2《淮西之变》。
② 《皇朝道学名臣言行外录》卷 13《张栻·南轩先生宣公》。
③ 《四朝名臣言行别录》卷 3《张浚·魏国忠献公》。
④ 《建炎以来朝野杂记》乙集卷 8《张虞二丞相赐谥本末》。
⑤ 《宋史》卷 33《孝宗本纪一》。

时，孝宗还进一步提高了那些长期坚持抗战的在位将领和大臣的地位。如，升任吴璘为四川宣抚使，兼陕西、河东路宣抚使和招讨使，并加少师衔；加保康军节度使吴益少傅、太尉衔；加宁武军节度使吴盖开府仪同三司衔。孝宗又先后升任力主抗战的老臣张焘、辛次膺为同知枢密院事，令宰相陈康伯兼任枢密使，负责军政大计。这样，随着大批主战人士的纷纷复出，或入掌朝政，或外出统兵，一时间主战恢复之声充斥朝野，正如孝宗所发之感慨，“谓：我家有不共戴天之仇，朕不及身图之，将谁任其责？乃奋志于恢复。由是天下之锐于功名者皆扼腕言用兵矣”①。其二，重点进行军队的整顿。高宗时期，统治者一味曲意求和，根本不重视军队建设，军队多而不精，大而不强，将庸兵弱，军纪败坏，战斗力低下，军队内部奸吏横行，政治腐败。为改变这种状况，提高军队的战斗力，孝宗对军队进行了一系列整顿。首先，整肃军纪。严格检查、核对前一阶段宋金战争中将领所报的战绩，凡发现隐瞒实情、谎报战功者，予以严厉处罚。如撤职查办了完颜亮入侵时，奉命督视江淮诸军却玩忽职守、临阵脱逃的叶义问，将其发配到偏僻的饶州（今江西波阳）。其次，抓紧对军事人才的选拔和培养。隆兴元年（1163），孝宗颁布了武臣推荐的一系列办法，并采纳大臣胡沂的建议，作出了加强对将校后备人员进行实践锻炼的规定。再次，增招战斗力较强的职业志愿兵“效用”，以提高军队的战斗力。绍兴和议之后，效用之制逐渐废止，孝宗即位后，顶住反对呼声，采纳虞允文、张浚的建议，恢复此制。规定在前线的军队中，效用要占三成，而在实际中，常常还超过此限额。最后，整顿各类非正规军。义兵、义勇之类的武装是北宋末、南宋初各地民众为抗击金兵而自发组织起来的民间武装，曾为南宋朝廷立下汗马功劳，但后来被政府一再裁汰，而趋于衰落。孝宗为充分利用这部分战斗力较强的武装力量，而改变了高宗时任其自生自灭的政策，决定对各类义军进行全面整顿，有选择地将他们纳入政府的统一指挥系统②。其三，不惜耗费巨资更新、增造兵器装备。针对军队长期以来不讲武备，军械弊坏、装备不足的情况，孝宗下令各地大造兵器及

---

① 《四朝闻见录》丙集102《张史和战异议》。

② 《建炎以来系年要录》卷200，绍兴三十二年十月丁卯；《建炎以来朝野杂记》甲集卷18《兵马》。

相关装备，各个地区都有一定的制造指标，必须在规定的时间内赶制完毕，送往指定地点。孝宗还特令有关部门对各类装备制定出统一的规格要求，下发各地严格参照执行，以确保武器的精良。孝宗甚至亲自参与了弓箭式样的审定。由于大造军器装备，耗资巨大，遭到不少大臣的非议，但孝宗已决意一战，实现恢复大业，所以耗费再大，他也在所不惜。

第三，为振奋举国上下励精图治、恢复抗金的斗志，孝宗以身作则，一面力戒欢宴娱乐，讲求俭朴；一面练兵讲武，习于鞍马骑射，必以恢复为职志。史载“上每侍光尧（高宗），必陈恢复大计”①，“隆兴初，孝宗锐志复古，戒燕安之鸩，躬御鞍马，以习劳事，仿陶侃运甓之意，时召诸将击鞠殿中，虽风雨亦张油帘，布沙除地。群臣以宗庙之重，不宜乘危，交章进谏，弗听”②，并且在殿庭间设一木马，孝宗于“万机之暇，即御之，以习据鞍骑射故也”。由此可见孝宗力图恢复的苦心孤诣了。在孝宗的带动下，士大夫“皆扼腕言用兵矣”，大臣们纷纷上章请求削减自己的奉赐之半，“以助军用”，而孝宗也“悉从之”③。

（二）“堂堂之阵”的命运——张浚北伐与符离师溃

孝宗朝初期，关于北伐的发动，可以从三个方面进行论述：

其一，西线回撤。孝宗即位前后，除西线川陕的战事在时断时续地进行，并且出现了对宋有利的形势外，全国其他地区均暂无战事。面对全国的战略形势，如何处置西部战事，如何展开全局的军事部署，是孝宗新朝廷要妥善处理的一个问题。川陕地区历来是战略地位非常重要的地区，它不但是防御金军进入南宋的重要据点，也是南宋一些大臣所主张的进行北伐的首选切入点。李纲曾说：“自古中兴之主，起于西北，则足以据中原而有东南；起于东南，则不能以复中原而有西北。”④ 张浚认为“中兴当自关陕始”⑤，虞允文亦认为“恢复莫先于陕西”⑥。尽管如此，当时孝宗还是采纳了参知政事史浩关于放弃四川宋军北上攻占的甘陕16州军，以确保

---

① 《四朝闻见录》乙集《孝宗恢复》。

② 《桯史》卷2《隆兴按鞠》。

③ 《朱子语类》卷127《孝宗朝》。

④ 《宋史》卷358《李纲传》。

⑤ 《宋史》卷361《张浚传》。

⑥ 《宋史》卷383《虞允文传》。

蜀地安全的建议，在西线采取了防御、回撤的部署，“时议者以为兵宿于外，去川口远，恐敌袭之，欲弃三路，遂诏璘退师”[①]。绍兴三十二年（1162）的“德顺之战”，是宋金双方争夺陕西的一次重要战役，正在双方胜负未分、宋方大有可为之时，孝宗听信史浩之议，下诏吴璘主动放弃德顺军等地，回撤到秦州以内。吴璘因考虑到“主上即位之初，璘握重兵在远，朝廷俾以诏书从事，璘敢违诏耶”[②]？于是无奈奉诏退师。然而，在退师途中遭到徒单合喜部金军的追袭和阻击，“璘军之失者三万三千，部将数十人，连营痛哭，声振原野”[③]，“三路复为敌有”[④]。宋军损失惨重，川陕前线收复的秦凤、熙河、永兴等地区，再度失于敌手。此后，宋军在川陕战场的优势荡然无存，只能退守蜀道，在西线坚壁自守。此役后，虞允文入对，力陈德顺班师之弊，孝宗似有所悟说：“此史浩误朕。”[⑤]

孝宗在西线回撤、自守的部署，正是为了配合在东线的军事进攻，使北伐无后顾之忧，不致出现一旦失利、两路遭袭、腹背受敌的局面。吴璘部宋军的惨败，使孝宗为之痛惜不已，也使他建立恢复之功的愿望更加迫切，从而加快了进行北伐的步伐。

其二，是否发动北伐的激烈争论。孝宗即位的当年冬天，金世宗很快收回了被四川宋军收复的甘陕16州军，使金世宗在处理国内问题和与南宋的关系时解除了西顾之忧，并利用孝宗犹豫动摇之机，剿抚并用，于大定二年（1162）九月彻底镇压了契丹族起义。至此，金朝国内的主要问题基本解决，为解决与南宋的和战问题铺平了道路。大定二年十月，金世宗派右丞相仆散忠义和左副元帅纥石烈志宁率10万精锐军队进驻黄河以南，在淮北重镇宿州、虹县、灵璧等地积粮修城，并致信张浚，要求把两国关系完全恢复到“绍兴和议”规定的格局上去，否则将对南宋展开新的军事行动。

面对金朝咄咄逼人的军事威胁，一直悬而未决的宋金关系问题，即战与和的问题便成为孝宗政府无可回避的首要问题。由此，关于战和的争论

---

① 《宋史》卷366《吴璘传》。
② 《名臣碑传琬琰集》上集卷14《吴武顺公璘安民保蜀定功同德之碑》。
③ 《建炎以来系年要录》卷200，绍兴三十二年十二月。
④ 《宋史》卷366《吴璘传》。
⑤ 《宋史》卷383《虞允文传》。

也就空前激烈起来。张浚主张先发制人，向虹县、灵璧两地进兵，进行北伐。先取山东，再图中原，并敦请孝宗亲临建康，赴前线督战，以激励士气。此时，都督府将领、主管殿前司公事李显忠和建康府都统制邵宏渊，也纷纷上书孝宗，支持张浚的计划，请求“引兵进取”①。与此同时，许多官员反对张浚立即进行北伐的主张。武锋军都统制陈敏以为：“盛夏兴师，恐非其时，兼闻金重兵皆在大梁，必有严备，万一深入，我客彼主。千里争力，人疲马倦，劳逸既异，胜负之势先形矣。愿少缓之。”以吏部尚书、龙图阁学士致仕的韩元吉，写信给张浚，向他分析了和、战、守三者之间的关系说：“和固下策，然今日之和与前日之和异。至于决战，夫岂易言。今旧兵惫而未苏，新兵弱而未练，所恃者一二大将；大将之权谋智略既不外见，有前败于尉桥矣，有近衅于顺昌矣，况渡淮而北，千里而攻人哉……然彼复来攻，何得不战？战而胜也，江淮可守，战而不胜，江淮固在，其谁守之？故愚愿朝廷以和为疑之之策，以守为自强之计，以战为后日之图。”另外，参赞军事唐文若、陈俊卿等人都不赞成主动出兵，可是张浚不为所动，再次要求孝宗“降诏幸建康，以成北伐之功”②。

关于是否北伐的最为激烈的争论发生在张浚与史浩之间。史浩坚决反对张浚立即北伐的计划，“史公浩相时之宜，审天下之势，以为未可”，并上疏说：“靖康之祸，孰不痛心疾首？”“然陛下初嗣位，不先自治，安可图远？矧内乏谋臣，外无名将，士卒既少而练习不精，而遽动干戈以攻大敌，能保其必胜乎？苟一战而捷则一举而空胡庭，岂不快吾所欲；若其不捷，则重辱社稷，以资外敌侮，陛下能安于九重乎？……浚老臣，岂其念不到此？而惑与幕下轻易之谋，眩于北人诳顺之语，未遑精思熟虑，决策万全，乃欲尝试为之，而徼幸其或成。臣窃以为未便。上皇亲睹祸乱，岂无报敌之志？当时以张、韩、刘、岳各领兵数十万，皆西北勇士，燕蓟良马，然与之角胜负于五六十载之间，犹不能复尺寸地。今而欲以李显忠之轻率，邵宏渊之寡谋，而取全胜，岂不难哉！惟陛下少稽锐志，以为后图，内修政事，外固疆圉，上收人才，下裕民力，乃选良将，练精卒，备

① 《宋史》卷396《史浩传》。

② 《齐东野语》卷2《符离之师》。

器械，积资粮。十年之后，事力既备，苟有可乘之机，则一征无敌矣。”① 张浚也向孝宗力陈北伐之机不可失，“陛下当以马上成功，岂可怀安以失事机”。史浩则言：“浚锐意用兵，若一失之后，恐陛下终不得复望中原。”② 双方争论不休，“诘难于天子，凡五日”。后来，史浩又对张浚加以劝说，试图使张浚放弃北伐的计划。史载“史公复劝浚曰：明公以大仇未复，决意用兵，此实忠义之心，然不观时审势而遽为之，是图慕复仇之名耳。诚欲建立功业，宜假以数年，先为不可胜以待敌之可胜，乃上计也。明公四十年名望，如此一旦失利，明公当何如哉！浚曰：丞相之言是也。虽然，浚老矣。史公曰：……明公能先立规模，使后人藉是有成，则亦明公之功也，何必身为之？浚默然”，史浩并没有说服张浚，同时张浚亦探知史浩的立场很难改变，于是“乃见上曰：史浩之意已不可夺，惟陛下英断”③。在张、史之间关于战与不战的争论中，锐意恢复的孝宗是站在张浚一边的，“朕倚魏公如长城，不容浮言摇夺”④。孝宗终于作出决断，主动出击，进行北伐，“于是不由三省、枢密院，而命将出师矣”。隆兴元年（1163）四月，宋孝宗在张浚的积极支持和策划下，越过宰相和枢密院，由张浚的江淮前线指挥机构都督府直接向淮西招抚使李显忠、建康都统制邵宏渊下达了北伐的命令，北伐开始，“其年五月，师渡淮”。而史浩以为“国之大事在戎。予以宰相兼枢密使而不获与闻，将焉用相？遂力请罢归”⑤。北伐失去了最后的阻力。

其三，从隆兴北伐到符离师溃。隆兴元年夏，由宋发起攻势、金采取守势的战争确是宋室南渡以来前所未有的局面。它不但是两国形势发展的必然结果，更是孝宗即位以来励精图治、拨乱反正等一系列振奋人心、振作士气举措的必然走向。战前，它对朝野人心的振奋作用是无比巨大的，诚如吕中所评：“建炎以来，十四处战功，皆未有今日符离之一举者。盖向者因其来而复与之战，今则堂堂之阵，正正之旗，往而征之。传所谓先人有夺人之心，非不得已而后战也。孝宗谓数十年无此克捷，胡铨谓四十

---

① 《四朝闻见录》丙集《张史和战异议》。

② 《宋宰辅编年录校补》卷17，隆兴元年。

③ 《四朝闻见录》丙集《张史和战异议》。

④ 《四朝名臣言行别录》卷3《张浚·魏国忠献公》。

⑤ 《四朝闻见录》丙集《张史和战异议》。

年未有此举。虏人缘此震慑，知吾君有大有为之志。”①

北伐刚开始，宋军取得优势，然而在随后的宿州之战中，由于将领李显忠、邵宏渊互不相协，调度失当，加之时值溽暑，兵士厌战，更由于高宗朝以来长期奉行的投降政策，使宋军士气低落，战斗力严重削弱等原因，宋军于隆兴元年五月二十四日在宿州北面的符离集大溃，“于是显忠、宏渊大军并丁夫等十三万众，一夕大溃，器甲资粮，委弃殆尽。士卒皆奋空拳，掉臂南奔，蹂践饥困而死者，不可胜计。二将逃窜，莫知所在”②。《金史》卷87《纥石烈志宁传》载：“杀骑士万五千，步卒三万余人……斩首四千余，赴水死者不可胜计，获甲三万。”陈康伯等人的奏疏中亦说：“窃见符离之师，将士失律，渡江以来所造器甲，委弃殆尽，战马十丧七八，士卒死亡莫知其数。”③ 张浚得知前线溃败的消息，忙从盱眙逃往扬州，“窘惧无策，遂解所佩鱼，假添差太平州通判张蕴古为朝议大夫，令使金求和。僚吏力止之，以为不可。乃奏乞致仕，又乞遣使求和。孝宗怒曰：方败而求和，是何举措。于是下诏罪己”。自南宋建国以来，第一次出击的“堂堂之阵”，一下子就溃不成军，以惨败收场。

符离师溃之惨重，的确堪称孝宗初年一个重大的事件，“隆兴初年大政事，莫如符离之事”④，它不但严重挫伤了孝宗即位以来苦心筹划的恢复计划，极大地打击了孝宗恢复的信心与朝野刚刚振作起来的士气，而且对于绍兴和议之后宋金关系之格局的再次确立产生了关键而深远的影响。可以说，它是一道分水岭，使完颜亮南侵失败后，宋朝所占有的一定优势丧失殆尽，并从战略优势转为劣势。由于此战，孝宗的恢复志愿终于落空；由于此战，使南宋在其后的宋金关系中始终不能摆脱屈辱的地位。

（三）重启和谈——隆兴和议的达成

绍兴三十一年秋冬的金军南侵固然失败，相隔两年后的宋军北伐也未成功，宋金双方的挫折体验，促成了隆兴元年至隆兴二年的和议。从符离败后的隆兴元年（1163）六月至隆兴二年（1164）十二月，南宋政府的政治焦点转为宋金第三次和议。而关于是否议和、怎样议和的争论贯穿于整

---

① 《宋史全文续资治通鉴》卷24，隆兴元年五月。
② 《齐东野语》卷2《符离之师》。
③ 《中兴两朝编年纲目》卷14，隆兴元年十一月《诏议讲和》。
④ 《齐东野语》卷2《符离之师》。

个和议过程之中，从而掀起了孝宗朝以来第二次关于战、和争论的高潮，也成为主战派、主和派、主守派三派势力激烈角逐、斗争、联合的关键时期。它对于奠定孝宗朝以后的政治面貌与政治格局的基础产生了至关重要的作用。

隆兴和议的达成经历了三个阶段。

第一阶段为：开始议和。北伐失败后，朝廷对战败的责任进行了追究。“士大夫主和者，皆议浚之非”①，于是在隆兴元年六月，罢免张浚枢密使都督江淮东西路军马之职，并严厉惩处了李显忠、邵宏渊二将；此外，对支持张浚北伐的辛次膺、汪澈、王十朋等人也予以降职的处分，孝宗亦下诏罪己。

在当时的情况下，宋朝要想继续与金朝保持全面的战争状态，已是力不从心，而金朝也无心再战，早有讲和之意，况且“太上皇深劝上，令从和”，于是孝宗“遂决议遣使”议和②，待机再图恢复。为配合讲和，孝宗政府在政策上作了相当大的转变。七月初，起用时居闲职的秦桧余党汤思退为右仆射兼枢密使，并爵封荣国公；任命始终主张自治的主守派大臣周葵为参知政事。在汤思退的主持下，由同知枢密院事洪遵、枢密院计议官卢仲贤、户部侍郎王之望等人为主要成员，开始与金缔结和约，进行交涉。

从隆兴元年（1163）九月至隆兴二年二月，宋廷先后两次派遣使臣赴金商议议和条件。第一次派遣淮西安抚司干办公事卢仲贤出使金朝，临行前，孝宗告诫他不能答应割四州，而汤思退却授意他可以割四州。卢仲贤到宿州，在金人的威胁恐吓之下竟向金朝表示愿意割让四州，而金人在名分上有所让步，声言：“若宋人归疆，岁币如昔，可免奉表称臣，许世为侄国。”③ 金人的条件除将金宋以前的君臣隶属关系改为侄叔的对等关系之外，坚持割四州之地、岁币如旧、归叛亡俘掠之人三项要求。卢仲贤持金国文书回国后，孝宗大怒，将他革职下狱，械送郴州（今属湖南）编管。右相汤思退急于促成和议，马上奏请以户部侍郎王之望为金国通问使，以

---

① 《宋史》卷 361《张浚传》。
② 《中兴御侮录》卷下。
③ 《金史》卷 87《仆散忠义传》。

知合门事龙大渊副之，再次出使金国，重商议和条件。由于主战派大臣的强烈反对，本来就对金人议和条件不满的孝宗下令王之望一行暂停北上，待命边境；另遣胡昉为非正式使臣，再赴金营交涉，声明四州决不可割让。胡昉至金营，遭受非礼对待，金人发书宋廷，声称必须归还四州之地，否则和议无门。面对金人的蛮横态度，孝宗忍无可忍，愤然之下，决意中止和谈，召王之望一行返回，且诏荆、襄、川、陕沿边地区严为边备。孝宗将要以武力图谋恢复，一雪耻辱。

第二阶段为：张浚再起——关于战、和的争论。因战败而放弃整个北伐计划，转而议和，使此前的种种努力付之一炬，前功尽弃。这是当时朝野主战的有志之士所难以接受的。于是他们主张不为一时的失利而动摇，应继续坚持北伐的计划。当朝廷刚收到符离师溃的消息时，胡铨、张阐、王十朋等人就上书孝宗，劝他“勿以小衄自沮”[①]；“当矫前失，安可遽沮锐气”[②]；“今日之师，为祖宗陵寝，为二帝复仇，为二百年境土，为中原吊民伐罪，非前代好大生事者比，益当内修，俟时而动”，不可“以一衄为群议所摇”[③]。起初孝宗也认为此战仅是一次失利，并未动摇继续北伐的决心，但随着主和派向主战派发起的全面攻击，孝宗终于动摇了再战的决心。当时“士大夫主和者，皆议浚之非”[④]，朝中的主和派利用北伐失利之机，大力对主战派进行攻击，认为此次出师北伐，不仅无尺寸之功，反而招致败师辱国，这是“国家事力未备”的必然结果[⑤]。汤思退的同党王之望说：“人主论兵与臣下不同，惟奉承天意而已。窃观天意，南北之形已成，未易相兼，我之不可绝淮而北，犹敌之不可越江而南也。移攻战之力以自守，自守既固，然后随机制变，择利而应之。”[⑥] 此外，主和派的总后台——太上皇的亲自出面劝导也起了至关重要的作用。在太上皇的“深劝”与主和派的群起攻讦下，孝宗决意遣使，“乃议讲和”[⑦]。于是才有了

---

① 《宋史》卷 374《胡铨传》。
② 《宋史》卷 381《张阐传》。
③ 《宋史》卷 387《王十朋传》。
④ 《宋史》卷 361《张浚传》。
⑤ 《宋史》卷 372《尹穑传》。
⑥ 《宋史》卷 372《王之望传》。
⑦ 《续宋编年资治通鉴》卷 8。

汤思退等主和派的上台。主和派与主守派相联合，强调：“虏意欲和，天将以是赞我，使军民少休息，因得为自治之计，以待中原之变而图之，是万全之计也。”①

在汤思退政府主持和议的过程中，主战派张浚、辛次膺、胡铨、张阐、王大宝等人或愤然辞职，或上书直言，为反对和议而进行顽强的斗争。张浚认为“金强则来，弱则止，不在和与不和”②；胡铨劝谏孝宗，“金人知陛下锐意恢复，故以甘言款我，愿绝口勿言‘和’字”③；张阐则说：“彼欲和，畏我耶？爱我耶？直款我耳！”并力陈议和的六大害处，坚决要求中止和议活动④。主战派的抗争，虽暂时未见明显效果，但对本不甘求和、无奈而为之的孝宗无疑起到了潜移默化的影响。隆兴元年八月，孝宗恢复张浚都督江淮军马之职，使张浚重掌了兵权。

北伐之后宋金第一次交涉，卢仲贤辱命，朝野舆论哗然。主战派反对割地、言和。而主和派却举手相贺，以为获得平等之名分。在太上皇的压力下，孝宗同意了汤思退再遣王之望等使金商议的提议。“命下之日，议论汹涌”⑤，主战派纷纷起而反对。侍御使周操、右正言陈良翰上章反对。陈良翰说：“前遣使已辱命，大臣不悔前失，不谓秦桧复见今日！且金要我罢四郡屯兵以归之，是不折一兵，而坐收四千里要害之地，决不可许。若岁币则俟得陵寝然后与，庶犹有名。今议未决而之望遂行，恐其辱国不止于仲贤。愿先驰一介往，俟议决，行未晚也。”主战派还“乞诏张浚归国，特垂咨访”。于是孝宗决定先“命侍从、台谏集议”⑥，当不当与和，合不合遣使，礼数之后先，令各荐所知，然后再做决断。同时孝宗还于隆兴元年十一月下诏，命张浚入朝商议和战事宜。集议的结果是，主和派与新兴的主守派相联合，赞成和议，如汤思退、周葵、洪遵等人。主战派的意见分为两种，其一为慎重地反对议和，即主张在决不割让四州、国书中宋前加上“大”字，删除“再拜”二字，同时征询张浚意见、积极进行军

---

① 《中兴两朝编年纲目》卷14。
② 《宋史》卷361《张浚传》。
③ 《宋史》卷374《胡铨传》。
④ 《宋史》卷381《张阐传》。
⑤ 《中兴两朝编年纲目》卷14，隆兴元年十一月《诏议讲和》。
⑥ 《宋史》卷387《陈良翰传》。

事准备的前提下，考虑与金讲和，这部分人有虞允文、周操、陈良翰、黄中、金安节、马骐、钱周材等人。其二为坚决反对议和，主张继续进行北伐战争，如胡铨、张阐、阎安中等人认为“今不如击之，既胜而后和”。这种主张与张浚的立场最为接近。在这些主张中大多数倾向于维持和议，“时廷臣多言应与之议和，而不应轻弃四州之地”①。而集议的次日孝宗朝太上皇，言遣使通问之事，太上皇敦促他尽快与金人达成和议，甚至表示王之望出使时，他将为金世宗准备一份礼物。于是孝宗采取了折中的做法：一面下令王之望一行暂停北上，待命边境；一面“令通书官胡昉先往，谕虏以四州不可割之意”②。

胡昉赴金，“金帅以昉等不许四郡，械系之”③，交涉破裂。孝宗本耻于言和，如今再为金帅所困辱，因此愤然中止和谈，令王之望一行并礼物撤回，且诏令沿边加强军备，决心以武力解决问题。

张浚入朝后，极力反对和议，主张“复谋大举”④，使孝宗对北伐的信心日渐恢复和高涨。胡昉交涉的破裂，更坚定了孝宗此心，他对张浚说：“和议之不成天也。”于是，隆兴元年十二月因陈康伯辞相之机，任张浚为右仆射。君臣二人再次共商北伐大计，孝宗决定“以四月进幸建康”，督师北伐。然而，“幸建康之议，思退初不与闻”，得知此事后，“乃与其党密谋为陷公计”，主战与主和的势力遂展开了激烈的斗争。“汤思退令之望盛毁守备以为不可恃，又令穑论罢督府官属冯方，又论浚费国用不赀，又论乞罢浚都督，浚亦请解督府，诏如其请，言者诋浚愈力。”⑤ 在主和势力（主和派与主守派联合）的疯狂攻击和谗陷下，在高宗的压力下，孝宗又产生了疑虑，终于还是屈从了主和势力。隆兴二年四月，下令撤销江淮都督府，不久将张浚罢相，外任，北伐的计划再次流产。之后主和势力在朝中完全占据主导地位，反对罢退张浚的主战派大臣遭到降黜。五月，遣散“效用”军士，禁止前线将领接纳北方叛臣；六月，诏命虞允文弃唐、邓，虞允文拒不奉诏，被罢免；七月，撤销江淮一线守备，命海、泗撤戍；八

① 《中兴两朝编年纲目》卷14，隆兴元年十一月《诏议讲和》、《诏张浚》。
② 《四朝名臣言行别录》卷3《张浚·魏国忠献公》。
③ 《宋史》卷33《孝宗本纪一》。
④ 《齐东野语》卷2《符离之师》。
⑤ 《四朝名臣言行别录》卷3《张浚·魏国忠献公》。

月，张浚薨，主战派势力大为衰落。从此，朝政又回到了议和的主题上。

第三阶段为：隆兴和议的达成。汤思退为促成和议，秘密派人到金营，“谕敌以重兵胁和”[①]，于是，金人犯边。八月二十九日，朝廷派遣宗正少卿魏杞赴金议和。当杞未行，“有谕诣都堂议使事。凡十余条。其大者曰：一、退师议和；二、易臣为侄；三、减岁币；四、不发系虏归附人”。陛辞之时，魏杞上奏：“万一犬羊无厌，愿陛下勿以小臣为虑，请速加兵！”令孝宗“恻然”[②]。《宋史·孝宗纪》载：“九月乙巳（二十三日），罢宣谕司，仍易国书以付魏杞。十月甲寅（二日），魏杞至盱眙。金帅以国书未如式，弗受；欲得商、秦地及俘获人，且邀岁币二十万。杞未得进。”金人见宋急欲和，便以用兵相威胁，索取更多。交涉再次破裂。

当孝宗得知金人的要求后，十分愤慨，十一月丙戌（五日），下诏：“朕以太上圣意，不敢重违，而宰辅群臣，前后屡请，已尽依初式，再易国书，岁币成数，亦如其议。若彼坚欲商、秦之地，俘降之人，则朕有以国毙，不能从也。”[③] 次日，“诏魏杞等以所赍礼币犒军”，但魏杞从大局、长远考虑，“弗从命，留镇江候旨”[④]。金军犯边，宋军迎战。孝宗命汤思退都督江淮军马，汤思退惧不受命。由于汤思退上台后自毁边备，守备空虚，金军得以长驱直下。隆兴二年十一月，名将魏胜战死于淮阴前线，楚州、濠州（安徽凤阳）、昭关、滁州相继，形势吃紧。于是朝野舆论极言汤思退撤毁边备之罪，孝宗罢去汤思退的相位，责居永州（湖南零陵）。太学生张观等七十二人上书论汤思退、王之望、尹穑奸邪误国，招致敌人之罪，请斩之。汤思退忧悸而死。此时，孝宗召回陈康伯，升任右相兼枢密使，以虞允文为同签书枢密院事。

在金朝的军事压力下，孝宗再次作出让步，十一月，派国信所小吏王抃携参知政事周葵的书信，前往金元帅府求和，同意割让商、秦二地，归被俘之人。和议遂定。十二月，孝宗遣魏杞再度使金，正式达成和约，史称“隆兴和议”。

隆兴和议的达成有一定的积极意义。首先较之绍兴和议，隆兴和议的

---

① 《宋史》卷371《汤思退传》。

② 《魏文节公事略》之朱熹撰《行状》。

③ 《建炎以来朝野杂记》甲集卷20《癸未甲申和战本末》。

④ 《宋史》卷33《孝宗本纪一》。

达成使南宋的地位有所改善。南宋摆脱了对金的从属关系，从而在名分上实现了平等。而不遣返叛亡者，更显示了南宋国家的独立性，维护了南宋的政治利益。其次，岁币的减少，减轻了南宋的财政负担。再次，和约结束了孝宗即位以来接连的战争，使南宋社会在较长的一段时间内保持了和平的局面，这对于孝宗朝战后的休养生息，社会生产的恢复和进一步发展无疑具有积极的作用。和议的达成使孝宗朝的政治重心转向内政的治理，从而使和议之后的乾道、淳熙年间成为南宋发展史上的黄金时代。最后，在和议所形成的长期和平局面下，主战派与投降主和派双双凋落，而主张自治、备战的新兴势力却在日益壮大，并成为造就"乾淳之治"的社会主体力量。因此隆兴和议成为促使主守派壮大的一个重要契机。

然而，隆兴和议不但使孝宗恢复的努力付诸东流，而且使南宋没有摆脱割地、赔款的命运。对于南宋，隆兴和议仍然是一个屈辱的不平等条约。金人索要之地，南宋只能一一满足。而且实际上它也没有改变南宋屈辱的地位。和议达成后，金宋之间仍然保留了不平等的交聘礼和受书仪。《金史》卷72《完颜仲传》载"仲为报问使，仲请与宋主相见礼仪。世宗曰：'宋主亲起立接书，则授之。'乃至宋，一一如礼"。为改变与和议名分不相符的不平等的交聘礼和受书仪，孝宗在乾淳时期与金朝进行了长期的斗争。

虽然北伐不成，孝宗朝廷被迫与金议和，但宋孝宗的振作之举，还是令金朝女真贵族的嚣张气焰大为收敛，使他们开始认识到孝宗并非是高宗那样甘于苟安的君主，以前那种对宋廷恣意勒索的做法已很难再继续。因此在和议中，刚即位的金世宗对宋廷作出了一些让步，宋金关系也日趋稳定。

纵观孝宗朝初年的政治，虽经过孝宗对政策的转向与调整，以及一系列励精图治、革弊布新的整顿，但南宋在对金的战与和中仍然处于失利和被动的局面。究其原因在于，孝宗对当时国内外形势的认识过于简单化。一方面，内政上长期积累下来的种种弊端是不可能仅通过几个诏令、几项措施就能一下子革除的，吏治、军政腐败，民乱四起的局面并没有得到明显大的改观；另一方面，北上收复中原的最佳时机早在高宗退位前夕就已经丧失，何况一向妥协主和的太上皇并未真正退闲，在一些关键时刻仍对孝宗朝的决策产生影响。

二、乾淳之治

（一）乾道经略

隆兴和议的订立，宣告了宋金持续近四年的战争状态的结束，一切都恢复了平静。孝宗即位之初的振作有为非但没有实现恢复的理想，反而使宋再度陷入割地、赔款的窘境，这使孝宗心有不甘。隆兴二年底，和议刚一达成，孝宗便正式宣布更换年号，改次年为乾道元年，昭示着孝宗将一切从头开始，继续励精图治，再图恢复。乾道时期，孝宗的恢复之志未泯，在与金人进行外交斗争的同时，又加紧整备军事，与虞允文策划下一次北伐。

鉴于隆兴和议虽在名分上规定了宋与金的对等关系，但在外交仪式上却保留了不平等受书仪，孝宗在乾道年间为争取外交平等，改变屈辱的受书仪，进行了长期而又不屈不挠的斗争。乾道元年（1165），金使完颜仲使宋，孝宗要求恢复由合门使接受金朝国书的对等礼仪。完颜仲因已受金世宗“宋主亲起立接书”的旨意而坚决不答应，仍要孝宗下御榻，亲自接取金朝国书。双方僵持不下，后以太上皇赵构命令，由皇子邓王受书以进，但完颜仲仍不满意，“颇多慢言”，“参政虞允文与之交论榻前，声色甚厉”，孝宗大怒，欲扣留金使不遣，后来又是太上皇出面干预，才算作罢①。

虞允文入相后，建议孝宗派遣泛使赴金，要求金朝归还河南陵寝之地和更改受书仪。这一建议虽遭到陈俊卿等许多大臣的反对，却受到孝宗的赞许。乾道六年（1170）闰五月，范成大奉命使金，以求河南陵寝地为名，再“请更定受书礼”②。范成大“具言他日北使至，欲令亲王受书”③，并在廷上据理力争，金人坚决不许，几乎要杀死范成大，并要挟南宋迁回北宋诸陵，同时将在归还钦宗梓宫时，出动三十万骑，“奉迁陵寝来归”④。

---

① 《金史详校》卷6，引《御侮录》。
② 《宋史》卷34《孝宗本纪二》。
③ 《桯史》卷4《乾道受书礼》。
④ 《宋史》卷383《虞允文传》。

此次出使无功而返。

同年十一月，孝宗派遣赵雄使金，贺金世宗生辰，“别函书请更定受书之礼”①。赵雄“既见金主，争辩数回。其臣屡喝起，雄辞益力”，被金人称为“龙斗”②。但仍无结果。

从乾道七年（1171）至九年（1173），南宋在双方使臣的三次（乌林答天锡使宋、姚宪使金、完颜襄使宋）往来中，就受书礼问题又与金方多次交涉，但均遭到拒绝。在此情况下，孝宗决定采取强硬态度，强迫金人改变受书礼仪，于是在乾道九年十二月，金贺正旦使完颜璋使宋时，宋“请以太子接书”③ 的请求被再次拒绝后，孝宗“以议受书礼不合”为由，拒不接受金朝国书④，后来又暗中命人在使臣下榻处夺取金朝国书，斗争达到白热化程度。为此金世宗派梁肃使宋质问，孝宗迫于金人强硬的态度，加之力主恢复的虞允文已过世，南宋无力发动对金战争，而最终满足了金人的要求，“起立受国书，如旧仪”⑤。在此后的淳熙初年，孝宗与金人又进行了三次交涉（张子颜使金、刘仲诲使宋、汤邦彦使金），金人虽一度态度缓和，有所犹豫，但最终还是坚决拒绝了南宋的要求。从此孝宗不再遣使请求更正受书礼，宋金关于受书礼的斗争到此结束。南宋同金朝外交斗争的失败，缘于双方的力量对比始终未能发生明显变化，所以不管宋朝如何努力，皇帝起立接书的屈辱受书礼仍然不能改变。

更改受书仪的斗争屡受挫折，更加促使孝宗决心用武力一举实现恢复，从而彻底改变屈辱外交的局面。于是孝宗积极进行整军备战，设置“恢复局”，筹划二次北伐。孝宗在位期间曾五次教阅军队，而在乾道年间就进行了三次。分别为乾道二年（1166）大阅于白石教场；乾道四年（1168）大阅于茅滩；乾道六年（1170）大阅于白石教场。频繁的大阅军活动振奋了军队的士气，促进了军队的建设，同时也向国内外显示了孝宗不甘屈辱现状的雄心壮志，以及展现了南宋孝宗朝的赳赳武风。

此外，由于当时主战的老臣均已凋亡，孝宗便大力提拔那些积极主张

---

① 《宋史》卷 34《孝宗本纪二》。

② 《宋史》卷 396《赵雄传》。

③ 《金史》卷 65《完颜璋传》。

④ 《宋史》卷 34《孝宗本纪二》。

⑤ 《金史》卷 88《纥石烈良弼传》。

抗金的官员。但在所任命的众多宰相中，无论是先前的洪适、叶颙还是稍后的魏杞、蒋芾、陈俊卿等人，孝宗以他们或不懂军事，或对抗金态度不够积极，都缺乏信任，最后把领导恢复大业的重任寄托到在采石之战中立下大功、力图通过战争以实现恢复中原的虞允文身上。乾道三年（1167），孝宗任命虞允文为知枢密院事兼参知政事，并代替吴璘出任四川宣抚使。虞允文在四川加紧措置边事，加强山城防御工事，裁汰老弱，整编、检阅军队，训练民兵，安置归正人，赈济灾荒，不足一年就使“蜀民顿苏，军政一新”[①]。虞允文出色的治迹再一次显示出他卓越的军事才干和政治才能。

乾道五年（1169）八月，孝宗任虞允文为右相兼枢密使及国用使，掌握政权、军权和财权。虞允文向孝宗提出当今事之大者，莫过于“世仇未复，舆图未归，南北生灵未底于休息”，“而事几之急，莫急于兵、财”两事[②]。因此，在虞允文的辅佐下，孝宗在军事力量和财力上积极做好北伐的各项准备。乾道八年（1172）二月，孝宗任虞允文为左相，十一月派虞允文以使相身份再任四川宣抚使。行前，孝宗告诉他决定亲征，要求虞允文在四川配合行动，从东西两路共同出兵伐金。君臣二人商定出兵方略，期以某日会师河南。孝宗与虞允文约定：“若西师出而朕迟回，即朕负卿；若朕已动而卿迟回，即卿负朕。”[③] 虞允文至蜀后扩充士兵和战马，增加军饷，积极进行北伐的各项准备。虞允文是一位慎重的主战派，他主张在军力、财力等条件成熟时方可对金用兵，他试图通过遣使请求归还河南地和更改受书仪来激怒金人，使其先背盟举兵，再后发制人，兴正义之师。因此他在四川并不急于起兵。乾道九年（1173）十月，当南宋要求更改受书仪的外交斗争屡遭失败后，孝宗决心对金挑起战争。于是，他密诏虞允文，催促他早日出师北伐，虞允文因“军需未备”[④] 拒绝了孝宗急于北伐的要求。不久，虞允文去世，孝宗无人可恃，遂放弃了再次北伐的计划，一场孝宗筹划已久的北伐终于流产。虞允文的未战先逝对于孝宗朝的政治发展来说堪称一个重要的事件，它不但使主战派的势力大为削弱，更使孝

---

① 《诚斋集》卷 120《宋故左丞相节度使雍国公赠太师谥忠肃虞公神道碑》。

② 《历代名臣奏议》卷 224《虞允文奏议》。

③ 《宋史》卷 383《虞允文传》。

④ 《诚斋集》卷 120《宋故左丞相节度使雍国公赠太师谥忠肃虞公神道碑》。

宗再次奋起一搏的图谋终于落空，从而在很大程度上打击了孝宗的恢复之志。从此，孝宗再未具体策划过一场北伐战争。乾道年间孝宗朝君臣在外交方面的斗争与军事方面的恢复计划就此不了了之。

孝宗为改变不平等受书礼的斗争与积极进行北伐的筹划虽然落空，但却具有重要的意义。首先，对南宋安于现状的腐朽政治是一个有力冲击。高宗集团在一纸和议之下，淡忘国耻，安于现状，不思进取，苟且度日，孝宗一改此作风，以实际行动告诫那些腐朽统治者，不要忘记国耻，要振作起来，励精图治，为雪国耻而努力奋斗。毫无疑义，这具有振作士风、政风，振奋人心的重要作用。其次，对那些爱国主战的士民来说，也是一个巨大的鼓舞。南宋一些有气节、关心国家前途命运的士民，不忘国耻，对国家与金的卑屈关系十分愤慨，希望自己国家强大，改变这种窝囊的地位。宋孝宗励精图治，不甘屈辱的斗争，符合了他们的心愿，理所当然地得到他们的支持。使他们因孝宗敢于同金人斗争而备受鼓舞，这种精神上的动力对于国家内政的建设以及振作整个国家的气势来说，都是大有好处的。尤其是宋孝宗为改变不平等受书礼，同金人进行了长达十多年的斗争，这是南宋时期少有的积极主动的斗争。孝宗不甘屈辱，振作有为，勇于斗争的精神与实践，奏响了南宋时期的最强音，奠定了南宋立国 150 年的根基。再次，在宋金两国未能打破均衡的形势下，孝宗励精图治积蓄力量，努力创造条件去提高宋在与金关系中的地位，并为之进行了不屈不挠的斗争，在一定程度上提高了南宋的国家地位，振作了国民的士气。

（二）乾淳之治的出现

符离师溃后，南宋被迫签订隆兴和议。这一失败有如当头棒喝，使孝宗对于南宋兵弱、民困、财乏的现实有了一个清醒的认识。因此，在乾道年间，他理智地确立了“内修外攘”并举的治国方针，在积极进行外交斗争，并为再次北伐作准备的同时，孝宗亦开始着重对南宋的内政进行整顿和改革，以图增强国力，最终挥师中原，一雪国耻。乾道经略的失败，使孝宗认识到无论是外交斗争还是军事斗争，起决定作用的是双方的政治、经济、军事等各方面的实力对比。因此在淳熙年间，孝宗将国家的政治重心从“攘外”转移到“治内”的轨道上来。在此期间，孝宗不止一次地对臣下说，自己即位以来，有两件事最为叹息：一是未能收复中原，报仇雪耻；二是没能从根本上改变国弱民贫的局面。他认为前一件事短期内已不可能实现，后一件事只要君臣同心，上下协力，则完全有可能做到。为此，孝宗加强了内政建设的力度。

另外，乾、淳时期，主守派势力空前壮大，以自治、备战而后图恢复的思想弥漫朝野。在这种思潮的影响下，孝宗通过对战争失败的思考，开始认识到要想收复故土，中兴祖业，首先必须搞好内政，充实国力。于是，孝宗将注意力集中到对内政的全面整治上。当听完张栻的一番自强之论后，“上为叹息褒谕，以为前未始闻此论也”[①]，并下诏说：“恢复当如栻所陈方是。”[②] 他对大臣说：“中国既治，自然怀服矣。”[③] 史载“淳熙中，上益明习国家事，老成乡用矣”，一日，太上皇赵构对孝宗说：“天下事不必乘快，要在坚忍，终于有成而已。”孝宗听后，颇为赞同，“上再拜，请书绅，归而大字揭于选德殿壁”。后来在廷试中，又亲擢书有“天下未尝有难成之事，人主不可无坚忍之心”的人为第一[④]。可见孝宗已逐渐失去亲自实现恢复的雄心壮志，而将政治重心转到内政上来。正如他所言：“今战虽不足，守则有余。”[⑤]

针对高宗朝以来政治不明、国弱民贫的状况，孝宗着重从以下四个方面进行了整顿、革新，并收到了较好的效果。

第一，革除弊政，稳定百姓生活，发展经济生产。孝宗于乾道年间开始着手改革和完善救荒制度，全面推广在福建一带行之有效的“社仓法”；改革盐钞制度，适当放松对食盐的专卖控制；清理各种杂税，减轻对百姓的科敛；停止保正之役，实行“均役限田”，以扭转日趋严重的赋役不均、土地兼并现象等等。这些措施虽不可能完全改变广大百姓的贫困处境，正如孝宗所承认的“税赋太重，朕欲除减，但有所未及”[⑥]，但这毕竟在一定程度上减轻了百姓的某些负担，有助于他们生产、生活的稳定。其次，孝宗努力促进国内经济、生产的发展。孝宗大力提倡重农之风，强调“农事乃国之根本”，要求各级官员把发展农业放在工作的首位，并鼓励各地广

---

① 《皇朝道学名臣言行外录》卷13《张栻·南轩先生宣公》。

② 《宋史》卷396《赵雄传》。

③ 《皇宋中兴两朝圣政》卷54，淳熙二年五月乙卯。

④ 《桯史》卷5《宸奎坚忍字》。

⑤ 《四朝名臣言行别录》卷10《周葵·简惠公》。

⑥ 《皇宋中兴两朝圣政》卷47，乾道五年九月丙寅。

兴水利，拓垦荒地。据统计，到淳熙中期，仅江东路各州府所修的陂塘沟堰就有 22 451 处[①]。此外，孝宗实行宽商政策，通过提高商人的政治地位、整顿各地的税场、稳定“会子法”等措施以促进商业的发展。在孝宗的努力下，南方各地的社会经济逐步呈现出较快的发展势头，逐渐显现出繁荣的景象。

第二，裁撤冗员，澄清吏治，抑制浮华士风。从乾道元年到六年，孝宗先后进行了三次较大规模的裁减官员运动，以期改变官僚机构膨胀、冗官冗吏泛滥的现状。同时，大力提倡勤政务实之风，严格对官员的业绩考核，加强各级官吏间的互相监督，如强调“今后非因昏懦不职，不得遽有迁易。其兴利除害，绩用修举，并依故事旌擢显用”[②]；规定各级官员任职，必须先立下责任状，然后定期依次检查，决定升黜奖惩；宣布凡“守臣罪状显著，或职事不举，而按司不即按劾，却因他事发觉，三省具姓名取旨；守臣不按知县，亦如之”[③]。在这种情况下，那些贪官污吏不得不有所收敛。此外，在当时士大夫中，谩诞虚浮风气颇为盛行。许多士人以探索道德性命为名，互相标榜，不务实地形成了“为士者耻言文章行义，而曰‘学道爱人’，相欺相蒙，以尽废天下之实”[④] 的状况。对此，孝宗一再下诏予以斥责，并明确规定：凡表面上“以正心诚意、克己复礼为事”，其实“假其名以济其伪”者，“每于听纳除受之间，考察其人，摈斥勿用，以示好恶之所在”[⑤]。这虽使得理学思潮一度遭到多方压抑，但同时也鼓励了士人、官员注重现实问题，务实、求实的精神。

第三，整顿财政，平衡收支，增加储备。起初孝宗试图通过增发纸币、出售官田等途径来弥补巨额的财政赤字，其中仅东南会子的流通量就由绍兴末年的数百万缗增至乾道三年的 1 560 余万缗[⑥]，致使币法大乱，怨声四起。鉴于此，孝宗从乾道中期起，一面下令收回部分纸币，控制发行量以稳定币值；一面对政出多门、管理混乱的财政体制进行改革，如设立

---

① 《中华文明史》第 6 卷，第 225 页。

② 《宋史全文续资治通鉴》卷 24 下，乾道元年五月辛酉。

③ 《宋史全文续资治通鉴》卷 25 上，乾道四年六月丙辰。

④ 《陈亮集》卷 24《送吴运乾序》。

⑤ 《皇宋中兴两朝圣政》卷 60，淳熙十年六月。

⑥ 《建炎以来朝野杂记》甲集卷 16《财赋三》。

由宰相主掌的“三省户房国用司”，负责对各财政部门的协调统一和监督；建立支出账目审核制度，规定各财政部门必须于每月初将上月开支情况细造清单送国用司审核，并进呈皇帝等。经过一番努力，一度十分严峻的财政状况逐步好转，滥支乱用现象得到一定程度的遏止。为了将来可能的北伐战争或是抵抗金人入侵的战争，孝宗在乾、淳时期非常注重物资、财富的储备。孝宗模仿北宋初年的办法，将各地积余钱物集中到朝廷，设封桩库，以备战时所需。尤其到了淳熙年间，随着生产的发展，孝宗加大了储备的力度。至淳熙十年（1183），朝廷及地方封桩库所存，仅钱一项就多达4 700余万贯。

第四，加强法制，遴选人才。孝宗在位期间，求贤若渴，十分重视选拔人才，“寿皇直是有志于天下，要用人，尝叹自家不如个孙仲谋，能得许多人”①。因此，孝宗多次下诏广招人才，许多有志之士都汇集于孝宗麾下，“乾道淳熙间，朝士抱才气者，皆以得见上为喜”②。孝宗认为治国的关键在于君主慎选宰相，而宰相又必须选任优秀的人才做各地监司、郡守，地方的监司、郡守必须将本地才德兼具的廉吏推荐给朝廷，他说“要在人君必审择相，相必为官择人”③，“部使者郡守其为朕察郡邑廉吏来上，朕将甄奖，待以不次，风厉天下焉！或持禄养交崇饰虚誉，应诏不以实，使积行之君子，壅于上闻，时汝之辜，必罚毋贷”④。如此，荐士便成为孝宗朝的一时风尚。对于选拔人才，孝宗认为“若是平稳无才略，人不难得，须是有才而不刻，慈善而不谬”⑤，重视德才兼备，他反对“因人设事”，认为“古者为官择人，未尝为人择官，今乃因冠而致窠阙，近乎为人择官也”⑥。他主张对人才必须实事求是地考察，“人才，要辩实伪，要分邪正”，“最不可以言取人……今吾于人也，听其言而观其行，故以言取人，失之宰予”⑦。在孝宗的大力培养和选拔下，“至淳熙间，名贤彬彬辈

① 《朱子语类》卷127《孝宗朝》。
② 《建炎以来朝野杂记》甲集卷9《百官转对》。
③ 《建炎以来朝野杂记》乙集卷3《孝宗论用人择相》。
④ 《宋会要辑稿》职官79之1。
⑤ 《皇宋中兴两朝圣政》卷60，淳熙十年八月甲辰。
⑥ 《皇宋中兴两朝圣政》卷53，淳熙元年二月庚午。
⑦ 《皇宋中兴两朝圣政》卷51，乾道八年正月戊寅。

出”、“群才毕萃，何其盛也”①、“恭惟乾道淳熙之盛，俊乂错出”②。

乾、淳时期，孝宗在全面整顿内政的同时，仍未放弃收复中原的目标，用很大的精力来整顿军政。即使在乾道经略受挫、渐失亲自收复之志以后，他也一直注意加强军备，不给金人以可乘之机。在淳熙年间，孝宗仍与金进行了几次要求更改受书仪的斗争，并举行了两次规模盛大的阅兵活动。这表明孝宗在加强内政建设、努力自强不息的同时，对外始终保有不甘屈辱、振作进取的态势，这对金是一种威慑，使其嚣张的气焰不得不有所收敛，而且对内也有鼓舞人心的作用，使国人、后人不忘国耻，奋发图强，最终完成恢复大业，从而使整个国家的精神面貌一改高宗时屈辱、愤懑、委曲求全、苟且偷生的萎靡状态，呈现出一种健康、安定、蓬勃向上、积极进取的新面貌。

总之，孝宗在内政方面的建设取得了相当大的成效，给暮气沉沉的南宋王朝带来了蓬勃生机。选贤任能、刷新政治，使南宋苟且衰颓的政风为之一振；留心理财、整顿赋役，促进了社会经济的恢复和发展，户口增加，财政状况好转，有小康之称，“内府之金，至于贯朽而不可校”③；募兵选将、治军缮备，使军队素质大大提高。纵观乾、淳时期，国家政治比较清明，统治秩序进一步趋于稳定；社会经济日益繁荣，南方各地的经济迅速发展，不少方面开始超过北宋时期的水平，尤其是农业和商业更是达到南方历史上的空前水平，都城杭州的繁华也不亚于往日的汴京；隆兴和议之后，两国相安，相互间的经济、文化交流通畅，以东南湖光山色之秀丽，物产之富足，加上百姓的安居乐业，遂使民间的物质生活与精神生活水平都有所提高，整个社会呈现出一种新的气象。当时国家文教昌盛，学术思想活跃，人才辈出，因而文学、艺术、经史、考古、哲理诸学都极一时之盛。周密《武林旧事》谓：“乾道淳熙间，三朝授受，两宫奉亲，古昔所无，一时声名文物之盛，号小元佑。”综合政治、经济、军事、文化等各方面的因素，可以说，南宋王朝在孝宗时代进入了鼎盛期，而乾道、淳熙时期亦被称为“乾淳之治”，是南宋王朝由凋敝走向恢复，由消沉走

① 《杜清献集》卷17《跋罗文恭公（点）荐士疏》。

② 《鹤山先生大全文集》卷76《宋故藉田令知信州王公（王自中）墓志铭》。

③ 《建炎以来朝野杂记》乙集卷3《孝宗恭俭至贯朽》。

向振兴，“国势尊安，海内康乐”的黄金时代[①]。

然而，生活在偏安的小康时代之人士，比较容易安于现实，渐渐把恢复、复仇的意志消磨掉了，这是无可讳言的事实，好在孝宗致力于富国、安民，遂使国家保持了治世小康的局面。

（三）倦政禅位——孝宗朝末年的政局与走向

孝宗最为遗憾的是没有实现恢复之志，故屡恨功业不如唐太宗。统治后期，孝宗锐气已消，士大夫亦怀苟安。淳熙八年，随着淳熙时期最具恢复意识的主战派大臣赵雄被罢相，朝中主战势力彻底偃旗息鼓，于是孝宗放弃了亲自实现恢复的愿望，故政治务用安静，改变频繁换相的做法，所用宰执，亦选老成，王淮为相竟长达七年之久。李焘于淳熙十年再侍经筵，看到孝宗再无当年锐意恢复之壮志，乃进谏说，“前日纷纷，今日默默，俱非自治”，劝孝宗“无怠初志，益懋远图”[②]。政治上既无法革新，外交上也难再获进展，军事上更不可能有奇迹出现，那也只好维持现状了。

淳熙后期，孝宗朝君臣除继续致力于内政建设外，值得注意的是，在宰相王淮的主持下，朝廷进一步黜斥理学人士，使理学人士遭到政治上的多方压制，从而达到抑制浮夸士风的目的。然而却因此激化了理学人士同反理学人士的矛盾，并加剧了彼此之间的斗争。

淳熙九年的朱熹、唐仲友交奏事件标志着道学与反道学势力的政治分野开始明朗化，并形成了以宰相王淮为首的反道学势力集团，有郑丙、陈贾、蒋继周等人，和支持朱熹的以道学人士为主的道学势力集团，有楼钥、尤袤、彭仲刚等人。由于此时道学势力缺乏朝廷权要的汲引和支持，还远不能与以王淮为首的反道学势力相抗衡。直到淳熙十四年，倾向道学的周必大拜相之后，道学派才得以在朝廷上结成一股独立的政治势力。王淮、周必大并相，而周与道学派关系较好，又深受孝宗器重，因此二者的矛盾在所难免。周必大拜相伊始就受到王淮之党的攻击，“去春为陈贾迎头论列王谦，意在逐臣”[③]，而周必大也被道学派所援引和倚助。针对“王

---

① 《建炎以来朝野杂记》乙集卷 1《壬午内禅志》。

② 《文忠集》卷 66《敷文阁学士李文简公焘神道碑》。

③ 《文忠集》卷 152《奉诏录七》。

丞相秉政日久，士多失职”，朱熹弟子詹体仁等“率同志者请于益公，反复论及，责以变通之理，因疏纳知名士废不用者陈傅良君举而下三十三人”[①]。可见道学派要以周必大为道学羽翼，并欲借重周氏以求进用。在此情况下，朝廷士大夫便迅速分裂为以王淮为首的反道学派和以周必大为首的道学派两大阵营，自乾道初期以来一直存在的道学与反道学的矛盾，至此开始演变为道学之党与非道学之党的朋党交攻了。正如傅伯成在庆元年间所奏：“淳熙之末，并任两相，引用人才，各有向背，至于今日，彼此相攻，不极不已。”[②] 后来，庆元党禁的发生，虽可远溯至乾道之初，而其朋党交攻之形，实肇始于淳熙末周必大与王淮并相之时。淳熙十四年十月高宗驾崩，二相围绕着高宗攒宫置使及对金外交礼仪问题发生了争执[③]。后来，依附周必大的道学人士利用王淮不肯出护山陵之事，向王淮发起弹劾，并终于达到了目的，王淮被罢相。道学派对这次胜利欢欣鼓舞，陆九渊在庆贺罗点晋升的信中说：“适闻晋贰奉常，向于柄用，深为吾道庆。”同时还评论王淮之罢说：“大蠹之去，四方属目。”[④] 的确，王淮的罢相不仅使长期受其排抑的道学士人们大出了一口恶气，更为重要的是，它改变了南宋朝廷上道学与反道学两种政治势力的力量对比，成为道学派由在野派向当权派转化的转折点。反道学派由于失去权要的庇护而顿时陷入不利局面，王淮党羽王信被罢官出朝；林栗奏劾朱熹，却在叶适、胡晋臣的论劾下狼狈而去。在孝宗朝历史上因攻击道学而被逐的情况，这还是第一次，表明道学派的势力已不容忽视。与此同时，道学人士的仕进之途比以前畅通了许多，道学的发展也因此而进入一种崭新的局面，尤袤奏言：“近召赵汝愚，中外皆喜，如王蔺亦望收召。”[⑤] 王淮的罢相、道学派的得势，加上叶适等人对王淮之党的痛斥，都极大地刺激了反道学派士大夫，双方的矛盾在王淮罢相之后反而呈现出更加激烈之势。叶适攻击反道学派“往日王淮表里台谏，阴废正人”，郑丙、陈贾辈“创为‘道学’之目”，“见士大夫有稍务洁粗能操守，辄以道学之名归之”，林栗“更袭陈贾、郑

---

① 《道命录》卷6《刘德修论道学非程氏之私言》。

② 《后村先生大全集》卷49《傅伯成行状》。

③ 《文忠集》卷172、173《思陵录》上、下。

④ 《象山集》卷13《与罗春伯书》。

⑤ 《宋史》卷389《尤袤传》。

丙密相付授之说，以道学为大罪，文致语言”、“无实最甚”。淳熙十五年七月，叶适又上书周必大，向其推荐知名之士三十四人，绝大多数是道学之徒。这纸荐书马上成为反道学派进行攻击的口实，这成为周必大等假道学以结朋党的最好证据。经他们传播，消息很快传到孝宗耳中。淳熙十五年十月，即将退位的孝宗亲出御笔过问此事：“近日臣僚多说有朝士荐三十余人在庙堂，如果有之，可缴进来。”对此，周必大不胜惶恐，连篇加以自辩，此事方才作罢。在王淮罢相后，周必大与留正的冲突随之而起，这一点可以从周必大的自辩奏疏中看出来，周必大奏言：“况堂除一小小监当，若留正以为未可，即更不敢施行，每日将上文字，留正或稍未通彻，即便拣退，伏料奏对之间，陛下必已洞见。”[①] 留正汲引何澹等反道学派与周必大之党为敌，并由于周必大性格孱弱，而留正又与已经参决政务的皇太子关系密切，所以倒是作为参知政事的留正在斗争中占了上风。李心传说：“王丞相罢，留丞相为次辅，与益公不合，擢何澹为谏长，攻益公罢之。”[②] 到了淳熙十六年春天，随着留正的进拜右相和孝宗的退位，留正的优势就更加明显了，而周必大等道学派的失势便成为必然。

此外，皇储确立的问题也是对孝宗朝中后期政治影响甚大的一个事件。孝宗立储颇为周折。孝宗原配郭皇后生有四子，少子早夭，其余三子为长子邓王赵愭、次子庆王赵恺、三子恭王赵惇。按嫡长子继承制，邓王是名正言顺的储君人选。当乾道元年，孝宗开始考虑立储君时，却意外地发生了邓王与恭王为其子争夺皇嫡孙名号的事件，这使立储之事发生了一场节外生枝的风波。恭王比邓王早两月有子，但其向孝宗、宗正府申报却在邓王之后，按规定，皇室子孙的辈分与名位按申报先后确定。为此，两府之间发生了争吵，朝中部分大臣也因各自的利害关系卷入其中。恭王的老师秘书少监王淮广造舆论，支持恭王之子为皇嫡孙。而邓王的岳父参知政事钱端礼则回击王淮散布“邪僻之说”应予以严厉处罚，坚持邓王之子才有资格称皇嫡孙。以两人为首形成两派，进行了激烈争论。两府所争，表面上不过是长幼名义问题，实际上是关系到皇位继承权的大事。后来，

---

① 《文忠集》卷 152《奉诏录七》。

② 《道命录》卷 6《刘德修论道学非程氏之私言》。

在孝宗与太上皇的支持下，邓王府占了上风。孝宗以“倾邪不正，有违礼经”[①] 的罪名将王淮革职，放外任。随后下诏，宣布邓王之子可称皇嫡孙，恭王之子只能称皇孙。这场风波就此方平息下来。此后不久，孝宗便正式立长子邓王为皇太子，入居储位。

然而三年后的乾道三年七月，皇太子病逝。此后几年，储位一直空虚。乾道六年，在虞允文的一再建议下，孝宗才决定建储。因孝宗认为次子赵恺懦弱，而三子赵惇“英武类己”，可堪大任[②]，于是越次建储，立三子为太子。然而与此同时，却命次子赵恺离开临安到外地居住，临行前，赵恺拉着宰相虞允文的手，恳请道：“还望相公保全。”[③] 可见，这次立储之中亦可能蕴含着某种矛盾与冲突。当然最后的胜利者是赵惇。

淳熙末，对恢复大业已心灰意冷的孝宗意志消沉，转向逸乐，甚至“经月不御外朝”[④]。淳熙十四年（1187）十月，太上皇高宗病逝，孝宗便以要为高宗毕三年之丧为由，下手诏，令皇太子参决政务，为自己的禅位做好了准备。次年五月，左相王淮罢，周必大仍任右相。淳熙十六年（1189）正月，孝宗将对自己忠心耿耿的周必大进位左相，而将皇太子的东宫旧臣留正擢为右相，并正式向宰执大臣宣谕了自己将禅位于皇太子的决定。二月，举行了禅位仪式，孝宗正式将帝位传给皇太子赵惇，是为宋光宗，孝宗自己则退居重华宫成为太上皇。就此，孝宗朝宣告结束，光宗朝政治拉开了帷幕。

由于光宗在即位前曾以太子身份主持国家政务一年多，对孝宗的政策多有奉行，因此，当光宗即位之后，就明确声明将一切以孝宗时的典章法度行事，因而在内政、外交上基本承袭了孝宗朝后期的政策，维持了孝宗朝的治理成果。

---

① 《宋史》卷 33《孝宗本纪一》。
② 《宋史》卷 36《光宗本纪》。
③ 《建炎以来朝野杂记》乙集卷 2《己酉传位录》。
④ 《历代名臣奏议》卷 195《陈俊卿奏议》。

第二节　孝宗朝的政治特点与时代风貌

一、频繁换相，造成宰相势弱

宋代自立国以来，为加强皇权，防止大臣擅权，宰相一般不予久任，更不独相，并采取“异论相搅”[①] 的策略，对执政者进行牵制。可以说北宋绝大部分时期没有出现权相皆与此有关，就连执政时间较长的赵普、王安石等宰相，也均未发展为权相。直到北宋末年徽宗朝，蔡京专权霸政，成为第一个权相。南宋开国，高宗为贯彻对金的投降求和路线，不得不让秦桧独相长达十七年之久，使其垄断朝纲，党同伐异，造成了政治的腐败与黑暗。

孝宗如同他的先祖宋太祖一样，擅长吸取、借鉴前代政治成败得失的经验教训，并努力进行一番调整和改作。在潜邸时，他就不满秦桧的专权蠹政，即位后，他便力图重新恢复祖宗家法，加强皇权，竭力防止大权旁落于权相的局面出现。为此，孝宗采取一系列措施限制宰相的权势。而首要措施便是运用皇帝对宰相的任免权，频繁换相，缩短宰相的任期，从而限制宰相的权势。孝宗“躬揽权纲，不以责任臣下”[②]，“勤于论相，数置而亟免”[③]，成为宋代历史上换相最勤，任相较多的皇帝之一。

孝宗在位二十七年（1162—1189），共任用了十七位宰相，其中任期最长的是王淮，自淳熙八年八月至淳熙十五年五月，前后近七年；任期最短的是张浚，前后不过四个月。虽然其中有四人再拜相，但为时都很短，陈康伯再相仅四个月，就以老病去职；史浩两次为相共一年又一个月；曾怀两次总共还不足一年；梁克家最长，共五年又十个月。至于三入相、四

① 《太平治迹统类》卷13。
② 《宋史》卷394《林栗传》。
③ 《历代名臣奏议》卷144《虞允文奏议》。

入相，在孝宗朝是根本不存在的。这样，平均不到两年就换一位宰相。此外，孝宗还长时期空缺相位，只是让参知政事代行相事。乾道元年二月，陈康伯致仕后，不任相者达十月之久。淳熙二年九月，叶衡罢相，相位空缺时间更长达两年半，而以参知政事龚茂良暂行宰相之事。宋朝在制度上可设两三个宰相，独相的情况不多，而不设宰相的特例，确是宋孝宗开创的，并且在孝宗以后也再无此情况。可见，孝宗长期使相位空缺的做法在整个宋代都是绝无仅有的。

孝宗非常注意择相，他认为：用人之弊，在于人君乏知人之明，宰相不能择人。他总结国初以来的教训是："过于忠厚，宰相而误国，大将而败军，未尝诛戮。"因此提出："要在人君必审择相，相必当为官择人，懋赏立乎前，诛戮设乎后，人才不出，吾不信也。"

孝宗对朋党严加防范，尤其是宰相结党。认为如果人主能兼听独断，就会杜绝朋党现象。为此，他事事独断，不稍借大臣以权，动辄更换宰相，不予久任。孝宗用相而存疑，对所有宰相几乎都抱有疑虑。史浩因反对隆兴北伐而被罢相，自是不召者十三年。淳熙五年复召为右相，已七十三岁，史浩知孝宗猜疑性很强，特向他表明心迹："蒙恩再相，唯尽公道，庶无朋党之弊。"孝宗辩解道："宰相岂当有党，人主亦不当以朋党名臣下。朕但取贤者用之，否则去之。"① 此话实乃托词罢了。

孝宗还频繁地调换参知政事及其他官员。孝宗朝出任过参知政事者竟达三十四人之多。虞允文曾进言：以前选择台省官，一定要取才望相当而又称职的人，并以三年为期，"所以人无躁进之心，官有宿守之业"，可是现在除授才数月就将他调走，结果"官无成绩，奔竞之风，由此而甚"②。周必大也向孝宗分析恢复功效未成的原因："陛下练兵以图恢复而将数易，是用将之道未至；择人以守郡国而守数易，是责实之方未尽。诸州长吏，倏来忽去，婺州四年易守者五，平江四年易守者四，甚至秀州一年而四易守，吏奸何由可察，民瘼何由可苏？"③

频繁换相在很大程度上有效地抑制了相权的坐大，防止了权相政治的

① 《宋史》卷396《史浩传》。
② 《历代名臣奏议》卷144《虞允文奏议》。
③ 《宋史》卷391《周必大传》。

出现，使国家大政尽在皇帝的掌握中，从而加强了皇权。与此同时，亦基本上维持了以宰相为首的中枢权力体系的正常运作。然而，过于频繁的宰相更换，给国家内政也带来了负面影响。因为宰相们在政治主张、施政方针、人事关系等方面都各不相同，容易在施政中造成一些混乱，所以妨碍了政治运作的统一性和连贯性。

二、宠信近习，造成佞幸得势

近习是在帝王身边供奔走驱使的近臣，如武臣、外戚、宦官及藩邸旧臣等。他们虽无法定的大权，却因皇帝的宠信而颇能左右政局，且易于借势作恶。宋代吸取前朝教训，一般不允许近习干预朝政，但在孝宗朝却是个例外。《宋史·佞幸传》列举两宋佞幸共 12 人，其中南宋为 7 人，而孝宗一朝就占了 4 人，堪称宋代之最。由此可见，近习在孝宗朝的势力之大。佞幸得势实乃孝宗朝政治的一大特点。

孝宗堪称南宋的英明之主，何以如此宠信近习？《宋史·佞幸传》言："刚明之主亦有佞幸焉，刚好专任，明好偏察，彼佞幸者一投其机，为患深矣。"[①] 可见孝宗的"刚明"便成为近习得以大行其道的重要条件。宋代奉行君主"与士大夫共治天下"的政体，而宰执群就是皇帝直接倚助的施政集体，来共同治国安邦。然而，孝宗即位后首先鉴于前朝宰相专权的教训，对宰相不予信任，同时，因自身即位的特殊情况，为提高皇权威望，加强对朝政的控制力，孝宗选择了对亲信近习的重用，用他们作为自己的耳目，以明察秋毫，"则近习得以乘间而议政"[②]，从而更好地监督宰相，驾驭群臣。可以说对近习的重用是为了制约宰相的权势。孝宗信用近习干政，自然引起了朝中以宰相为首的朝廷大臣的不满。宰相、大臣与孝宗的争谏、与近习的斗争引致了"宫府相争"，该斗争几乎贯穿了孝宗朝的始终。

孝宗朝的近习主要有曾觌、龙大渊、张说、王抃、甘昪（抃）等人，其中曾、龙二人为孝宗潜邸属臣；张说为外戚；王抃出身小吏；甘抃为宦

---

① 《宋史》卷 470《佞幸传》。

② 《历代名臣奏议》卷 49《刘兴祖奏议》。

官。几人中以曾觌、龙大渊的影响力最大。孝宗初即位，就马上提升曾、龙为干办皇城司和枢密副都承旨，此举立即遭到宰执大臣们的群起反对。孝宗坚决进行回击，并言："太上时，小事，安敢耳!"① 于是不惜将一批反对的大臣纷纷罢黜，而当"宰辅、台谏、给舍一辞以为当去"时，"上意有朋党之疑"，对反对者愈加打击，"自是无敢言者"②，这一事件便开启了宫府相争的序幕。升迁曾、龙事件，从隆兴元年持续到淳熙七年，前后长达十几年之久，成为牵动朝野的一个重大事件。

在孝宗的支持和庇佑下，近习的政治势力与日俱增，权倾中外，势力熏人，十分嚣张。他们"相与盘结，士大夫无耻者争附之"，"恃恩专恣，其门如市"。③ 他们广接群臣，党同伐异，"所喜则阴为引援，擢置清显；所恶则密行訾毁，公肆挤排。交通货赂，则所盗者皆陛下之财；命卿置将，则所窃者皆陛下之柄。虽陛下所谓宰相、师保、宾友、谏诤之臣，或反出入其门墙，承望其风旨……势成威立，中外靡然向之"④。黄中为普安郡王王府教授，"时王府官龙渊，已亲幸，它教授或与过从觞咏"，黄中"独未尝与之坐，朝夕见，则揖而退。其后它教授多蒙其力"，黄中"独不能徙官"⑤。宰相叶衡"自小官十年至宰相"，便是援引自曾觌⑥。而龚茂良以参知政事摄相事，因得罪曾觌，就被受曾指使的殿中侍御史谢廓然弹劾，而最终被流放到岭南英州，死于贬所⑦，成为当时的一大冤案。值得回味的是，曾、龙为知合门事，周必大坚决"不书黄"，宁愿罢官。后曾觌进位"少保、醴泉观使"时，"时周必大当草制，人谓其必不肯从，及制出，乃有'敬故在尊贤之上'之语，士论惜之"。而周必大则在翌年升任参知政事，谢廓然则同时升签书枢密院事，为执政官⑧。可见，周必大慑于近习的强大威势，而改变了初衷，知难而退了。宦官甘抃亦有回天之

① 《宋史》卷391《周必大传》。

② 《建炎以来朝野杂记》乙集卷6《台谏给舍论龙曾事始末》、《孝宗黜龙曾本末》。

③ 《宋史》卷469《甘昪传》，卷470《曾觌传》、《王抃传》。

④ 《晦庵先生朱文公文集》卷11《庚子应诏封事》。

⑤ 《建炎以来系年要录》卷175，绍兴二十六年十二月庚申。

⑥ 《宋史》卷384《叶衡传》、卷470《曾觌传》。

⑦ 《宋史》卷385《龚茂良传》。

⑧ 《宋史》卷35《孝宗本纪三》、卷391《周必大传》、卷470《曾觌传》。

能，据说“近年有洪邦直为宰，以赃被讼，求救于伯圭，伯圭荐之于甘抃，甘抃荐之。上召见，赐钱，以为此人甚廉而贤，除监察御史”，伯圭乃孝宗之亲兄，却要向甘荐引，足见甘的权势；甘荐而上即召见，且将应受惩的贪官变成纠劾贪官的御史，不管事情真相如何，亦可见甘的回天之力了①。

孝宗重用近习，引起宰相、文臣的不满。他们纷纷上疏进言，反对近习势力。著作郎刘夙上疏说：“陛下与觌、大渊辈觞咏唱酬，字而不名。罢宰相，易大将，待其言而后决。严法守，裁侥幸，当自宫掖近侍始。”②监察御史龚茂良也两次上疏，反对重用近习，孝宗不予理会，并将龚茂良出知建康府。陆游反对龙、曾，孝宗就说他是“反复小人”，而“得罪行遣”③。朱熹抨击近习之政“宰相、台省、师傅、宾友、谏诤之臣，皆失其职，而陛下所与亲密，所与谋议者，不过一二近习之臣也。此一二小人者，上则蛊惑陛下之心志，使陛下不信先王之大道，而悦于功利之卑说，不乐庄士之谠言，而安于私亵之鄙态。下则招集天下士大夫之嗜利无耻者，文武汇分，各入其门。所喜则阴为引援，擢置清显；所恶则密行訾毁，公肆挤排。交通货赂，则所盗者皆陛下之财；命卿置将，则所窃者皆陛下之柄。虽陛下所谓宰相、师保、宾友、谏诤之臣，或反出入其门墙，承望其风旨……势成威立，中外靡然向之，使陛下之号令黜陟，不复出于朝廷，而出于此一二人之门，名为陛下之独断，而实此一二人者，阴执其柄”④。孝宗读后，“大怒”⑤，多亏宰相赵雄出面劝谏，才得以保全朱熹。

与此同时，宰执大臣们不断掀起攻击近习的斗争。隆兴元年，反对龙、曾事件受阻后，大臣们并不气馁。乾道三年，陈俊卿抓住洪迈从龙大渊、曾觌处得来的升官的小道消息的把柄，与叶颙、魏杞二相商议弹劾龙、曾，二相“皆以为然”，陈俊卿面见孝宗，揭露龙、曾“窃弄陛下威

---

① 《朱子语类》卷132《中兴至今日人物下》。
② 《宋史》卷470《曾觌传》。
③ 《宋史》卷395《陆游传》；《齐东野语》卷11《陆务观得罪》。
④ 《晦庵先生朱文公文集》卷11《庚子应诏封事》。
⑤ 《宋史》卷429《朱熹传》。

福之权”，孝宗怒，将龙、曾放外任，“中外快之，至或举酒相贺”①。乾道四年，龙大渊死后，孝宗屡次想让曾觌重返朝廷，但都被陈俊卿阻拦。六年，陈俊卿罢相，孝宗便将曾觌召回临安府，加以重用，使其权势更盛，以致官至开府仪同三司，后来又加少保、醴泉观使，地位与宰相相埒。而乾道八年，当近习张说再除签书枢密院事时，侍御使李衡、右正言王希吕相继论奏，起居郎莫济不肯书录黄，直学士院周必大不肯草答诏。但孝宗都不为所动，反将这些人纷纷贬官，改命权给事中姚宪书读行下，翰林学士王曮草答诏，并于不久后将二人升了官。次年，又擢张说同知枢密院事，让其握有军权，“于是说势赫然，无敢撄之者”②。后来（淳熙元年）孝宗自己发觉张说有欺骗等不法事，才将他斥逐到地方安置。淳熙六年，出守建康府的陈俊卿两次面见孝宗，一再指出近习之危害，并警告说：“向来士大夫奔觌、抃之门，十才一二，尚畏人知；今则公然趋附，十已八九，大非朝廷美事也。”③ 孝宗恐近习结成朋党之势，于是对曾觌等人稍有疏远。淳熙七年，曾觌、张说相继病死。王抃亦因受书仪之事触怒孝宗，于淳熙九年正月“为在外宫观”，“不复召”，随后病死。而甘抃则迟至淳熙十五年朱熹奏对时，“力以为言”，孝宗尚袒护道：“乃德寿所荐，谓其有才耳。”朱熹道：“小人无才，安能动人主?”此后孝宗“察其奸，遂抵之罪，籍其赀，竟以废死”，这已是孝宗退位前的事④。

孝宗重用近习，在一定程度上起到了防止宰相擅权的作用，但长期的宫府相争及近习弄权，也在一定程度上造成了吏治的混乱与腐败。孝宗高度重视大权独揽，他之所以力排众议，重用近习，使他们擅威福之利，主要是为了让他们充当自己在朝廷内外的耳目与对政治施加影响的得力工具，他们的得势全靠孝宗的恩宠，因此对孝宗忠心耿耿，他们代表和体现的是孝宗的意志。他们的权势虽大，却始终在孝宗的掌握之中，如若过分为乱不法，超过孝宗的容忍范围，也必会遭受严厉惩处。因此，孝宗朝的

---

① 《建炎以来朝野杂记》乙集卷 6《孝宗黜龙曾本末》；《晦庵先生朱文公文集》卷 96《陈俊卿行状》；《宋史》卷 383《陈俊卿传》、卷 470《曾觌传》。

② 《宋史》卷 470《张说传》。

③ 《宋史》卷 470《曾觌传》、《张说传》。

④ 《宋史》卷 35《孝宗本纪三》、卷 429《朱熹传》、卷 469《甘昪传》、卷 470《王抃传》。

近习政治没有给国家带来太严重的负面影响。

三、倡导务实、尚武之风

孝宗即位以来，励精图治，对外积极进取，对内拨乱反正、重振朝纲，从而使孝宗朝的政治风貌显现出与高宗时截然不同的新气象。孝宗志图恢复，在扭转政治路线，重振主战声势，振作士气与人心之外，又力图改变高宗朝遗留下来的苟且、萎靡、人浮于事的政风与士风，大力倡导务实与尚武的精神，并产生了一定的效果。通观南宋其他朝的政风与士风，孝宗朝务实、尚武的时代风貌确可为一大特点。

宋代奉行重文抑武、重用文臣、“与士大夫共天下”的国策，在这种文官政治下，虽然避免了种种弊端，有很大的进步性，但长期以来也不可避免地产生了文弱而尚空谈理论的政风。尤其是南宋立国以来，理学思想逐渐发展，并开始向政治方面渗透，空谈性理之学，不务实际的政风逐渐蔓延，“曩时虚名之俗，诚是太胜”①，为扭转士风，孝宗进行了不懈的努力。

孝宗认为士大夫为天下表率，士大夫的风尚、好恶决定整个社会，乃至一个时代的盛衰风貌。他说：“朕惟天下治乱，系乎风俗之美恶；系乎士大夫之好尚。盖士大夫者风俗之表，而天下所赖以治者也。故上有礼义廉耻之风，则下有忠厚醇一之行；上有险怪偷薄之习，则下有乖争陵犯之变，如形声影响之应，不可诬也，成周盛时，在位皆节俭正直，天下化之。至汉孝宣行综核之政，诏天下举廉吏，欲得其直，故吏多称职，民亦安业，朕甚慕之。”孝宗尤其认为身居高位的士大夫的表率作用至关重要，“盖尝戢奸贪，黜浮靡，躬节俭，以示天下，而历纪逾久，治效未进，意在位者未能率德改行，以厚风俗，故廉士失职，贪夫长利，将何以助朕兴化至礼无愧于古乎”？孝宗还重视选拔地方廉吏，并进行甄奖，“待以不次”，以此来“风厉天下焉”②！

针对“士大夫好为高论，而不务实”、人浮于事且“多耻言农事”的

---

① 《宋史全文续资治通鉴》卷26上，淳熙四年五月甲子。

② 《宋会要辑稿》职官79之1 。

风习，孝宗主张务本崇实，希望士大夫多关心国计民生的实际问题。他说“农事乃立国之本”，“今士大夫微有西晋风，作王衍阿堵等语，岂知周礼言理财，易言理财，周公孔子未尝不以理财为务”①，“周以冢宰制国用，《周礼》一书，理财居其半，后世儒者尚清谈，以理财为俗务，可谓不知本矣”②。因此，孝宗以身作则，“励精庶政，至于财用大计，尤所经心，或时呼版曹吏入禁中，驱磨财赋，诸库皆有簿要，多自按视”。此外，孝宗还鼓励士大夫打破清、浊流品观念的束缚，出任金谷财利方面的职务。当金部郎官吕播因不理职事，“问簿籍皆不知”而被罢免后，洪适（景伯）奏以何资深（逢原）取代他。孝宗说“恐逢原儒者，不肯留意金谷事”，“卿等宜宣谕逢原留意职事”。后来，司农少卿缺人，“魏南夫（杞）蒋子礼（芾）奏以莫子齐（济）为之，因言有一事须合奏知：莫子齐尝中词科，今掌南宫签奏前，恐议者以谓蹊径未是。上曰：中都官初不分清浊，如司农责任亦甚重，于士人中除授亦无害也”。③ 可见，孝宗有意让士大夫多关心国家实际事务，并提高处理实际问题的能力。

同时，孝宗在施政中，倡导实事求是、遵照国家法度依法办事的务实作风。“孝宗综合名实，于官职未尝妄授。刘忠肃（珙）为建康留守，终更当再任，上知其政绩，特除观文殿学士以旌之。执政拟除目云：‘刘珙居守建康已及二年，可除观文殿学士再任。’上曰：‘已及二年而除职，非用人之体。’乃改云：‘居守建康，绩效显著。’”④ 这种切实作风，可以树立好的政治风范，革除尚虚名而不务实际的积弊，一新朝野的耳目。在选任人才时，孝宗重视人的实际能力和才干，而不以虚名为标准，他批评“宰相不能择人，每差一官，则曰此人中高第，真好士人也，终不考其才行何如”⑤。他主张“为官择人，不为人择官”⑥。

宋代政尚宽厚，虽可造福社会，但随着时间的迁移，国家法度松弛，却滋养、鼓励了奸宄之徒与贪赃枉法之风的盛行，所谓姑息适足以养奸。

---

① 《建炎以来朝野杂记》乙集卷3《孝宗论士大夫微有西晋风》。
② 《宋史全文续资治通鉴》卷27上，淳熙十年八月。
③ 《建炎以来朝野杂记》乙集卷3《孝宗论士大夫微有西晋风》。
④ 《建炎以来朝野杂记》甲集卷5《孝宗总核名实》。
⑤ 《建炎以来朝野杂记》乙集卷3《孝宗论用人择相》。
⑥ 《历代名臣奏议》卷143《郑刚中奏议》。

孝宗仰慕重视法家思想的汉宣帝综核名实、信赏必罚的治国理民之道，认为要富国强兵，最有效的办法莫过于尚法。孝宗即位之初，“盖尝考法祖宗，严赃吏之禁”，但“岁月既久法已挺缓，赃过之吏，狃习宽政，日甚岁剧”，令孝宗“朕甚自愧”，孝宗认为“列官处职，奸法不忌，是与盗无异也”，于是孝宗宣称：“国有宪法，朕不敢废。自今后命官犯自盗枉法赃罪抵死者，籍没家财，取旨决配，并依隆兴二年九月已降诏书施行，必无容贷”，以此“厉在位矣”①。孝宗针对“士大夫少有精于法者，临时检阅，多为吏辈所欺”的现象，大力加强了法律条文的编订工作，他说：“朕欲将见行条法令敕令所分门编类，如律与刑统、敕令格式及续降指挥，每事截聚，载于一处，开卷则尽见之，庶使胥吏不得舞文。”② 淳熙时期就先后出台了《淳熙条法事类》、《淳熙一州一路酬赏法》、《淳熙法册》等法律。这样也促进了士大夫懂法务实的作风。孝宗朝成为南宋法制最为健全的时期。

孝宗崇法务实，不但编订了许多法律条文，而且还严格维护国家法度，保证各项政事在遵循法制的轨道下进行，从而保持祖宗家法的统治机制与原则，从根本上保证赵宋王朝的正常统治秩序。孝宗较守法度，不妄开侥幸之门。乾道初年曾谕宰臣“旧无条法之事不可创”，又谕“毋创例以害法”。足见守法务实的精神。乾道九年，宰相梁克家面奏陈师亮田差于法有碍，孝宗说：“卿等如此守法甚善。”又说：“侥幸之门盖在上者多自启之，故人生觊觎心；讲划一之法，贵在能守。”淳熙七年，孝宗同母兄赵伯圭奏请“门客不理选限登仕郎恩乞理选限”，孝宗问宰相赵雄说：“于法如何？”赵回奏到：“在法不许。”孝宗即说：“每自守法，不敢开放，若违常法，以开幸门，责援例干请不已，将何以阻之？”③ 孝宗反对法外开恩，给人滥与爵赏，轻授官职。他认为“如朝廷与人官爵，尽归至公，人谁敢怨；若徇私轻与，得者固喜，而怨者必至。惟至公可以无怨。朕与卿等交修，当谨守此法”④。孝宗以身作则，倡导守法的例子不胜枚举，这对于推动政风的改变无疑是极有助益的。

---

① 《宋会要辑稿》职官 79 之 1 。

② 《皇宋中兴两朝圣政》卷 57，淳熙六年二月癸卯。

③ 《宋会要辑稿》帝系 11 之 11。

④ 《皇宋中兴两朝圣政》卷 55，淳熙四年三月辛酉。

孝宗念念不忘北伐中原，为改变宋朝文弱、怯懦的士风，激昂、振奋朝野士人的精神面貌，强健士人的体魄，强大士人的心志，进而强壮国势、声威，他鼓励、倡导尚武、矫健、强悍之风。他以身作则，亲习武艺、骑射，并经常进行蹴鞠、打马球的激烈运动。“刘共甫奏便殿，尝见一马在殿庭间不动，疑之，一日问王公明，公明曰，此刻木为之者，上万机之暇，即御之，以习据鞍骑射教也。”① “寿皇在宫中，常携一漆拄杖，宦妾莫得睨视，尝游后苑，偶忘携焉，特命小黄门取之，二人竭力曳以来，盖精铁也，上方有意中原，故阴自习劳苦如此。”② 乾道五年五月，“帝以射弩弦断伤目”③。由此便可以想见孝宗收复失地的苦心孤诣了。

孝宗主张文武互通，为此他安排中举的进士比赛射艺，以示国家尚武之意。“淳熙二年御试，上尝谓辅臣，欲令文士能射御，武臣知诗书，命讨论殿最来上。至是，唱第后之二日，上御殿引按文士詹骙以下一百三十九人射艺，新制也”，进士们“射者莫不振厉自献，多命中焉”！对武艺出众者，加以奖励“凡三箭中帖为上等，正奏第一人转一官，与通判，余循一资。二箭中帖为中等，减二年磨勘，一箭中帖及一箭上垛为下等，一任回不依次注官。上四甲能全中者取旨，第五甲射入上等注黄甲。……凡不中者并赐帛”④。这样不但提高了士人的精神状态，而且还在一定程度上提升了武人的地位。

孝宗曾埋怨士大夫讳言恢复，“不知家有田百亩，内五六十亩为人所强占，亦投牒理索否？士大夫于家事则人人甚理会得，至于国事则讳言之”⑤，他希望士人勇于面对国家的恢复大事，敢于言战。为此，孝宗曾身着戎装，五次举行大阅军活动，以振奋军心和士心。孝宗还在书桌上写一很大的“将”字，天天思索如何选择良将，再举恢复。

在孝宗身体力行的大力倡导下，取得了一定的成效，国家的政治风貌有所改变。诚如王淮等所言：“自陛下行总覆名实之政，身化臣下，顷岁以来，士风为之一变，三馆两学之士出为郡守监司，无不留意民事，留意

---

① 《朱子语类》卷127《孝宗朝》。

② 《鹤林玉露》甲编卷1《铁拄杖》。

③ 《宋史》卷33《孝宗本纪一》。

④ 《文献通考》之《选举考五》。

⑤ 《皇宋中兴两朝圣政》卷55，淳熙四年五月甲子。

财计，往往皆有能声，此圣主责实之效。”[①] 孝宗也予以承认，并说：“然。近年亦稍变，然犹未尽。”[②] 史载“乾道、淳熙间，有位于朝者，以馈及门为耻；受任于外者，以苞苴入都为羞”[③]，足见这个时代政风之美。

在南宋朝野士风、政风大为改变的情况下，金朝也开始有了畏宋之心，“符离邂逅，失利，（孝宗）重违高宗之命，不轻出师。金人易宋之心，至是亦浸异于前日矣！故世宗每戒群臣，积钱谷，谨边备，必曰：吾恐宋人之和，不可恃。盖亦忌帝之将有为也。天厌南北之兵，欲休民生，故帝用兵之意弗遂而终焉”[④]！孝宗恢复之志虽未达成，但亦使金朝知畏，孝宗的尚武之举的确起到震慑之功。

孝宗的政风、士风建设虽取得了一定的成效，但终是不彻底的，正如孝宗所言：“近年亦稍变，然犹未尽。”随着时间的推移，孝宗恢复之志的淡化，理学思想的逐渐渗透，孝宗朝后期的政风又重新陷入苟安的状态中。值得注意的是，孝宗朝整顿政风、士风的努力始终是伴随着反理学的斗争展开的，尤其到淳熙末年，斗争空前激烈，并形成了党派间的斗争，一直发展延续到之后几朝，对以后的南宋政治产生了极为重大的影响。

---

① 《建炎以来朝野杂记》乙集卷3《孝宗论士大夫微有西晋风》。

② 《皇宋中兴两朝圣政》卷55，淳熙四年五月甲子。

③ 《宋史》卷437《真德秀传》。

④ 《宋史》卷35《孝宗本纪三》。

第三章

孝宗朝宰相群体状况

第一节　孝宗朝宰相群体之概况

一、宰相情况一览表

孝宗朝从绍兴三十二年六月至淳熙十六年二月，共二十六年又八个月，历任宰相十七位，二十一任次。关于各位宰相的具体情况请参看表1：

表1　孝宗朝历任宰相

序次	姓名	字号	籍贯	拜相年月	罢相年月	居相年月	罢相原因及罢后之处置
1	陈康伯	长卿	信州戈阳	绍兴廿九年(1159)九月	隆兴元年(1163)十二月	四年又四个月(于孝宗朝为一年又六个月)	以疾辞。除少保观文殿大学士知信州
2	史浩	直翁	鄞县	隆兴元年(1163)正月	同年五月	四个月	不与出师之议。除观文殿大学士知绍兴府
3	汤思退	进之	处州	隆兴元年(1163)七月	隆兴二年(1164)十二月	一年又四个月	挟术自营，不为国计，急欲和好，自坏边备。授观文殿大学士提举太平兴国宫
4	张浚	德远	汉州绵竹	隆兴元年(1163)十二月	隆兴二年(1164)四月	四个月余	尹穑疏诋，连章请老，特授少师判福州

（续上表）

序次	姓名	字号	籍贯	拜相年月	罢相年月	居相年月	罢相原因及罢后之处置
5	陈康伯	长卿	弋阳	隆兴二年（1164）十一月	乾道元年（1165）二月	三个月	薨于位。授少师致仕
6	洪适	景伯盘州	鄱阳	乾道元年（1165）十二月	乾道二年（1166）三月	三个月	为言官论列，授观文殿学士提举江州太平兴国宫
7	叶颙	子昂	兴化仙游	乾道二年（1166）十二月	乾道三年（1167）十一月	十一个月	以效祀冬雷，提举太平兴国宫
8	魏杞	南夫	四明	乾道二年（1166）十二月	乾道三年（1167）十一月	十一个月	以效祀冬雷，提举太平兴国宫
9	蒋芾	子礼	常州	乾道四年（1168）二月	同年七月	五个月	以母丧去位
10	陈俊卿	应求	兴化	乾道四年（1168）十月	乾道六年（1170）五月	一年又八个月	不赞成遣使金朝求陵寝，乃自请罢政，除观文殿大学士知福州
11	虞允文	彬甫	仁寿	乾道五年（1169）八月	乾道八年（1172）九月	三年余	请代王炎宣抚四川，遂授少师充四川宣抚使
12	梁克家	叔子	泉州晋江	乾道八年（1172）二月	乾道九年（1173）十月	一年又八个月	违制差过员数最多，以观文殿大学士知建宁府

（续上表）

序次	姓名	字号	籍贯	拜相年月	罢相年月	居相年月	罢相原因及罢后之处置
13	曾怀	钦道	常熟	乾道九年（1173）十月	淳熙元年（1174）六月	七个月余	台臣詹亢宗、季棠论怀六事，罢免，提举宫观。怀即上章自辩，根究无实，复相
14				淳熙元年（1174）七月	同年十一月	四个月	以疾自请，以观文殿大学士提举洞霄宫
15	叶衡	梦锡	金华	淳熙元年（1174）十一月	淳熙二年（1175）九月	十个月	谏官言其唯务险愎，变乱是非而罢，出知建宁府
16	史浩	直翁	鄞县	淳熙五年（1178）三月	同年十一月	八个月	以直谏去位，除少傅充醴泉观使兼侍读
17	赵雄	温叔	资州	淳熙五年（1178）十一月	淳熙八年（1181）八月	两年又九个月	言者称其多私里党，罢为四川安抚使兼知成都府
18	王淮	季海	金华	淳熙八年（1181）八月	淳熙十五年（1188）五月	六年又九个月	屡上章丐外，除观文殿大学士判衢州
19	梁克家	叔子	晋江	淳熙九年（1182）九月	淳熙十三年（1186）十一月	四年余	以病辞，除观文殿大学士在京宫观兼侍读
20	周必大	子充洪道	吉州	淳熙十四年（1187）二月	淳熙十六年（1189）五月	两年又三个月	谏官何澹论其不公不平之罪，罢为观文殿大学士判潭州
21	留正	仲至	泉州	淳熙十六年（1189）正月	淳熙十六年（1189）二月（孝宗内禅）	一个月	孝宗内禅

二、宰相群体状况分析

从表1可看到以下事实：①孝宗朝宰相共十七人，两度拜相的有陈康伯、史浩、梁克家、曾怀四人，只有梁克家居相位的时间比较长久。②就十七人的籍贯来分，两浙路六人，江西及福建各四人，四川三人，人才显然集中于东南。因为东南诸路的教育最为发达，加之南宋的中央政府，即行在，就设在这一地区。③就宰相的任期来看，最长的不到七年，最短的只有三个月，平均为两年零半个月，较秦桧不及十之一二。④再就罢相的原因看，除陈康伯以两朝人望，老成谋国，薨于位，及蒋芾以母丧去职外，其他或以疾辞，或政见不合求去，所占人数均不多，而一半以上则为受台谏攻击，以致不能安于其位。居台谏之职者，弹劾宰相有所不避，成为天子的耳目，孝宗则颇利用他们以去宰相，借以预防久任专权，再度出现秦桧之祸的局面。

孝宗朝宰相绝大多数生长于北宋末、南宋政权初立之时，对于靖康之耻，亡国丧家之痛有深刻的体验。同时，他们普遍亲历了南渡之初宋金激烈的生死存亡的连年战火，因而对国家的命运表现出极大的关注，更具忧患意识和时代责任感。他们通过对历史与现实的反思，痛定思痛，形成了彼此不同或相似的，或主战，或主守，或主和的治国主张与见解；作为科举制下的士大夫代表，孝宗朝宰相们具有较高的文化素质和出众的才华，他们几乎均为进士出身，而且许多为进士高第，如梁克家廷试第一，蒋芾进士第二人，赵雄类省试第一，而洪适、汤思退、周必大更是考中了难度颇大的博学宏词科；入仕后，他们在各自的职位上都颇有治绩，无论在国家对内、对外事务中，还是在地方或中央的政务中，他们都表现出众，展示出了各自的才干；他们的才能都为孝宗所发现和器重，他们的主张和特有的能力适应了孝宗不同时期的需要，与孝宗的愿望相契合并达成共识，最终为孝宗所倚重而拜相，从而登上了政治生涯的顶峰；在或长或短的宰相任期中，他们以一己之所长尽心辅佐孝宗、主持国家政务，同时也都不可避免地卷入了当时的，或长久存在的政治斗争的旋涡中，他们对待、解决这些问题的态度与措施形成了孝宗朝不同时期的政治特点与风貌。他们被孝宗寄予一定的期望，他们自身也不断努力调和与孝宗在观点、认识上的差异，以图实现孝宗的治国理想，然而由于自身观点与能力的局限性，这种差异仍然存在，并最终导致了宰相的罢免。由于孝宗的理想一直没有得到贯彻和实现，孝宗也在无奈之中不断调整自己的期望，并反映到宰相的选任上，因此孝宗朝宰相群体的任用与施政决定也反映了孝宗朝政治发展的趋向。

第二节　孝宗朝宰相群体的类型分析

孝宗朝的历任宰相之间既存在着某些共性，同时也存在着差异，因此可以根据不同的标准划分为不同的类型。

一、以孝宗朝的政治阶段划分

将孝宗朝的政治状况与用相情况相结合，可把孝宗朝分为四个阶段，如表 2 所示：

表 2　孝宗朝用相情况

时　期	任相人物
隆兴年间（1163—1164 年）	陈康伯（两任）、史浩、汤思退、张浚
乾道年间（1165—1173 年）	洪适、叶颙、魏杞、蒋芾、陈俊卿、虞允文、梁克家
淳熙前期（1174—1181 年 8 月）	曾怀（两任）、叶衡、史浩、赵雄
淳熙后期（1181 年 8 月—1189 年 2 月）	王淮、梁克家、周必大、留正

由表 2 可见：

第一阶段：隆兴年间，即从绍兴三十二年六月至隆兴二年末。该时期虽时间不长，只有两年半，却换相频繁，共任相四人，五届次，分别为陈康伯、史浩、汤思退、张浚，其中陈康伯两次拜相。这四人中陈康伯、汤思退、张浚三人均是前朝宰相，而史浩又是孝宗的东宫旧傅，可见孝宗即位之初，多倚用前朝老臣，来辅佐初政，以妥善解决新君与太上皇的关系，以及金人南侵之役的善后问题。

另外，在这四位宰相中，张浚与汤思退又是政治主张截然对立的主战派与主和派的代表人物，“思退始终与张浚不合”[①]，而两人却同时并相；陈康伯是正向主守派转化的主战派，史浩虽积极为岳飞平反，推荐主战官员，但却是这一时期最为坚定的主守派代表。战、守、和三派的代表齐上阵，这些特征表明这一阶段是孝宗朝政治最为波动的时期，孝宗锐意恢复，排除史浩等人的反对，任用张浚进行北伐，惨遭失败后，被迫重开和谈，于是汤思退又登上相位，和与战几番斗争反复，战火几度燃起，终于还是以“隆兴和议”宣告这一阶段的终结，而陈康伯便是起稳定局面作用的元老派。

第二阶段：乾道年间，即从乾道元年至乾道九年末。在这个阶段，孝宗从一度的消沉中重新崛起，北伐的心愿渐渐重新抬头。这九年中，除陈康伯于乾道元年二月薨于位、曾怀于乾道九年底刚任相外，所用宰相七人，均是孝宗亲自提拔的新人，先后为洪适、叶颙、魏杞、蒋芾、陈俊卿、虞允文、梁克家，除后三位宰相在位时间较长外，其余四人在位时间都很短，不足一年，有的甚至才三个月。七人中，虞允文、叶颙、蒋芾为主战派；洪适、魏杞、梁克家为主守派；陈俊卿在这个时期则是由主战逐渐向主守转化的过渡型人物。这一时期的宰相多是在对金的军事与外交中，表现出较强能力，或在国家军事、内政上表现出色，具有实际才干的人。另外，这个时期曾有四次缺相，即乾道元年二月至十二月；乾道二年三月至十二月；乾道三年十一月至乾道四年二月；乾道四年七月至十月。累计共两年又一个月，几乎达到整个阶段的1/4。频繁的换相和长时间的缺相，是孝宗试图再举恢复而寻觅辅弼时犹豫不决、举棋不定的心理特点的表现。他希望有得力的辅弼，因此不断地寻觅、迟疑，不断地换相，直到虞允文入朝，才深合孝宗之意，并使孝宗终于鼓足了再次北伐的勇气和决心，任虞允文为相长达三年余，且一度独相一年又九个月，这在孝宗朝都是首开先例的。然而，虞允文的未战先逝使孝宗刚刚坚定的北伐决心终

---

① 《宋史》卷371《汤思退传》。

于又趋衰歇。

第三阶段：淳熙前期，即从淳熙元年至淳熙八年八月。在这七年又八个月中，用相四人，分别为曾怀、叶衡、史浩、赵雄。其中，曾怀、叶衡和史浩三人任期都不长，分别为十一个月、十个月、八个月，共两年半，在其余的五年多时间中，缺相长达两年半，赵雄独相近三年，这在孝宗朝又是首开先例的。四人中曾怀、史浩主张守内、自治，叶衡、赵雄主战，而赵雄为淳熙时期最具恢复意识的主战派代表。这一阶段用相不多，并出现了长时间的缺相情况，这表明孝宗的恢复之志日益淡化，政治趋于平稳，而对赵雄的重用，又表现出对恢复尚寄予一线希望，然而赵雄为相期间，只是悉心辅政，在恢复方面却无甚作为，令孝宗对主战派彻底丧失了信心，随着赵雄的罢相，孝宗彻底放弃了亲自实现恢复的愿望。因此，这一阶段是孝宗朝政治由主战向主守过渡的时期。

第四阶段：淳熙后期，即从淳熙八年八月至淳熙十六年二月孝宗禅位。在这七年半中，用相四人，为王淮、梁克家、周必大、留正。周必大与留正的任期延续至光宗朝，而留正恰在孝宗禅位前夕刚任相。其中，王淮任相近七年，梁克家在任期内一直与王淮并相，周必大也在绝大多数任期内与王淮并相，可以说淳熙后期就是“王淮时代”。这一阶段所用宰相均为主守派。这些特征表明淳熙后期，孝宗完全放弃了恢复的计划，将政治重心转到内政上来。

二、以对金的态度划分

表 3　孝宗朝宰相对宋金战争的态度

派　别	人　物
主战派	张浚、叶颙、蒋芾、虞允文、叶衡、赵雄（陈康伯、陈俊卿）
主守派	陈康伯、陈俊卿、史浩、洪适、魏杞、梁克家、曾怀、王淮、周必大（留正）
主和派	汤思退

根据表 3，可略作分析。在主战派中只有张浚、虞允文曾有抗金经历。在孝宗朝，张浚发动了北伐的战争，但归于失败；虞允文酝酿了北伐，但

没能实施；赵雄力主北伐，但无具体措施；叶颙、蒋芾、叶衡支持抗金，但只作声援，无力倡导北伐。由于主战派的局限性，孝宗朝的对金军事、外交仍陷于被动境地；但由于主战派的努力奋斗，孝宗朝在军事与外交上取得了一些进展，争取到一些有利的态势。但是由于天时、地利、人和等时代因素，主战派在孝宗朝趋于分化、衰落的命运势在必然。

主守派是在隆兴和议前后逐渐形成和壮大起来，介于战、和之间的一股势力，这派势力逐渐成为孝宗朝政治的主体。主守派基本上由两部分组成：其一为由主战派转化而来的主守派，如陈康伯、陈俊卿等；其二为一贯主张自治以待时恢复的主守大臣，如史浩、梁克家、周必大等。前者构成主守派的主体。从态度上分，可分为倾向于主战（即借自治、自强、备战，来待机再战）、倾向于主和（主张维持和平，强调安内），与不战不和、自治自强的三种态度。可以说主守派是孝宗朝当时特定内外局势下所形成的战、和等势力的妥协联合体。由于该派的主张契合包容了各派的要求，并顺应了时代发展的需求，因而逐渐壮大，成为孝宗朝中后期的政治主体，是缔造“乾淳之治”的主要力量。

另外，从主和派宰相的人数上可见主和派的势力在孝宗朝之初就已身单势孤，随着汤思退的贬死，主和派势力遭到极大削弱，并最终退出孝宗朝政治舞台。这也是孝宗朝政治的一大特色。虽然如此，主和派在太上皇的支持下，通过与主守派的联合，还是达成了他们主和的愿望。该派对奠定孝宗朝对外关系的格局起了至关重要的作用。

从上述三派力量的对比可以看出，在主和派彻底失去高宗朝时重要地位、声势也大为削弱的同时，主守派的队伍逐渐壮大，成为孝宗朝政治的主体力量。这是时代发展的大势所趋。

三、以对理学的态度划分

表4　孝宗朝宰相对理学的态度

派　别	人　物
反对理学者	王淮、留正
同情、倡导理学者	周必大、陈俊卿、梁克家、（龚茂良）、张浚、史浩、赵雄

由表4可见，反对理学的宰相在人数上远远少于同情、倡导理学者，但是前者在孝宗朝中后期的政治斗争中却是占有优势的一派。王淮为孝宗朝后期反对道学的主要代表人物，由于其力排道学之说及道学之人，使道学与反道学的斗争逐渐加剧，最终在孝宗朝末形成了道学党派与反道学党派，从而开启了日后更加激烈而旷日持久的道学党争，乃至庆元党禁的端绪。留正在庆元党禁中被排为道学党人之首，其实留正乃是利用道学党争而为其政途服务的，是时而倾向于反道学党，时而倾向于道学党的实用主义者。在孝宗朝末他与周必大相争，起到的是反对道学派的作用。

周必大是孝宗朝后期同情、支持道学派的代表人物，在与反道学派的斗争中发挥了重要作用。陈俊卿、梁克家、龚茂良①都与道学家过从甚密，有着十分友好的关系，对理学及理学家都持拥护、支持的态度。张浚、史浩、赵雄更是与理学及理学家有着更为密切的关系，他们三人的儿子：张栻、史弥远、赵昱都分别为著名理学家和理学的著名学者。这些宰相中除周必大外，其他宰相均未直接卷入孝宗朝后期的道学党争中。

四、以罢相的原因划分

表4　孝宗朝宰相被罢相原因

类　别	人　物
以老、病而罢相者	陈康伯、梁克家（再次任相）
以才能不足而罢相者	张浚、洪适、叶颙、魏杞、曾怀
以忤逆孝宗之意而罢相者	史浩、汤思退、蒋芾、陈俊卿、梁克家、叶衡、赵雄
以权势、威望危及皇权而罢相者	虞允文、赵雄、王淮

由表5中诸位宰相被罢免的原因可知孝宗皇帝与各宰相的关系，以及皇权与相权的关系。这尤其体现在第三类和第四类上，表现出孝宗加强皇权，严防相权坐大的用相方略。

① 淳熙二年九月，叶衡罢相后相位空缺长达二年半，而龚茂良以参知政事暂行宰相之事。虽无宰相之名，却有宰相之实，故而下文偶涉龚茂良。

五、以与近习的关系划分

表6　孝宗朝宰相与近习的关系

类　别	人　物
依附者	叶衡
持中间态度者	虞允文、赵雄
反对者	陈俊卿、周必大、(龚茂良)、洪适、梁克家、叶颙、魏杞、蒋芾

由表6可见，因交接依附近习势力而得进用的宰相叶衡与对近习势力持中间态度的宰相虞允文、赵雄三人占孝宗朝宰相群体的少数，且都是主战派人物。而孝宗朝大多数宰相对近习势力都持反对态度，他们反对近习扰权干政，并同近习势力进行了不屈不挠的斗争，即所谓的“宫府之争”。这充分反映了以宰相为代表的政府为维护自身行政权力而同皇帝内朝势力所进行的斗争。

六、以宰相的籍贯、出身、年龄划分

(一) 籍贯

表7　孝宗朝宰相的籍贯

籍　贯	人　物
两浙东、西路	史浩、汤思退、魏杞、蒋芾、曾怀、叶衡、王淮
江南东、西路	陈康伯、洪适、周必大
四川地区	张浚、虞允文、赵雄
福建路	叶颙、陈俊卿、梁克家、留正、(龚茂良)

由表7可见，主战派多为四川、福建路籍官员，主和、主守派多为两浙东、西路与江南东、西路人。川、闽地区较为偏远，经济较为落后，因

而传统、保守思想比较浓厚，拥护中原正统王朝，对金主张抗战、实现恢复。而两浙与江南地区为南宋都城的所在地，南宋的立国为两浙和江南地区经济的发展增加了动力，是既得利益者，因此倾向于主和与自治。此外，从表中亦可见孝宗朝宰相多是江南、沿海之人，籍贯为内地如四川等地的宰相则很少。这亦是南宋统治到孝宗朝逐渐地方化、背海立国的一个标志。

从宰相们的籍贯中亦可探知他们中的一些同乡关系。如，同为四川籍的张浚、虞允文和赵雄，他们的家乡分别为汉州绵竹、隆州仁寿和资州，此三地相距甚近，更可称为同乡。而此三人又均是一脉相承的主战派代表人物；同为江南东路的陈康伯与洪适，他们的家乡分别为信州弋阳和饶州鄱阳，两地相距也很近，他们二人在孝宗朝初年的宋金和议中持有十分相似的态度；叶颙、陈俊卿和龚茂良都是福建路兴化军人，陈俊卿与叶颙和龚茂良都分别有过相同的主战或主守的主张；此外，叶衡与王淮都是金华人；梁克家与留正都是泉州人。

（二）出身门户

表8　孝宗朝宰相出身

类　别	人　物
出身平民、布衣之家者	史浩、叶颙、陈俊卿、叶衡、（龚茂良）、赵雄
出身官宦之家者	陈康伯、汤思退、张浚、洪适、魏杞、蒋芾、虞允文、梁克家、曾怀、王淮、周必大、留正

由表8可见，出身平民、布衣之家的宰相共五人，而出身官宦之家的宰相共为十二人①。虽然官宦出身的宰相数多于平民布衣出身的宰相数，但布衣宰相在孝宗朝亦占有较大的比例。近一半的宰相都出身布衣之家，足见南宋初期科举制恢复得迅速而普及，更显现出孝宗朝士大夫政治体制所代表的社会层面之广泛。

---

① 据《宋史》中诸宰相的传记、《建炎以来朝野杂记》、《皇宋中兴两朝圣政》、《宋人轶事汇编》等文献及诸宰相的行状、墓志铭与神道碑等资料。

（三）为相年龄

表9　孝宗朝宰相任相年龄

年龄段	人　物
40～49岁	洪适、蒋芾、魏杞、梁克家（初相）、赵雄
50～59岁	史浩（初相）、汤思退、陈俊卿、虞允文、梁克家（再相）、叶衡、（龚茂良）、王淮
60岁以上	陈康伯（两任）、张浚、史浩（再相）、叶颙、周必大、留正

由表9可见，四十年龄段的宰相竟有五任，表明孝宗励精图治、不次拔相的新用人方略；五十年龄段的宰相占多数，共七任，这些宰相对孝宗朝政治起到了最为重要的作用，担负起了孝宗朝的时代任务；六十年龄段的宰相有六任，对孝宗朝初期及后期的政治产生了重要影响①。（注：曾怀生卒年不详）

七、以任期长短划分

表10　孝宗朝宰相任期

半年以下	半年至一年	一年至两年	两年至三年	三年至四年	四年至五年	五年至七年
史浩1 张浚 洪适 蒋芾 曾怀2 陈康伯2	曾怀1 叶衡 史浩2 叶颙 魏杞	汤思退 陈俊卿 梁克家1 周必大 陈康伯1	赵雄	虞允文	梁克家2	王淮

（注：留正因在孝宗禅位前拜相，故不列入。1为第一次任相；2为再相）

由表10可见，首先，任期半年以内者三人：张浚、洪适、蒋芾，为不

① 参考《宋史》等文献资料。据诸宰相生卒年、及第年、拜相年推算而来。

能满足孝宗北伐愿望的主战派，及擅长言兵、理军的主守派。其次，任期半年至两年者九人：陈康伯、史浩、曾怀、叶衡、叶颙、魏杞、汤思退、陈俊卿、周必大，多数为主守派；陈康伯、陈俊卿为由主战派转化的主守派；叶衡、叶颙为主战派。可见主守派势力较大。再次，任期两年半以上者四人：虞允文、赵雄、王淮、梁克家（注：为累计任期）。主战派与主守派各居其半。说明孝宗朝政治的主题，以及从主战向主守转变的趋势。

八、以门人、同年划分

陈俊卿为张浚门人；赵雄为虞允文门人。因此，他们之间有着相同的政治主张，甚至是衣钵传人。陈俊卿和赵雄都曾为他们的恩师、先辈之身后荣誉向孝宗奋争过，史载："埠陵初受禅，首任张魏公（张浚）以经略中原，礼貌之隆，群公莫及……及符离师溃，上倦顿衰，免相西归，薨于余干，恤典无加赐谥不讲。后四年，公之门人陈应求（陈俊卿）入相……乃谥忠献焉。其年虞壅公（虞允文）入相，始以恢复自任，上厚倦之，独相且二年。乃乞抚西师为入关之计，上亲作诗送之，恩礼尤胜。虞公抵汉中，未踰年而没。上以屡趣师期而不应，甚衔之，凡宣抚使饰终之典，一切不用。后四年，门人赵温叔（赵雄）入相，数为上言……上曰：卿可谓不背本矣。今欲如何，可具以进。温叔退而拟进。"于是定虞允文的谥号为"忠肃"①。

在孝宗朝宰相中，亦有一些是同年关系。如：陈俊卿与龚茂良均为绍兴八年进士，而二人又是同乡，因而彼此的关系非同一般，有许多相同的政见。陈俊卿之罢相就与极力推举龚茂良而惹怒孝宗有关。洪适与魏杞同于绍兴十二年分别考中了博学宏词科和进士。汤思退与王淮同于绍兴十五年分别考中了博学宏词科和进士，并且同在这一年，汤思退与洪适之弟洪迈一同考中博学宏词科。因此，洪适与其两位弟弟对汤思退表现得十分友好，两次在写汤思退罢相的贬词中，却无贬斥之语，因为这个原因，洪氏兄弟两次受到大臣弹劾而去位。

以上各种分类中，与孝宗朝政治有密切关系的分类有：战、守、和派

---

① 《建炎以来朝野杂记》乙集卷 8《张虞二丞相赐谥本末》。

别的分类、四个时期阶段的分类、与皇帝关系的分类、与近习关系的分类，以及与理学关系的分类。本书便着重从这些方面来分析宰相群体与孝宗朝对内、对外政治的关系。

第三节　宋孝宗的用相方略

若论南宋政治的特点当以权臣政治最为突出。南宋六个主要的朝代中，权相擅政的朝代就有四个，出了六位权相（秦桧、韩侂胄、史弥远、史嵩之、丁大全、贾似道）。只有孝宗、光宗两朝无权相。因为光宗朝只持续了五年，尚没有形成权相得以出现的契机，故无从考察其无权相的缘由。而值得重视、考察的便是南宋第二个朝代——孝宗朝。孝宗朝在近二十七年的统治中，成功地遏制了权相的产生，从而使以宰相为首的士大夫政治走向“祖宗法制”所规定的正常轨道，使君主与更广泛的士大夫共治天下的政治体制趋于完备。

孝宗朝的用相在南宋最具特点。正是其独特的用相方略，才成功避免了权相擅政的局面，使相权始终在皇权、法度及广大中层士大夫的制约之下，成为促使孝宗实现其治国方略的得力助手。其特点表现为：

一、相不久任

在高宗朝，宰相秦桧独相十八年，专权弄势，误国蠹民，孝宗不但亲自耳闻目睹，而且身受其害，被其排抑。故此，孝宗即位后深以为戒，“勤于论相，数置而亟免”①，防止大权旁落于宰相之手。孝宗朝因此成为南宋历史上换相最勤、任相最多的一朝。

在位 27 年（1162—1189）中，孝宗共任用宰相 17 位，历 21 任次。最长者 7 年，最短者才 3 个月而已，平均每任还不到 2 年。其中，除去留正因在孝宗退位前夕方拜相外，任相不足半年者 3 人，6 人次；任相 0.5 ~ 1

① 《历代名臣奏议》卷 144《虞允文奏议》。

年者 4 人，5 人次；任相 1 ~2 年者 5 人（包括再相任期），5 人次；2 年以上者 4 人，4 人次（注：陈康伯再相 3 个月余薨于位；周必大在孝宗退位前任相近两年）。可见，任期不足 1 年的宰相，占总人数的近一半；每届任期不足 1 年的，竟占总届次的一半以上；而任期 2 年以上的，分别只占总人数和总届数的 1/4 和 1/5。这个数据无论是与之前的高宗朝比，还是之后的光、宁、理、度各朝，都是最低的。参见表 11：

表 11　宋代历朝宰相任用情况表

	皇　朝	在位时间	宰相人数	宰相任次	人均时间	每任平均时间
北宋	太祖朝（960—976 年）	17 年	6 人	6 任	2.83 年	2.8 年
	太宗朝（976—997 年）	22 年	9 人	12 任	2.44 年	1.83 年
	真宗朝（998—1022 年）	25 年	12 人	14 任	2.08 年	1.78 年
	仁宗朝（1023—1063 年）	41 年	23 人	30 任	1.78 年	1.37 年
	英宗朝（1064—1067 年）	4 年	2 人	2 任	2.00 年	2.00 年
	神宗朝（1068—1085 年）	18 年	9 人	11 任	2.00 年	1.64 年
	哲宗朝（1086—1100 年）	15 年	10 人	11 任	1.50 年	1.36 年
	徽宗朝（1101—1125 年）	25 年	13 人	16 任	1.92 年	1.56 年
	钦宗朝※（1126—1127 年）	2 年	8 人	8 任	0.25 年	0.25 年

（续上表）

	皇朝	在位时间	宰相人数	宰相任次	人均时间	每任平均时间
南宋	高宗朝（1127—1162 年）	36 年	16 人	18 任	2.25 年	2.00 年
	孝宗朝（1163—1189 年）	26 年	17 人	21 任	1.53 年	1.24 年
	光宗朝（1190—1194 年）	5 年	2 人	2 任	2.50 年	2.50 年
	宁宗朝（1195—1224 年）	30 年	9 人	9 任	3.33 年	3.33 年
	理宗朝（1225—1264 年）	40 年	16 人	18 任	2.50 年	2.20 年
	度宗朝（1265—1274 年）	10 年	5 人	6 任	2 年	1.67 年
	恭宗朝※（1275—1276 年）	2 年	7 人	7 任	0.29 年	0.29 年

（注：带※的为北宋钦宗朝和南宋恭宗朝，均是战乱亡国之时的朝代，属特殊情况，可不予以参考）①

由表 11 可知，孝宗朝在南宋七朝中，皇帝在位时间只能位列第四，而所用宰相的人数和任数却都是最多的。宰相人均在位时间与每任宰相在位的平均时间不但在南宋，而且在整个宋代都是最短的。这充分说明孝宗朝宰相的更替在宋代是最为频繁的，宰相的平均任期是最短的。

孝宗朝宰相群体中有四人两次入相，但时间都不长。陈康伯再相仅四个月就以老病去职；史浩两次为相共一年又一个月；曾怀两次总共还不足一年；梁克家最长，共五年又十个月。至于三入相、四入相，在孝宗朝是根本不存在的。

孝宗频繁地调换宰相，不予久任，有效地遏止了高宗朝以来的权臣政

---

① 《宋史》卷 210 ~ 214《宰辅表》。

治，对防止宰相结党营私，强化皇权，有一定的积极意义。但宰相不能久任，也会带来一些消极影响。宰相不安于位，缩手缩脚，只求无过，不敢趋事付功，勇往直前地任事，致使“官无成绩，奔竞之风，由此而甚”①。

对此，大臣们纷纷进言反对。乾道二年九月，司农少卿莫济奏：“为治在于任人，任人在于责实，任人而不能久，则贤而能者无以见其长，恶而不肖者得以逃其罪，虽有责实之政，将安所施。今辅政大臣，或数月而罢，寺监丞簿郎曹卿监不逾岁而辄迁；恐进退人才似乎稍骤也。”对于大臣们的意见，孝宗表面上予以接受，诏曰：“所论至当，凡百执事，各勤乃职，期底于治。”并且表示：“用人不当求备，知礼者必不知乐，知乐者必不知刑，若得其人，不当数易，宜久任以责成功。”② 然而这只是孝宗用来安抚人心，激励大臣进取的策略而已。出于对宰相权势的猜疑与防范心理，孝宗依然我行我素。

二、不次拔相

孝宗选任宰相，不再遵循以前论资排辈，“丞相官以太中大夫以上充”③，以元老重臣充任宰相的成规，而是不拘一格，拔之以不次。只要官员某一方面的才能为孝宗所发现、看中和赏识，就不管他当时的资历、品级如何，马上提拔，迅速升迁，直至拜相，成为皇帝的“股肱之臣”。据载：“孝宗初政，命相多不以次，史文惠（浩）自宗正少卿再阅月而执政，又五阅月而为相，相四阅月而罢。洪文惠（适）自太常少卿九阅月而执政，又五阅月而相，相三阅月而罢。魏文节（杞）自宗正少卿期年而执政，又九阅月而相，相未及一年而罢。惟史公以师傅之旧，十四年而再相，相八阅月而罢；洪、魏二公皆一补郡而退，景伯闲居鄱阳凡十六年，南夫闲居四明凡十二年，不复再召矣！”④ 正如所述，孝宗朝许多宰相都是骤取于中层寻常官员。淳熙宰相赵雄自登第至拜相不过十五年，其升迁之

① 《历代名臣奏议》卷144《虞允文奏议》。

② 《宋史全文续资治通鉴》卷24，乾道三年二月乙亥。

③ 《文献通考》卷49《职官考三·宰相》。

④ 《建炎以来朝野杂记》乙集卷8《孝宗初政命相不以次》。

快令时人大为感叹，他自己也承认："臣东蜀一布衣，未十年而待罪宰相，非陛下亲擢，安得至此。"①

然而，一些反对孝宗"不次任相"做法的大臣，却大放厥词，正如淳熙末年沈清臣所说："陛下临御以来，非不论相也，始也取之故老重臣，既而取之潜藩旧傅，或取之词臣翰墨，或取之时望名流，或取之刑法能吏，或取之刀笔计臣，或取之雅重诡异，或取之行实自将，或取之跅□诞慢，或取之谨畏柔懦，或取之狡猾俗吏，或取之勾稽小材。……间有度量沉静而经画甚浅，心存社稷而材术似疏，表裹忠谠而规制良狭。其他则以空疏败，以鄙猥败，以欺诞败，以奸险败，以浮夸败，以贪墨败，以诡诈败，以委靡败。若此者，岂所谓相哉！"② 这些指责之语却从另一个方面反映了孝宗不拘一格，不次任相的特点。

孝宗不次任相是为了选拔真正有才干、有进取心的俊伟之才，辅助他实现恢复、图治的愿望。同时，也是出于控制相权的考虑。不次选拔的宰相，一般资历较浅，易于掌控，容易驾驭，对皇帝更具向心力和依附性，因而不易对皇权构成威胁。

三、长期缺相

孝宗朝曾两度、为时三年多，出现国无宰相的局面。乾道元年二月，陈康伯致仕后，不除相者十月；淳熙二年九月，叶衡罢相后，空缺相位竟达两年半，只以参知政事龚茂良代行相事，直至淳熙五年三月史浩再入相。宋朝在制度上可设两三个宰相，独相的情况不多，而不设宰相的特例，却是宋孝宗开创的，并且在孝宗以后也再无此情况。"丞相官以太中大夫以上充，参政以中大夫以上充，常除二员，或一员，嘉泰三年始除三员。故事：丞相谒告，参预不得进拟，惟丞相未除，则参预轮日当笔，多不逾年，少才旬月，独淳熙初叶衡罢相，龚茂良行相事，近三年，亦创见也。"③ 孝宗朝长期空缺相位、不任宰相的情况，在整个宋代都属绝无

① 《建炎以来朝野杂记》乙集卷 8《张虞二丞相赐谥本末》。
② 《宋史全文续资治通鉴》卷 27 下，淳熙十五年五月。
③ 《文献通考》卷 49《职官考三·宰相》。

仅有。

长期缺相的做法，进一步弱化了宰相的作用，提升了参知政事等宰执的地位和作用，同时也加强了皇权对国家政事的主控力。

四、用而受制

孝宗慎于择相，防止所用之相“怀奸私、坏纪纲，乱法度”[①]。然而对已经任命的宰相，孝宗仍然不予信任，用而存疑，对宰相的权势进行多方面的限制和监督，严防宰相“怀奸私”、谋私利，培植个人权势。为此，孝宗常常将与自己意见相左、不能膺服自己主张的宰相予以罢免，务使宰相班底成为忠实执行自己意志与政治路线的得力助手。隆兴初，史浩因反对张浚北伐而被迫辞位；乾道四年，蒋芾以“天时人事未至”[②]，不同意孝宗此时再次对金用兵，出师北伐的企图，而被立即罢去相位；叶衡则因汤邦彦在孝宗面前告密，说他有“讪上语”，而惹怒孝宗，当日就被罢相，“窜之岭南”[③]。

孝宗鉴于秦桧权倾中外，几危社稷，为防微杜渐，他除了上述运用对宰相任免权，来控制宰相的方略外，还往往通过同时并立几个宰相、宰执来分散、分割宰相之权，从而达到牵制和限制宰相权责的目的。乾道二年十二月，“是月，以叶颙、魏杞为左右仆射，签书蒋芾兼参知政事，陈俊卿同知兼权参政”，对此，兵侍岩肖上奏：“近睹宣麻，并拜左右二相，同日除参枢二执政，中外相庆，以为得人。然臣以为大臣当稍付之以权，使之任天下之责。”[④] 乾道间，孝宗对虞允文最寄予恢复的厚望，但在升任他为左相的同时，又将“与虞允文可否相济，不苟同”[⑤] 的参知政事梁克家任命为右相，异论相搅，对虞允文加以牵制。王淮任相七年，大多数时间亦处于与梁克家、周必大的并相状态。

此外，在宰执集团内部，孝宗力图抬高参知政事等执政的地位，来牵

---

① 《建炎以来朝野杂记》乙集卷 3《孝宗论用人择相》。

② 《宋史》卷 384《蒋芾传》。

③ 《宋史》卷 384《叶衡传》。

④ 《宋史全文续资治通鉴》卷 24 下，乾道二年十二月。

⑤ 《宋史》卷 384《梁克家传》。

制宰相的权力。南宋初，复置参知政事一职，但其地位、权力和作用都已大大降低，尤其在秦桧专政时，更为软弱。孝宗即位，则着力提高参知政事的权力。龚茂良曾以参知政事摄行相事近三年；孝宗朝绝大多数宰相都由参知政事而进身（17 位宰相中，有 14 位曾任参知政事）；孝宗还嘱咐大臣："执政于宰相，固当合而不同，前此宰相议事，执政更无语，何也？"[①]鼓励参知政事等执政充分表达自己的政治见解，积极参与国家政务的讨论。所有这些都使参知政事的地位大为提高，从而牵制了宰相的势力。从以上的情况来看，终孝宗之世，相权一直不大，若在位久，权力稍大，即为清议所攻，而不能安于其位。

由于用相而存疑，孝宗对于宰相的权势和施政进行了全方位的监督。

第一，孝宗始终不放弃皇权对相权的直接监督。孝宗勤于政务、日理万机，然而在事必躬亲的背后，隐藏着他对宰臣的不信任，唯恐被他们蒙蔽，所以处处加以监督。"孝宗惩绍兴权臣之弊，躬揽朝纲，不以责任臣下。"[②] 户部侍郎周葵批评道："（孝宗）有咨询必出人意表。""皆细文微故，财利是稽。"[③] 吕祖谦亦说："陛下以大臣不胜任而兼行其事，大臣亦皆亲细务而行有司之事，外至监司、守令职任，率为其上所侵而不能任其下。"[④] 孝宗事事过问，处处干涉，"事无巨细，概呈御览，情无轻重，均由圣裁"，造成"圣断裁制中外，而大臣充位，胥吏坐行条令"[⑤] 的局面。

第二，孝宗通过信用近习来监督以宰相为首的执政群体。作为皇帝的耳目，近习探知朝中各种情况，向孝宗汇报，并"得以乘间而议政"[⑥]。孝宗朝虽无内朝，但强大的近习势力却招权纳势，起到了分割以宰相为首的外朝势力的作用。近习势重成为孝宗朝政治的一大特点。

第三，孝宗通过严格国家法度，使得宰相的施政始终处在法度规定的范围内。孝宗要求身居高位的宰臣以身作则、奉公守法。乾道初，他谕令宰臣"旧无条法之事不可创"，并说："侥幸之门盖在上者多自启之，故人

---

① 《宋史》卷 391《周必大传》。
② 《宋史》卷 394《林栗传》。
③ 《宋史》卷 385《周葵传》。
④ 《宋史》卷 434《吕祖谦传》。
⑤ 《陈亮集》卷 1《上孝宗皇帝第一书》。
⑥ 《历代名臣奏议》卷 49《刘兴祖奏议》。

生觊觎心；讲划一之法，贵在能守。”[①] 孝宗要求宰相任用官员时应“尽归至公”，“若徇私轻与”则“怨者必至”，希望“朕与卿等交修，当谨守此法”[②]。另外，孝宗还将秦桧专权时废弛而不行的宰相私第谒禁制度，逐渐加强。淳熙二年，孝宗下诏：“除侍从外，其余呼召取覆等官，每日止许接见一次。”至淳熙末，又规定：宰执“私第谒见之礼，一切削去，果有职事，非时自许相见”[③]。孝宗重行此制度的一个重要目的就是：控制宰臣的个人势力，防止其结党蔽政，权势过大，影响皇权威望。

第四，孝宗广开言路，调动更广泛的士大夫在参政、议政的同时，监督朝政。针对以往宰相参与朋党之争的情况，孝宗认为“前世朋党之兴，尽由人主偏听”[④]，于是孝宗十分重视广泛纳言。孝宗即位后，宫苑未增，只是在禁中设一便殿，名为选德，常常不时召见大臣从容讲谈国事，“从容坐席之间，略同宾友，……凡军国大政，古今理乱，有事当商榷者，不妨直奏，有疑当关决者，随即彻闻。……如某事未施行，则以不肯任事责魏杞，如某除未公当，则以狥情废法责允文，至谓朕有缺失，卿等亦不可不极言。君臣之间，更相儆戒如此，则事何由不办，治何由不立哉”[⑤]！高宗时代，有百官五日一转对的规定，但以秦桧当国日久，遏止臣僚批评时政，臣僚多不敢言，转对遂成了形同虚设。孝宗临政后，马上表示：“今公道大开，朝政每有缺失，虽民间亦得论之”，于是“乾道淳熙间，朝士抱才气者，皆以得见上为喜”[⑥]。朝中百官各抒己见，勇于进言，谠论盈廷。如此，宰相的一举一动便都在百官的监督之下。南宋人魏了翁对孝宗朝的这种盛况赞叹道：“恭惟乾道淳熙之盛，俊乂错出，……亦惟我孝宗皇帝封培而兴作之。是时官无小，士无远，姓名登闻，朝奏暮召，从容造膝，交启互发，人知疑必问，问必辩也，莫不积成以备对。”[⑦] 此外，有“无官御史台”之称的南宋太学，在孝宗朝依然发挥着重要的监督作用。

---

① 《宋会要辑稿》帝系 11 之 6～8。
② 《皇宋中兴两朝圣政》卷 55，淳熙四年三月辛酉。
③ 《宋史全文续资治通鉴》卷 27 下，淳熙十五年十月戊子。
④ 《鄮峰真隐漫录》卷 10。
⑤ 《鹤林集》卷 19《论今日未及于孝宗者六事劄子》。
⑥ 《建炎以来朝野杂记》甲集卷 9《百官转对》。
⑦ 《鹤山先生大全文集》卷 76《宋故耤田令知信州王公（王自中）墓志铭》。

隆兴二年，宰相汤思退因自毁边备，引金人入侵，而被押赴永州管制。以张观为首的72名太学生上书孝宗，乞斩汤思退等。汤思退闻知此事，惊恐失色，不久竟忧惧而死。

第五，控制台谏，充分发挥台谏对宰相的监督、纠劾作用。在宋代，台谏系统成为中枢权力结构中与皇权、相权并立的重要组成部分，“言及乘舆则天子改容，事关廊庙则宰相待罪”①。而台谏主要是为限制相权而设置的，“台谏所以绳究执政之不法”②。然而，以往由于皇权的失误与失控，经常出现台谏非但不能正常发挥监督宰相作用，反而被相权所控制，承望宰相风旨，被宰相利用的局面。鉴于此，孝宗加强了对台谏的控制权。首先，将台谏官的除授权（任命权）控制在自己手中，切断宰相与台谏官的援引和倚助关系。孝宗虽对宰执不得荐举台谏官的限制有所放松，但对宰执荐举的台谏官怀有极大的戒备之心。乾道中，左相虞允文举荐三人，“久不报”，而近习曾觌推荐的人却马上“赐第，擢谏议大夫”③。淳熙中，一次孝宗与王淮、周必大等议事，见御案上置一黄绫册，“即是前宰执所进台谏姓名，见今宰执所进拟者皆在焉。孝皇圣断不可测度，前相既去，后相即拜，却除前相进拟台谏，后相虽有进拟，虑其立党不除，恐台谏奉承后相风旨以攻前相”，如此，孝宗便成功地克服了“一相去，台谏以党去，一相拜，台谏以党进”的情况。④其次，要求台谏克尽职守，极言无隐。对不尽职的台谏官批评道：“往往以封驳奏章太频，惮于论列，深未尽善，今后给舍、台谏凡封驳章疏之外，虽是事之至微，亦无致忽，少有未当，可更随时详具奏闻，务正天下之事。”⑤乾道中，孝宗下诏恢复设置台谏章奏簿，“一以留禁中”⑥，以加强对台谏工作的检查。

因此，孝宗朝台谏官的影响是很大的，起了一定的监督作用。孝宗朝17位宰相中，除周必大、留正任职期间适值孝宗禅位外，其余15人中就有7人是被台谏官论列而去职的。为使台谏官对宰臣和百官的监督制度化，

---

① 《宋史》卷338《苏轼传》。

② 《续资治通鉴长编》卷360，元丰八年十月丙子条。

③ 《宋史》卷383《虞允文传》。

④ 《贵耳集》卷下。

⑤ 《宋史全文续资治通鉴》卷25上，乾道六年五月戊寅。

⑥ 《宋史全文续资治通鉴》卷24下，乾道二年六月甲子。

淳熙四年制定了御史台弹奏格。“淳熙初，柴叔怀瑾为殿中侍御史，奏言‘本台觉察弹劾事件，前后累降指挥’，‘乞下敕令所逐一删修成法，各随事宜，以六察所掌，分门别类，缴申朝廷取旨，降下本台遵守，仍令刑部镂板，颁降中外’。”① 这在宋代的监察制度中是一个创新。从总体来看，孝宗朝台谏的地位和作用在南宋是最强的。其原因在于皇权的主导，维护和鼓励了台谏系统的正常运作。

由于孝宗在以上诸方面的限制，孝宗朝宰相之权势受到很大制约，从而避免了权相的出现。

---

① 《建炎以来朝野杂记》乙集卷11《御史台弹奏格》。

第四章

宰相群体与孝宗朝的对外关系

第一节　孝宗朝对外路线、方针的转变

一、崇岳贬秦，振作人心

诚如清人王夫之所言：“宋自南渡以后，所争者和与战耳。”① 宋金关系成为南宋立国以来最为重要的问题。高宗朝初期，在激烈的宋金战争中，宋廷内部主战派与主和派应运而生。宋高宗且战且和，以战求和。经过广大爱国主战官兵的浴血奋战，南宋政权得以立足，粗安于东南半壁。在此之后，宋高宗安于苟且偷生，并在秦桧的协助下，奉行对金屈辱投降的求和路线。绍兴十一年（1141 年），在秦桧与高宗的一手谋划下，南宋最具战斗力和爱国精神的将领——岳飞以莫须有的罪名，惨遭杀害。其他主战派大臣也遭到疯狂迫害。与此同时，宋与金达成了屈辱的“绍兴和议”，暂时结束了宋金间的战争。此后，秦桧以所谓再造之功赢得高宗的极度信任和倚助。秦桧广罗党羽、培植亲信，打击主战派等异己势力，形成了一个以其为首的，以维护绍兴和议，推行妥协、投降对外方针路线的主和势力集团。在这种势力的笼罩下，主战派遭到严厉的镇压，岳飞成为政府大力批判的对象，以致在绍兴二十五年（1155 年）因“言者追谮岳飞”，而“改岳州为纯州，岳阳军为华容军”②。岳飞之冤石沉大海，恢复中原、振兴国家的爱国主战精神倍受摧残和压抑。

绍兴二十五年，秦桧病死，为维护绍兴和议，高宗继续奉行没有秦桧的秦桧路线。高宗仍然对秦桧给予一定的尊崇，将一座新建筑物命名为“思堂”，并寓意“思秦桧也”③，仍然依靠和重用其他主和派官员。主战派势力虽因秦桧的死去而略有回升，但仍然处于低谷，满朝弥漫的仍是讳

---

① 《宋论》卷 13《宁宗三》。

② 《宋史》卷 31《高宗本纪八》。

③ 《贵耳集》卷上。

言抗金的气氛。

完颜亮南侵的战争，重新激发了南宋朝野人士备战、抗战的热情，主战派声势逐渐复苏和高涨。孝宗即位，志在恢复，力图扭转高宗时妥协、求和的对外路线。如何对待在高宗朝时曾经震惊全国、引起广大爱国人士愤懑不满的岳飞之案，便成为影响孝宗朝政治走向的一件大事。

孝宗朝初期的宰相在这个问题上发挥了重要的影响。这四位宰相——陈康伯、史浩、汤思退、张浚，虽分属战、守、和的不同主张者，但都以反对秦桧的面貌出现，其中史浩在这一问题上产生了最为重要的影响。

史浩身为孝宗的老师，“在太子家号为智囊”①，对孝宗的顺利即位发挥了重要的作用。因此，孝宗即位后，对史浩倍加信任与重用。孝宗登基仅四日，就升史浩为中书舍人；次月，再迁其为参知政事；不到半年，拜为右相，兼枢密使。恩宠之隆，无人可比。孝宗的素志就是举兵北伐，收复中原，史浩长期追随孝宗，当然十分了解孝宗的心意。隆兴元年，史浩拜右仆射，“首言赵鼎、李光之无罪，岳飞之久冤”，建议对岳飞“宜复其官爵，禄其子孙”，孝宗对此“悉从之”②，下令“与追复元官，以礼改葬，访求其后，特与录用”③，并“给还岳飞田宅”，“官岳飞孙六人”。在为岳飞平反昭雪的同时，朝廷对秦桧余党进行打击，下诏“逐秦桧党人，仍禁辄至行在”④。岳飞冤案第一次得到平反。长期以来受压抑的朝野爱国士人心中的悲愤之气，终于得以宣泄。在为岳飞平反之后，孝宗又不断对岳飞予以褒崇。乾道六年七月，“诏鄂州建岳飞祠宇，以忠烈庙为额，从州人之请也”⑤。淳熙四、五年间，史浩再相时，又“命有司为岳飞作谥”，定为“武穆”，赞扬其“折冲御侮”、“布德执义”⑥。诚如南宋大臣留正所言“寿皇旌岳飞之忠，即武昌所建之祠而锡之忠烈之号，不但慰飞于九泉，而已使天下之事君者皆翕然而知劝士气，其有不振者乎！”⑦“崇岳贬

① 《癸辛杂识》别集卷上《史浩传赞》。
② 《宋史》卷396《史浩传》。
③ 《金佗粹编》卷9《昭雪庙谥》。
④ 《宋史》卷33《孝宗本纪一》。
⑤ 《皇宋中兴两朝圣政》卷49，乾道六年七月癸巳。
⑥ 《建炎以来朝野杂记》卷9《渡江后改谥》。
⑦ 《皇宋中兴两朝圣政》卷49，乾道六年七月癸巳。

秦”，使当时的风气为之一变，振作了民心，激发了爱国志士奋发有为的热情。它像一面风向标，指引着一个新时代的风尚与舆论的导向。它意味着孝宗朝的对外路线与政策发生了转变，对外积极进取、爱国主战的时代已经到来。

在为岳飞平反的同时，一些被秦桧贬斥、迫害的爱国主战派大臣，纷纷得到平反和起用。史浩回答孝宗“施政之先”的询问时说：“莫如保固边鄙，收拾人才。”改变秦桧“妒贤嫉能”、废黜“名士”的做法。在史浩的要求下，赵鼎、李光得以平反；在史浩的大力荐举下，张浚得以起用，他说：“（张浚）名重当世，久为秦桧所抑，既大用之，恩礼宜加厚。”① 于是，被秦桧排斥在外，“去国几二十载”② 的主战派元老大臣张浚被立即召回朝廷，委以重任。绍兴三十二年（1162 年）七月“以张浚为少傅、江淮宣抚使，封魏国公”。稍后，对四川宣抚使吴璘也加以提拔重用，使其“兼陕西河东路宣抚、招讨使”。此外，他还建议孝宗起用积极主张抗战的张焘、辛次膺、王十朋、陆游等人。曾在秦桧当政时上章“乞斩秦桧”，而被贬居海岛二十年的胡铨，也在这一时期被召回朝廷任职，以旌其气节。孝宗后来又采纳史浩的策略，任命布衣李信甫为兵部员外郎，“赍蜡书间道往中原，招豪杰之据有州郡者，许以封王世袭”③，对外表现出了一种积极进取的姿态。这些都表明孝宗朝的对外路线截然不同于高宗朝。

在为岳飞平反、崇岳贬秦、确立孝宗朝的对外路线乃至当时整个政治路线方面，史浩都发挥了极为重要的作用及影响。纵观孝宗朝，其他宰相也都顺应和贯彻了这一路线。如赵雄对岳飞及其后人十分景仰和尊重，据岳珂记载：“绍熙壬子冬，先君（岳珂之父岳霖）捐馆于广，余甫十龄，护丧北归。卫公（赵雄）以宁武之节，来治于洪，余舟过章江，亟命幕属来唁，亲以文奠焉……援手言畴昔，嘘唏不自胜。”④

孝宗朝初期，君臣拨乱反正，对秦桧和主和派进行了彻底的否定，以致孝宗朝主和者亦不敢明目张胆地自称为“主和派”。隆兴二年，因自毁

---

① 《宝庆四明志》卷 9《叙人》。
② 《宋史》卷 361《张浚传》。
③ 《宋史》卷 33《孝宗本纪一》。
④ 《桯史》卷 3《赵希光节概》。

边备以促和议而臭名昭著的宰相汤思退被罢相，而洪适在所草的制词中却无谴责之语，这便引起侍御史晁公武等大臣的不满和攻击，称洪适为汤思退的死党，洪适连忙申辩：“伏念臣与汤思退旧不相识，思退以臣叨中词科在其前，……所以召臣入朝供职……臣方念糜捐无以图报，乃闻谈者指为思退之党。臣既备数禁近，不能尽忠奉公，陷于朋比，乌可苟逃谴责。”① 表明自己与汤思退之党并无瓜葛。而身为主和派的尹穑亦不敢以主和派自居。史载：“一日，穑以和战守叩彦颖，彦颖曰：‘人所见固不同，公既以和议为是，曷不明陈于上前，以身任之。事成功归于公，不成奉身而退，若欲享其利而不及其害，国事将谁倚？’穑大怒曰：‘自为谏官，前后百余奏，曷尝及一和字？而台簿有是言！’自是衔彦颖，阴排之。”② 然而，尹穑终究以其附会汤思退、一心求和的行径遭到正直士大夫的唾弃而声名扫地。“少稷（尹穑）言行有法，又通世务，时论翕然归重。尝论减年赏典，当与实历对使。孝宗用其说，至今行之。后乃附丽汤思退，力排张魏公，以是除谏议，公论始薄之。厥后贬岭南累年，蒙恩北归。周益公素与之善，便道来访。谓益公曰：‘某三十年闭户读书，养得少名望，思之不审，所得于彼者几何？而破坏扫地，虽悔何及！’怅然者久之。益公每举以为士大夫之戒。”③ 这使得尹穑本人也追悔莫及。

反对投降求和成为“公论所与”的时代风尚和主旋律。虞允文赞誉“胡铨早岁一节甚高”，希望孝宗优加收用，以“录其气节”④。乾道四年五月，当宰执进呈礼官所拟故相赵鼎的谥号为“忠简”时，“上曰：‘此甚称。’……上曰：‘近降赐谥指挥，甚合众论。’俊卿奏曰：‘中外无不称朝廷此举得宜，皆陛下圣明，奖励忠嘉，为天下后世劝。’蒋芾奏曰：‘前日韩世忠封王，赵鼎赐谥，一将一相，皆合公议’”⑤。张浚之子张栻也向孝宗称赞力主抗战的王十朋：“天下莫不以为正人。”“十朋天下公论归之，更望陛下照察主张！”⑥ 因此，在孝宗朝中后期，主和派淡出了政治舞台，

---

① 《盘洲文集》卷43《请祠劄子》。
② 《宋史》卷386《李彦颖传》。
③ 《鹤林玉露》丙编卷1《尹少稷》。
④ 《文献通考》卷54《翰林侍讲学士》。
⑤ 《宋会要辑稿》礼58之8。
⑥ 《鹤林玉露》丙编卷6《南轩辨梅溪语》。

日益壮大的主守派与渐渐衰弱的主战派成为政治舞台上的主角。

二、倡导文武并用，提高武人地位

为改变南宋对外的软弱状态，孝宗朝初期，在对外路线进行转变的同时，对以往过于重文轻武的政策有所调整和改变，提倡文武并用，并在一定程度上提高武人的地位，试图以此改变南宋军事孱弱的局面。

宋代重文抑武的家法使文化昌盛的同时，亦助长了文弱虚浮、军事不振、武艺不倡的局面。刘珙平定湖南李金叛乱后，“孝宗赐玺书曰：近世书生，但务清谈，经纶实才，盖未之见。朕以是每有东晋之忧”①。杨存中与陈康伯谈论边事：“士大夫多谓当列兵守淮北，因图进取中原。万一不能支，即守大江未晚。此说非也。士唯气全乃能坚守。若倚其败北，则士气已丧。非特不可守淮，兼亦不能守江矣。今据大江之险以老彼师，自有可胜之理。若我师克捷，士气已倍。彼奔溃不暇，然后徐进而北，图复中原，其间曲折尚多。兵岂易言哉!”听完此番言论，一向对杨存中心存轻鄙的陆游也不觉太息：“老将要是所长。”当他“退以语朝士”时，士大夫却“多不解也”②。足见当时士大夫对于实际军事的无知和纸上谈兵。在孝宗朝“将帅子弟必有事文墨、弄琴书，趋时好尚，以幸进用者。……若乃褒衣博带以习娴雅，哦诗赋曲以夸技能，收书蓄画以角名胜，则化介士为腐儒，愈见其无用矣”③。到形势紧急时，国家却无人可用。孝宗锐意恢复，当然不希望如此。史称：“上泛论人才，顾谓虞允文等曰：‘士大夫难得任事之人，盖为风俗未醇……’允文奏：‘承平时前辈名臣如范仲淹、韩琦等在边尚犹难之。’上曰：‘当时往往亦多失利，盖由未甚知兵。’允文奏：‘非不知兵，但不教之兵难以御敌。’上曰：‘西夏小境当时亦自枝梧不行，所以驯致丙午之耻。朕今孜孜不倦，期与卿等共雪之，今闻敌人上骄下惰，朕所以日夕磨厉，必欲令今日我之师徒如昔日敌人之兵势，盖

① 《宋宰辅编年录校补》卷17，隆兴元年。

② 《老学庵笔记》卷9。

③ 《皇宋中兴两朝圣政》卷56，淳熙五年八月戊午。

思反之也。'"[①] 因此，孝宗重视将帅人才的培养，并提倡尚武之风。

孝宗初年，君臣并无意改变重用文人的祖宗家法，但对只会清谈圣人之道、没有实际才干和经验的文臣并不看重，孝宗说："今士大夫能文者多知道者少，故平时读书不见于用。"[②] 在施政中，孝宗较为务实而折中，他说："上曰朕常日所行乃执其两端，用其中于民。"[③] 因此，他提倡文武并重，希望大臣能够文武兼备，不分清浊。孝宗对辅臣说："本朝家法远过汉唐，惟用兵一事未及，朕以敌仇未复，日不皇暇。"[④] 在与参政龚茂良谈论此事时，"上曰：'……本朝文物家法远过汉唐，独用兵差为不及。'茂良等奏：'国家自艺祖开基，首以文德化天下，列圣相承，深仁厚泽，有以固结天下之心，盖治体似成周，虽似失之弱，然国祚绵远，亦由于此。汉唐之乱或以母后专制，或以权臣擅命，或以诸侯强大，藩镇跋扈，本朝皆无此等，可以见祖宗家法足以维持万世。'上曰：'然。大抵治体不可有所偏正……亦犹治天下者，文武并用则为长久之术，不可专于一也。'"[⑤] 他还经常戒谕宰执大臣："卿等切勿分别文武，便有晋室之风，当视之如一，择才行兼备者用之，若曰好士人而才不适用，亦何足取。"[⑥] 此外，孝宗还对祖宗用人"无清浊之别"、"以广得人之路"的做法十分赞成。[⑦]

为实现文武并重，孝宗在"锐意武备，严教阅，修器械，凡州郡禁卒、土军弓手，以至民兵，并加训齐"[⑧]之外，还采取措施，倡导官员文武兼备的风尚。"淳熙二年御试，上尝谓辅臣，欲令文士能射御，武臣知诗书，命讨论殿最来上。至是，唱第后之二日，上御殿引按文士詹骙以下一百三十九人射艺，新制也"，进士们"射者莫不振厉自献，多命中焉"！对武艺出众者，还按规定加以奖励："凡三箭中帖为上等，正奏第一人转一

① 《皇宋中兴两朝圣政》卷 51，乾道八年三月壬午。
② 《皇宋中兴两朝圣政》卷 54，淳熙二年九月己亥。
③ 《皇宋中兴两朝圣政》卷 54，淳熙二年五月辛卯。
④ 《皇宋中兴两朝圣政》卷 50，乾道七年正月癸未。
⑤ 《皇宋中兴两朝圣政》卷 54，淳熙三年十月乙卯。
⑥ 《皇宋中兴两朝圣政》卷 61，淳熙十一年十一月丙戌。
⑦ 《皇宋中兴两朝圣政》卷 60，淳熙十年五月。
⑧ 《皇宋中兴两朝圣政》卷 51，乾道八年三月己巳。

官，与通判，余循一资。二箭中帖为中等，减二年磨勘，一箭中帖及一箭上垛为下等，一任回不依次注官。上四甲能全中者取旨，第五甲射入上等注黄甲。……凡不中者并赐帛。”[①] 这样不但振奋了士人的精神状态，而且还在一定程度上提升了武人的地位。“上曰：‘进士射射甚好。’王淮等奏：‘孔子射于矍相之圃，观者如堵墙，古人以射为重，后世乃废而不讲。’上曰：‘古者有文事，必有武备，后世不知此意，所以朕举行之。”[②]

此外，孝宗还采取措施，减少武臣与文臣的差距，提高武人的地位。如“武臣提刑，祖宗以来有之，后罢去。乾道六年五月复置，诸路各一员，皆选公廉晓习法令、民事之人，如无听阙。……于是武宪横于四方，至有六曹尚书典藩而被按者”[③]。武臣提刑这一制度一直推行到淳熙末年。对武举及第的人给予同文举相同的恩礼，“武举正奏绝伦持奏，并依文举例，唱名日，给黄牒赐及第出身有差”[④]。太学正薛元鼎奏请：“太学释奠轮差南班宗室陪位观礼，今差武举从祀已定，乞令三衙管军及环卫官轮陪位观礼。”[⑤] 这也得到了孝宗的赞同。孝宗还通过增加武举录取的人数，提高武举及第者的恩数，以及开创并鼓励士人兼试武、文二科的制度，来奖用武臣，倡导武风，振作士气。据载：“渡江后，乃试弓马于殿前司焉。每举登第者率二十人，淳熙后增至四十人。自淳熙三年，四川类省试始试武士，四路共解四十二人，省额凡六人。淳熙初，上以武举授官与文士不类，二年三月乙巳，诏武举第一人补秉义郎，堂除诸军计议官使得预军中谋议，序位在机宜之上，他并仿进士恩数为差……其七年三月丙辰，诏武举愿从军者，殿试第一名与御前同正将，三名以上同副将，五名以上及省试魁同准备将。……乾道、淳熙间，太学诸生久不第者多去从武举，已乃锁其厅应进士第。时王卿月时叙首应二科，后官至修注。近岁江伯虎君用，陈续嗣功亦连中二科。伯虎淳熙八年武举第一人，十一年进士第四甲，遂换承事郎，恩数与状元等，朝廷靳之。”[⑥]

---

① 《文献通考》卷 32《选举考五》。
② 《皇宋中兴两朝圣政》卷 61，淳熙十一年四月丙子。
③ 《建炎以来朝野杂记》甲集卷 11《武臣提刑》。
④ 《皇宋中兴两朝圣政》卷 51，乾道八年三月。
⑤ 《皇宋中兴两朝圣政》卷 49，乾道六年八月癸酉。
⑥ 《建炎以来朝野杂记》甲集卷 13《武举》。

孝宗还对武臣选任中存在的所学非所用的现状进行了调整，使武臣更多地参与实际的军事事务，以培养和锻炼他们的军事才干，为选拔将佐做准备。一位大臣论道：“今日登用武臣，不过于武臣中选用有文采者欲以此激厉武勇，恐反怠其习将，见将帅子弟必有事文墨弄琴书趋时好尚，以幸进用者。上曰：‘若如此时朕安得人使?’”留正对此感慨道：“乾道淳熙之际，奖用武臣，所以责功实，厉士气，图远略也。”① 针对“国家置武学养士皆月书季考以作成之，而武臣登第止许参选入监，当钱谷之任……后虽许通注沿边亲民巡尉，往往多远恶去处，多不愿受，是致武臣及第之后所用非所养，甚非朝廷教育作成之意”的状况，臣僚们建议“欲望睿旨将前后武举及第之任，其间有兵机练达，武艺绝伦可为将佐者许侍从荐举，乞赐召对，量才擢用，或令注授屯驻诸军机幕，干办参赞军谋，庶几有以激劝。诏令监司帅臣管军侍从已上荐举”②。为此，孝宗责令政府对武官举补官差注格法进行改革。赵雄任相时，新法制成，“兵部措置武官举补官差注格法。上曰武举本欲取将帅之才，今前名皆令从军，以七年为限，则久在军中，谙练军政，将来因军功擢为将帅，庶几得人”③。这对于孝宗朝军事人才的培养无疑有很大的益处。

孝宗朝陆续将一些著名的抗金将领封王，如将杨存中封为和王，吴璘封为信王。乾道初，在宰相陈俊卿的建请下，又追赠韩世忠为蕲王，“以劝有功而厉将士”④。这对于提高武人地位、倡导尚武之风具有十分重要的意义。

应该说，倡导文武并用、提高武人地位的举措与崇岳贬秦的做法一脉相承，都是孝宗朝君臣为了扭转高宗朝时期软弱卑屈的对外政策方向，试图为建立一种新型、积极进取、自尊自强的对外方针路线而作的努力。这种努力虽然没有最终从根本上改变孝宗朝对外的软弱和被动的局面，却使孝宗朝在对外政策上呈现出与以往不同的风貌，它不但在一定程度上振兴了南宋的国威，使金人有了一些惮宋之心与防宋之念，也使这个时期南宋的地位有所提高，进而使孝宗朝在军事、外交、内政上都出现了新的时代

---

① 《皇宋中兴两朝圣政》卷56，淳熙五年八月戊午。
② 《皇宋中兴两朝圣政》卷47，乾道五年三月癸未。
③ 《皇宋中兴两朝圣政》卷58，淳熙七年三月丙辰。
④ 《建炎以来朝野杂记》乙集卷11《中兴异姓七王》。

风貌与特点。

第二节　宰相群体与对外军事的发展

孝宗朝非常重视军队建设，从而使军事力量逐渐上升，对外呈现出一定的主动进攻态势。孝宗朝军事呈现出的一丝振作气象，源于宋孝宗的倡导以及孝宗朝主战派与主守派宰相对于对外军事政策所产生的重要影响。从整个孝宗朝来看，当完颜亮侵宋的战争遭到日后成为孝宗朝名相的虞允文等大臣的回击，以及在陈康伯等宰辅的指挥若定下宣告失败时，南宋首次取得了对金的战略优势局面。在此局面下，锐意恢复、雪耻的宋孝宗即位，注定将对朝廷的军事进行一番兴作，从而使军事面貌有所改观。然而，自高宗朝乃至整个宋代遗留下来的军队孱弱与腐败之风，积重难返，加之绍兴和议后，秦桧专权，卖国奉敌，更加削弱了军队的战斗力。而孝宗即位后，一贯投降求和的太上皇仍然具有政治影响力，这些都在很大程度上决定了孝宗朝的军事很难从根本上崛起和强大，因而也就不可避免地重新陷于失败与被动的命运。而孝宗所任命的诸位宰相在当时的形势下所持有的战、守、和的不同立场，以及由各派宰相自身个性所致的在对待战争、处理与不同见解的宰相关系上所存在的缺憾，亦是导致孝宗朝军事终无所成的重要因素。

一、主战派宰相群体与孝宗朝的军事

孝宗朝的主战派宰相群体为孝宗恢复重任之所寄。主战派宰相促成了隆兴北伐的发动，并为其后的再图北伐，做出了积极的军事上的准备和舆论上的支持。主战派宰相在将孝宗的恢复志向付诸实施，振作人心、士气，整顿军备，加强孝宗朝的军事力量等方面作出了积极的努力和贡献。然而，孝宗朝的军事并未出现根本上的起色和改变，除诸方面的客观原因外，主战派宰相群体在主张与个性上的因素，也致使其在处理战争及人事关系上出现了失误和缺憾。因此主战派宰相群体自身存在的问题，亦是导

致孝宗朝的军事终无所成的主观因素。随着时代的发展和变化，主战派的主张逐渐失去了存在的土壤，主战派内部便出现了分化，其声势在孝宗朝中后期也就归于平静了。

（一）积极作用

靖康之耻是南宋立国以来朝野爱国士人刻骨铭心的国耻家仇。南渡之初，在与金人的争战中，朝臣围绕此问题形成了主战派与主和派，前者主张复仇、恢复；后者主张和金、偏安。两派进行了长期的斗争。当南宋军民挫败了金人的全面进攻、重点进攻，得以立足于东南半壁之后，高宗忍辱忘义，无意恢复，在秦桧的主持下，迫害主战、爱国人士，与金达成和议。国家虽恢复了和平，却有悖于忠孝大义，因而朝野爱国士人心中积郁了一股愤懑不平之气。完颜亮的南侵，孝宗即位后整个国家政策的拨乱反正，便使得重整旗鼓、志图恢复、一雪国仇家恨的呼声再度高涨。而此时距“靖康之变”已三四十年，人们对亡国丧家之痛虽尚有所记忆，但已经渐渐安习于东南的生活。这一时期便成为继高宗朝初期以来，试图实现恢复的最后时机。而孝宗朝的主战派宰相就承担了这一历史使命，为加强军备和国防，提高国家地位、振作人心与振兴国威作出了一定的积极贡献。

1. 决定孝宗朝初期军事形势

孝宗朝主战派宰相对孝宗即位前后的宋金战局产生了至关重要的影响。他们的主战行为及精神，在抵抗完颜亮南侵的战争中起到了中流砥柱和扭转局势的重要作用；为孝宗的顺利即位，营造了一个较为有利的环境，并对孝宗即位后的宋金和、战走向产生了深远的影响。孝宗朝主战派宰相陈康伯、虞允文、陈俊卿对这一时期的影响最为重大。陈俊卿成为主张备战、支持抗战的中坚力量。

关于金将南侵的消息早在绍兴二十七年（1157 年）就已传到宋廷。然而，高宗和宰臣沈该、汤思退等主和派都不予相信和理会，甚至斥责、贬谪提出备战要求的大臣。金将入侵的明显征兆激发了以陈俊卿为首的朝野爱国人士备战、主战的思想，主战派声势逐渐抬头和高涨，并向主和派势力发动了进攻。时任侍御史的陈俊卿攻论主和派的中坚力量汤思退“挟巧诈之心，济倾邪之术，观其所为，多效秦桧，盖思退致身，皆桧父子恩也"[①]，且以"冬日无云而雷，宰相上不当天心，下不厌人望"[②] 为言，迫其退位。汤思退终于在陈俊卿、王淮、何溥、汪澈等人交章论谏的顽强攻势下，被罢相下台。在金人南侵前夕，主和派的内廷支持者、高宗的亲信宦官张去为"阴沮用兵之议，且陈退避之策，或妄传有幸闽、蜀之计"[③]，对此，陈俊卿上章加以弹劾，"内侍张去为阴沮用兵，且陈避敌计，摇成算，请按军法"[④]，"乞斩之以作士气"[⑤]，使其受到贬逐，从而使得主和派势力即使在内廷也逐渐无法立足。主和派势力开始被扫地出门，为积极抗金、主战排除了阻力。当"金人侵轶之势已形"时，陈俊卿又力主起用主战派元老大臣张浚担负抗金重任，陈俊卿上疏言："浚忠义，且兼资文武，可付以阃外。"[⑥] "张浚忠荩，白首不渝，窃闻谗言其阴有异志。夫浚之得人心、伏士论，为其忠义有素。反是，则人将去之，谁复与为变乎?"当"疏入，未报"时，又"因请对，力言之，上始悟。数月，以浚守建康"。陈俊卿的忧国忠诚之心使高宗亦颇有感触，"上曰：'卿可谓仁者之勇。'除权兵部侍郎"[⑦]。陈俊卿为振作抗金、主战的士气作了积极的努力。

与主和派势力衰落并退出权力中枢相对应的，是主战派势力的回升与上台。绍兴二十九年，沈该被劾罢后，主战派大臣陈康伯被擢为右相。绍兴三十年底，左相汤思退下台后，陈康伯的地位就更加重要了。陈康伯在抗击完颜亮入侵的战争中起到了中流砥柱、稳定大局的重要作用。早在绍兴二十八年时，"金将渝盟，边报沓至，宰相沈该未敢以闻"，时为参知政事的陈康伯便与同知枢密院事王纶、同知枢密院事陈诚之"共白其事，乞备御"[⑧]。后来陈康伯任左相，"闻虏酋决欲败盟"，便布置边防，"饬两淮边备"。当金军南侵，而"大阉张去为阴陈避敌之计"时，"宰相陈鲁公持不可，乃以吴信王璘为四川宣抚使，而制置使王刚中同措置军前事务"[⑨]。

---

① 《宋史》卷371《汤思退传》。

② 《宋史》卷383《陈俊卿传》。

③ 《建炎以来系年要录》卷190，绍兴三十一年五月甲午。

④ 《宋史》卷383《陈俊卿传》。

⑤ 《宋史》卷32《高宗本纪九》。

⑥ 《宋宰辅编年录校补》卷16，绍兴三十一年。

⑦ 《宋史》卷383《陈俊卿传》。

⑧ 《宋史》卷372《王纶传》。

⑨ 《建炎以来朝野杂记》甲集卷20《金主渝盟》。

陈康伯还提拔力主抗战的大臣，“殿中侍御史陈俊卿言当用张浚，且乞斩张去为以作士气”，陈康伯“以俊卿振职，奏权兵部侍郎”[①]。

当传言高宗打算逃往闽、蜀时，陈康伯坚决主张抗战，他说：“敌国败盟，天人共愤。今日之事，有进无退。”当有些大臣为避战争而纷纷将家室转移到安全之处时，“康伯独具舟迎家属入浙（临安），人恃以安”，“时中外人情汹汹，康伯独不为所动”，史载：“绍兴末，金海陵炀王临江……朝士多遣家为避敌计。时陈鲁公为左相，独镇之以静，人心少安。一日，边郡羽书来……上尝夜出手札，欲散百官，浮海避虏。公对中使取御札焚之。当是时，都人将遁去，赖陈不为摇，都人乃止。北虏退，独公与黄通老家属在城中。”[②] 宰相陈康伯正是以其临危不乱的气魄，坚定、英勇的主战言行稳定了人心，鼓舞了军民的斗志，从而稳定了大局，赢得了战争的转机。后人赞颂道：“盛德大节，人皆仰之，虏马饮江，闻者四驰，公独屹然处以静谧，以身许国，奚顾家室。”[③]

在宰相陈康伯的支持，以及陈俊卿、冯时行、叶颙等“愿陛下舍一己之好恶，勉用浚，以副人望，决能使军民回心，踊跃鼓舞”[④]、“恢复莫先于将相，故相张浚久谪无恙，是天留以相陛下也”[⑤] 的建议下，主战派的代表人物张浚于绍兴三十一年十月复归中枢。他先受命为观文殿大学士判潭州，次月初即改判建康府，担任对金前敌最高指挥。而虞允文等其他主战派大臣亦在战争前夕得以充斥中央权力中心。绍兴三十一年五月，出席御前会议的十一人（凌景夏、汪应辰、钱端礼、金安节、张运、黄祖舜、杨邦弼、虞允文、汪澈、刘度、陈俊卿）中有八人是主战派官员，可见此时中枢权力已被主战派所掌握。高宗面对迫在眉睫的战争，在以陈康伯为首的主战派大臣“力赞亲征”[⑥] 的主张下，终于下定决心，“遂定亲征之议”。他对陈康伯等宰臣说：“卿等赞朕成算，协以众谋，庶几恢复神州，

---

① 《宋史》卷 384《陈康伯传》。

② 《建炎以来朝野杂记》甲集卷 8《陈鲁公镇物》。

③ 《梅溪集》后集卷 28《祭鲁公文》。

④ 《建炎以来系年要录》卷 192，绍兴三十一年八月甲辰。

⑤ 《宋史》卷 384《叶颙传》。

⑥ 《宋史》卷 383《虞允文传》。

以复两朝之耻。”[①] 并命陈康伯传出圣旨：“今日更不问和与守，直问战当如何。”[②] 在这种形势下，主战派势力空前高涨，取得了绝对优势。

在其后的宋金战争中，虞允文杰出的军事才能崭露头角，并力挽狂澜，扭转了战局，不但使宋摆脱了危险的境地，亦使宋由被动转为主动态势。可以说虞允文起到了扭转乾坤的重要作用。

在战争将要发生时，虞允文“见上，力陈敌必渝盟。寇来之道有三，曰川陕、曰荆襄、曰淮东，彼必不出于此”，并请为边备。当他出使金国“见敌中猝猝挽刍粟肄舟师”[③]，辞归之日，完颜亮又对虞允文说：“我将看花洛阳。”[④] 于是虞允文“归见上，再申前言，请备之”。战争开始后，虞允文积极参与策划进守之策，其后以中书舍人之职参谋军事。与高宗辞行时，“上曰：‘卿词臣不当遣，以卿洞达军事，姑为朕行。’公泣谢曰：‘主忧臣辱，臣愿尽死力’”[⑤]。九月金主亲自率兵渡淮，发动进攻，虞允文奉命犒师于采石，却发现军无统帅，“权已去，显忠未来，敌骑充斥。我师三五星散，解鞍束甲坐道旁”，虞允文便毅然担负起督师御敌的责任。“虞允文督建康诸军统制官张振、王琪、时俊、戴皋等以舟师拒金主亮于东采石，战胜，却之。”[⑥] 这是一场关键性的战役，虞允文的临危承命使宋朝转危为安，也开启了金军败亡的端倪。随后，虞允文又转战其他边防前沿，继续迎击完颜亮，直至完颜亮被杀，“敌人退屯三十里，遣使议和”。虞允文在此战中立下了汗马功劳，大将刘锜“执公手曰：……朝廷养兵三十年，我辈一技不施，今日大功乃出一儒者，我辈愧死矣”[⑦]。高宗称赞道：“虞允文公忠出天性，朕之裴度也。”[⑧] 元代史官赞曰：“允文许国之忠，炳如丹青。金庶人亮之南侵，其锋甚锐，中外倚刘锜为长城，锜以病不克进师。允文儒臣，奋勇督战，一举而挫之，亮乃自毙。昔赤壁一胜而三

---

① 《建炎以来系年要录》卷 193，绍兴三十一年十月甲辰。
② 《宋史》卷 383《虞允文传》。
③ 《诚斋集》卷 120《宋故左丞相节度使雍国公赠太师谥忠肃虞公神道碑》。
④ 《宋史》卷 383《虞允文传》。
⑤ 《诚斋集》卷 120《宋故左丞相节度使雍国公赠太师谥忠肃虞公神道碑》。
⑥ 《宋史》卷 32《高宗本纪九》。
⑦ 《诚斋集》卷 120《宋故左丞相节度使雍国公赠太师谥忠肃虞公神道碑》。
⑧ 《宋史》卷 383《虞允文传》。

国势成，淮淝一胜而南北势定。允文采石之功，宋事转危为安，实系乎此。”①

在高宗朝后期对宋金战局产生重大影响、作出重要贡献的主战派大臣，日后都成为孝宗朝的宰相。他们奠定了孝宗即位前后对外较为有利的形势，为孝宗的即位铺平了道路。宋金关系以及南宋国内战、和两派的势力又进入了一个新的发展时期。

2. 担当北伐的使命

这主要分为三个阶段：

第一阶段：隆兴北伐。

金朝侵宋战争失败后，其国内形势尚不稳定，而宋朝既摆脱了绍兴和议的束缚，又赢得了战争的胜利，形势对宋来讲相对有利。然而，高宗一意求和，说：“朕料此事终归于和，……至如以小事大，朕所不耻。”② 因此，南宋与金往来交涉，希望达成和议。宋廷内部就议和条件莫衷一是，谈判也就毫无结果。于是，高宗便把这一难题转交到孝宗手中。绍兴三十二年六月高宗禅位于孝宗。虽然高宗退位后仍具有一定的政治影响力，但他的退位是对主和派势力的严重削弱。而锐意恢复的孝宗即位，无疑大大地促进了主战派势力的壮大。

孝宗即位后，面临两种选择，一是继续交涉，缔结和约；一是重启战端，以北伐实现恢复。由于孝宗一向主战，即位前，“上（孝宗）每侍光尧（高宗），必力陈恢复大计以取旨”③。而孝宗身边的侍讲、侍读、教授等，如陈俊卿、黄中、杨邦弼、王十朋、张阐等人，亦均是主战派大臣。其中陈俊卿、黄中对前一阶段的战争更是起到了十分重要的作用。因此孝宗选择了“战”，并继续重用高宗末年那些坚持抗金的官员，如仍任陈康伯为宰相，同时对陈俊卿、虞允文、张焘、张震等人也重用有加。

要想北伐，首先要选择合适的将相作为辅弼，方能寄予恢复的重任。而在当时，南渡之初的谋臣猛将早已“凋丧略尽”，只有主战派的旗帜性人物，颇具时望的张浚尚健在，正如叶颙所言，“恢复莫先于将相，故相

---

① 《宋史》卷383《论曰》。
② 《建炎以来系年要录》卷196，绍兴三十二年正月壬辰。
③ 《四朝闻见录》乙录《孝宗恢复》。

张浚久谪无恙，是天留以相陛下也”[①]。而且在不久前，张浚刚由于陈康伯、陈俊卿、叶颙等人的鼎力推荐而被起用。于是张浚便成为孝宗恢复大业的首选将相。孝宗刚即位就立即召见张浚，且“改容曰：‘久闻公名，今朝廷所恃唯公’”[②]。而张浚一见孝宗就“力陈和议之非，劝上坚意以图事功”[③]。君臣一拍即合，孝宗便决意将北伐恢复的重任寄于张浚一身，先任命张浚为江淮东西路宣抚使，进封魏国公，不久又除枢密使，都督建康、镇江府、江州、池州、江阴军军马，并给予张浚非常的优宠。“问浚动静饮食颜貌”，且说：“朕倚魏公如长城，不容浮言摇夺。”[④] 对于张浚的恢复主张，朝中主战派大臣、张浚门人王大宝、胡铨、王十朋、汪应辰等，都纷纷表示赞成。而虞允文等则早已提出以战争实现恢复的建议，“金亮即诛，新主初立，彼国方乱，天相我恢复也。和则海内气沮，战则海内气伸”[⑤]、“不然，请斩其使，亟图恢复”[⑥]。主战派势力再一次以高昂的气势聚集在锐意恢复的孝宗与张浚周围，北伐战争蓄势待发。以张浚为首的主战派大臣便担负起了以北伐收复中原的历史使命。“孝宗志恢复，特任张浚。”[⑦] 南宋人亦认为“孝宗皇帝规恢之志，一饭不忘。历考相臣，终始此念，足以上配孝宗在天之意，亦惟浚一人耳”[⑧]。

在与孝宗达成北伐恢复的共识后，张浚便开始着手北伐的军事准备及人事安排。然而，张浚的北伐筹划却遭到了宰臣史浩的反对。于是张浚与史浩展开了一场如何布防、是否北伐的大争论。这成为以张浚为首的主战派与以史浩为首的主和派在战后关于对金关系何去何从的大争辩，具有决定战后时局走向的关键性意义。

起初，孝宗把领导恢复的重任寄托在史浩和张浚身上。因此，孝宗一即位就马上将他与张浚一同起用。而当张浚宣抚江、淮，将图恢复时，

---

① 《宋史》卷 384《叶颙传》。
② 《宋史》卷 361《张浚传》。
③ 《四朝名臣言行别录》卷 3《张浚·魏国忠献公》。
④ 《宋史》卷 361《张浚传》。
⑤ 《宋史》卷 383《虞允文传》。
⑥ 《宋史》卷 367《杨存中传》。
⑦ 《宋史》卷 383《论曰》。
⑧ 《宋史》卷 397《吴猎传》。

“浩与之异议”。史浩议欲城瓜洲、采石，张浚认为“不守两淮而守江干，是示敌以削弱，怠战守之气，不若先城泗州”。至此两人产生分歧，“及浩参知政事，浚所规画，浩必沮之”。张浚“奏请上临幸建康，以动中原之心；用师淮堧，进舟山东，以为吴璘声援”。史浩反对，认为“先为备御，是谓良规。傥听浅谋之士，兴不教之师，寇去则论赏以邀功，寇至则敛兵而遁迹，谓之恢复得乎”。其后，大将李显忠、邵宏渊支持北伐，奏乞引兵进取，浩奏：“二将辄乞战，岂督府命令有不行耶?”张浚入觐，请求即日降诏临幸建康，史浩陈三说加以反对，随后史浩“诘浚曰：‘帝王之兵，当出万全，岂可尝试以图侥幸。’”两人在殿堂之上又进行了激烈的争论。“浚曰：‘中原久陷，今不取，豪杰必起而收之。’浩曰：‘中原决无豪杰，若有之，何不起而亡金?’浚曰：‘彼民间无寸铁，不能自起，待我兵至为内应。’浩曰：‘胜、广以鉏耰棘矜亡秦，必待我兵，非豪杰矣。’”两人“诘难于天子，凡五日”，史浩还苦口婆心地劝张浚：“明公以大仇未复，决意用兵，此实忠义之心，然不观时审势而遽为之，是徒慕复仇之名耳。诚欲建立功业，宜假以数年，先为不可胜以待敌之可胜，乃上计也。……明公能先立规模，使后人藉是有成，则亦明公之功也，何必身为之?”然而张浚不为所动，坚主北伐。“浚因内引奏：‘浩意不可回，恐失几会，乞出英断。’”[①] 张浚的主张赢得了孝宗支持，“于是不由三省、枢密院而命将出师矣。其年五月，师渡淮”。史浩“忽得宏渊出兵状，始知不由三省，径檄诸将。浩语陈康伯曰：‘吾属俱兼右府，而出兵不与闻，焉用相哉！不去尚何待乎?’”[②]“遂力请罢归”[③]。这场争论的结果以张浚胜利而告终，主战派排除了以史浩为首的主和派的阻挠，壮大了主战的声势，使北伐得以进行。

在张浚紧锣密鼓地进行北伐准备的同时，陈俊卿、陈康伯、虞允文等也为北伐尽心竭力。早在绍兴三十二年孝宗刚即位时，陈俊卿与张浚便受命共同覆实在战争中诸将所陈功赏，以整肃军纪。[④] 张浚筹备北伐时，又举荐陈俊卿为宣抚判官，与张栻一同筹划军事。对于马上发动北伐，陈俊

① 《宋史》卷396《史浩传》。
② 《宋史》卷396《史浩传》。
③ 《四朝闻见录》丙集《张史和战异议》。
④ 《宋史》卷33《孝宗本纪一》。

卿开始有所犹豫，认为“不若养威视衅，俟万全而后动”[①]。但当得知金人已秣马厉兵、准备南下时，陈俊卿便义无反顾地投入到北伐事业中。而陈康伯对张浚也是“推挽之备至”[②]，并力主招纳北方的归正人。陈康伯为人中和而持重，对张浚的北伐主张并没有明确表示赞同或反对，只是要求慎重对待，不要冒昧出兵。虞允文自金兵撤退后，就一直在川陕地区配合吴璘措置军事，“（朝廷）以虞允文为兵部尚书、川陕宣谕使，措置招军市马及与吴璘议事”[③]。虽然对于张浚的北伐，虞允文只能声援而无法出一臂之力，但他在西线为争取有利于北伐的积极战略部署，反对放弃新复州郡时却与史浩等主守派进行了顽强的斗争。

史载：“允文至蜀，与大将吴璘议经略中原，璘进取凤翔，复巩州。金治兵争陕西新复州郡，蜀士欲弃之，允文持不可。”而当孝宗即位后，“朝臣有言西事者，谓官军进讨，东不可过宝鸡，北不可过德顺，且欲用忠义人守新复州郡，官军退守蜀口。允文争之不得，吴璘遂归河池，盖用参知政事史浩议，欲尽弃陕西，台谏袁季、任古附和其说。”虞允文之所以坚持不放弃陕西新复州郡，就在于这里是虞允文筹划的北伐切入口，“允文再上疏，大略言：‘恢复莫先于陕西，陕西五路新复州县又系于德顺之存亡，一旦弃之，则窥蜀之路愈多，西和、阶、成，利害至重。’前后凡十五疏，且移书陈康伯，康伯牵于同列，不能回也。上将召允文问陕西事，执政忌其来，以显谟阁直学士知夔州，寻又命奏事”。于是在隆兴元年，“史浩既素主弃地，及拜相，亟行之，且亲为诏，有曰：‘弃鸡肋之无多，免狼心之未已’”。其后，虞允文“入对言：‘今日有八可战。’上问及弃地，允文以笏画地，陈其利害。上曰：‘此史浩误朕。’以敷文阁待制知太平州，寻除兵部尚书、湖北京西宣抚使，改制置使”[④]。虞允文的主张虽然没有被采纳，但其执着的主张与德顺撤退途中的惨败，使孝宗对史浩等主守派逐渐失去了信任，为促使孝宗下决心在东线启动北伐起到了积极的作用。

隆兴元年四月，在张浚的率领下，北伐之师以“堂堂之阵，正正之

---

① 《齐东野语》卷 2《符离之师》。
② 《永乐大典》卷 3148《陈康伯》。
③ 《宋史》卷 32《高宗本纪九》。
④ 《宋史》卷 383《虞允文传》。

旗，往而征之”[①]。五月，张浚渡江视师。北伐开始时，宋军获得了一些胜利，孝宗欣慰地赐张浚手诏：“近日边报，中外鼓舞，十年来无此克捷。”[②]但不久“显忠与金人战于宿州，邵宏渊不援，显忠失利。是夜，建康中军统制周宏及邵宏渊之子世雄、殿前司统制官左士渊逃归。金人攻宿州城，显忠大败之。殿前司统制官张训通等七人、统领官十二人，以二将不叶而遁。甲寅，李显忠、邵宏渊军大溃于符离”[③]。符离败后，“天子哀痛，下诏罪己”[④]，“士大夫主和者，皆议浚之非”[⑤]。主战派势力遭到严重打击。张浚被免枢密使之职，支持过张浚的主战派大臣辛次膺、汪澈、王十朋等被降官罢职，孝宗决议讲和，重新起用主和派大臣。隆兴元年七月，时居闲职的汤思退被擢为右相兼枢密使，而以前被主战派劾罢的主和派官员沈介、叶谦亨、韩仲通、钟世明等均被起复。汤思退、王之望（时为户部侍郎）等主和派积极领导和参与了宋金为缔结新和约而进行的交涉。

然而，主战派不甘心一次战败即使整个北伐宣告结束，在纷纷扬扬的指责声中，主战派没有沉沦，而是努力再起。因此，主战派大臣纷纷反对议和，抨击主和派的行径，主张坚持北伐，继续任用张浚。符离师溃后，“俊卿退保扬州。主和议者幸其败，横议摇之。浚上疏待罪，俊卿亦乞从坐，诏贬两秩。谏臣尹穑附思退，议罢浚都督，改宣抚使治扬州。俊卿奏：‘浚果不可用，别属贤将；若欲责其后效，降官示罚，古法也。今削都督重权，置扬州死地，如有奏请，台谏沮之，人情解体，尚何后效之图？议者但知恶浚而欲杀之，不复为宗社计。愿下诏戒中外协济，使浚自效。’疏再上，上悟，即命浚都督，且召为相”[⑥]。虞允文连上五道奏章，力陈一味求和之弊，主张继续北伐。陈康伯在隆兴元年十二月辞相之前，“又荐（张浚）可复以为相”[⑦]。张浚自己也上书孝宗，总结失败教训，希

---

① 《宋史全文续资治通鉴》卷24，隆兴元年五月乙卯。
② 《宋史》卷361《张浚传》。
③ 《宋史》卷33《孝宗本纪一》。
④ 《四朝闻见录》丙集《张史和战异议》。
⑤ 《宋史》卷361《张浚传》。
⑥ 《宋史》卷383《陈俊卿传》。
⑦ 《永乐大典》卷3148《陈康伯》。

望君臣之间能够“相与协谋同志，以成治功”①。其他主战派人士胡铨、张阐、王十朋等，也纷纷上书劝孝宗“勿以小衄自沮”②；“当矫前失，安可遽沮锐气”③；“今日之师，为祖宗陵寝，为二帝复仇，为二百年境土，为中原吊民伐罪，非前代好大生事者比，益当内修，俟时而动”，不可“以一衄为群议所摇”④。

在主战派大臣的强烈要求下，本来就对和议心有不甘的孝宗又改变了主意。隆兴元年八月，复张浚都督江、淮军马。⑤ 十二月初，诏张浚再入朝，擢为右相，要他戴罪立功。于是，在和、战问题上，主战派与“守”、“和”两派再度展开激烈斗争，而孝宗更倾向于主战。“故思退虽为左仆射，而公（张浚）恩遇独隆，每奉事，上辄留公与语，又时召栻入对，赐公御书圣主得贤臣颂”；胡昉使金受辱，孝宗对张浚说：“和议之不成，天也，自此事当归一矣。”孝宗决意准备再次北伐。张浚除与孝宗进行一番军事筹划外，还意图打击反对势力，进用主战派，实现主战派大臣进占中枢、台谏等重要职位之目的。“公既入辅，首奏当旁招仁贤，共济国事，上令公条具奏，公奏以虞允文、陈俊卿、汪应辰、王十朋、张阐可备位执政，刘珙、王大宝、杜莘老即宜召还，胡铨可备风宪，张孝祥可付事任，冯时行、任尽言、冯方皆可备近臣。朝士中林栗、王秬、莫冲、张宋卿议论据正，可任台谏。皆一时选也。”⑥ 隆兴二年，在张浚的建议下，孝宗决定进幸建康，再举北伐，同时下令召回准备使金和议的王之望。“思退闻之大骇”，“阴与其党谋为陷浚计”，并求助于太上皇高宗。在来自太上皇等人的强大压力下，孝宗终于不得已于隆兴二年四月将张浚罢相，“朝廷遂决弃地求和之议”⑦，北伐宣告破产。

以张浚为首的孝宗朝主战派宰相倡导的这次北伐虽然由于种种原因而归于失败，但这是南宋立国以来，第一次以“堂堂之阵，正正之旗”，“为

① 《宋史》卷361《张浚传》。
② 《宋史》卷374《胡铨传》。
③ 《宋史》卷381《张阐传》。
④ 《宋史》卷387《王十朋传》。
⑤ 《宋史》卷33《孝宗本纪一》。
⑥ 《宋宰辅编年录校补》卷17，隆兴元年。
⑦ 《宋史》卷361《张浚传》。

祖宗陵寝，为二帝复仇，为二百年境土，为中原吊民伐罪”，以主动姿态对金“往而征之”。它在一定程度上反映了人心之所向，众望之所归，显示了孝宗朝对金战略的改变，使金在一定程度上产生了防宋、畏宋之心，因此具有一定的积极意义（不能只以成败论英雄）。张浚也因此深得爱国民众、士人的尊崇，“张魏公有重望，建炎以来置左右相多矣，而天下独目魏公为张右相；丞相带都督亦数人，而天下独目魏公为张都督，虽夷狄亦然”①。

虞允文为反对放弃有重要战略地位的唐、邓、海、泗四州，与主和派作了不懈的斗争。卢仲贤使金议和，汤思退主张放弃唐、邓、海、泗，连孝宗也手诏谓唐、邓非险要，可置之度外。虞允文“以为荆襄藩篱实在唐、邓”②，于是“五上疏力争，思退怒，即奏曰：‘此皆以利害不切于己，大言误国，以邀美名。宗社大事，岂同戏剧。’上意遂定”。虞允文不为所屈，“初公上章剀切，有云朝廷必欲割唐、邓，臣即挂冠而去”③，隆兴二年六月，“命虞允文弃唐、邓，允文不奉诏”④，且“上印，犹以四州不可弃为请，乞致仕”，孝宗决意议和，于是“思退竟决和议，割唐、邓”。虞允文反对割让战略要地的主张虽然再次未能实现，但当“金兵复至”时，孝宗便“悔不用允文言”⑤，从而为孝宗彻底摈弃主和派，图谋再举恢复打下了基础。

第二阶段：乾道再图。

“隆兴和议”结束了宋金交战的局面。但和议并非孝宗本意，只是为应对张浚北伐失败所造成的不利局面而实施的权宜之计。和议签订之后，孝宗改元乾道，希望有一个新的开端。乾道初期，经过两三年的恢复与休整，孝宗的恢复之志重新萌发。乾道二年十二月，孝宗任命曾在完颜亮南侵时举荐张浚、力主恢复的叶颙为左相兼枢密使，“颙首荐汪应辰、王十朋、陈良翰、周操、陈之茂、芮晔、林光朝等，可备执政、侍从、台谏”，

---

① 《老学庵笔记》卷10。

② 《诚斋集》卷120《宋故左丞相节度使雍国公赠太师谥忠肃虞公神道碑》。

③ 《宋代蜀文辑存》卷76《书虞雍公守唐邓事》。

④ 《宋史》卷33《孝宗本纪一》。

⑤ 《宋史》卷383《虞允文传》。

大力起用主战派大臣，孝宗一一“嘉纳”①。乾道四年二月，蒋芾拜相。蒋芾“以言边事结上知，不十年间致相位”。早在乾道二年为执政时，蒋芾就将明州城下、虞允文采石之战等南渡以来的著名战功编定为“十三处战功”②，加以表彰，从而在一定程度上鼓舞了南宋军民的士气，增强了自信心。蒋芾留意军事，“首奏加意边防，又奏拔将才行伍间”，还力革招兵之弊，主张“若权停招兵一年有半，俟财用稍足，招丁壮，不惟省费，又得兵精”。叶颙、魏杞罢相后，“芾采众论，参己见，为筹边志上之”③，这些都令孝宗相信，蒋芾是可以再担北伐重任的人。乾道四年七月，蒋芾丁母忧，孝宗急于北伐，于十月下诏“蒋芾起复尚书左仆射，陈俊卿右仆射，并同中书门下平章事兼枢密使兼制国用使”④。然而“芾力辞。有密旨欲今岁大举，手诏廷臣议，或主和，或主恢复，使芾决之”。蒋芾“优于论议而劣于事功”，以“天时人事未至”为借口推辞，“拂上意”⑤。

此后，孝宗任用在前两次战争中均起过重要作用的陈俊卿为相。陈俊卿主张选将练兵，并举荐虞允文“其才堪相”⑥，于是孝宗诏虞允文入朝为右相，陈俊卿为左相，以图共济恢复大业。

早在隆兴二年，汤思退被贬后，陈俊卿就举荐虞允文“堪大用，除同签书枢密院事”，负责筹措军务。乾道元年，孝宗拜虞允文为参知政事兼知枢密院事，负责军国大政。乾道三年，吴璘卒，虞允文便接替其重任，以四川宣抚使，依旧知枢密院事宣抚四川，筹划军事，临行前孝宗“亲书九事戒之”⑦，叮嘱虞允文：“凡事不宜效张浚迂阔，军前事，卿一一亲临之。”可知虞允文身上寄托了多少孝宗恢复的期望。此后，虞允文几度往返于四川与都城之间，同孝宗共商大计。孝宗与太上皇给予虞允文十分的优宠，“太上赐御书圣主得贤臣颂，上又为之制跋，陛辞，复以所御双履及甲胄赐焉”。虞允文至蜀后，频繁往来各地，“过郢，奏筑黄鹰山城，过

---

① 《宋史》卷384《叶颙传》。
② 《建炎以来朝野杂记》甲集卷19《十三处战功》。
③ 《宋史》卷384《蒋芾传》。
④ 《宋史》卷34《孝宗本纪二》。
⑤ 《宋史》卷384《蒋芾传》。
⑥ 《宋史》卷383《陈俊卿传》。
⑦ 《宋史》卷34《孝宗本纪二》。

襄阳，奏修府城。八月至汉中，又往沔阳。九月，至益昌。先被手诏戒九事，洎至蜀，悉奉而行，尤以军政为急”①。通过加紧措置边事，加强山城防御工事，裁汰老弱，整编、检阅军队，训练民兵，安置归正人，赈济灾荒，不一年就使“蜀民顿苏，军政一新”②。虞允文与孝宗君臣一心，已为北伐默默地秣马厉兵了。虞允文以其卓越的军事才干和殷殷的爱国之心，成为孝宗恢复事业最得力的助手。乾道三年五月，西夏宰相任得敬派遣间使到四川宣抚司，与虞允文相约共同攻西蕃，“虞允文报以蜡书。七月，得敬间使再至宣抚司”，无奈最终“夏人获其帛书，传至金人”③。虞允文联夏攻金的试图未能成功。乾道五年（1169 年）八月，虞允文任右相兼枢密使及国用使，掌握了政权、军权和财权。虞允文向孝宗提出当今事之大者，莫过于“世仇未复，舆图未归，南北生灵未底于休息”和“而事几之急，莫急于兵、财”两事。④ 因此，虞允文辅佐孝宗，在军事力量和财力上积极做好北伐的各项准备。

乾道六年，虞允文“谓敌衰可图，建遣泛使往请陵寝”，即主张通过遣使请求归还河南陵寝地和更改受书仪来激怒金人，使其先背盟举兵，再后发制人，以兴正义之师。孝宗对此计划表示完全支持，“士大夫有指其非是者，辄斥去之”⑤。而左相陈俊卿此时已渐失主战的激情，转化为主守派，因而反对虞允文的建议，“杜门请去”，孝宗“意向允文”⑥，于是陈俊卿罢相。其后，虞允文独相近两年，孝宗把领导恢复大业的重任寄托在他一人身上。乾道七年春，虞允文“移骑军屯于建康，以为出师之渐”⑦。乾道八年（1172 年）二月，孝宗除虞允文为左相。十一月，派虞允文再任四川宣抚使。行前，孝宗告诉他，自己决定亲征，要求虞允文在四川配合行动，从东西两路共同出兵伐金。君臣二人商定出兵方略，期以某日会师河南。孝宗与虞允文约定：“若西师出而朕迟回，即朕负卿；若朕已动而

① 《宋史》卷 383《虞允文传》。
② 《诚斋集》卷 120《宋故左丞相节度使雍国公赠太师谥忠肃虞公神道碑》。
③ 《宋史》卷 486《外国二》。
④ 《历代名臣奏议》卷 224《虞允文奏议》。
⑤ 《皇宋中兴两朝圣政》卷 49，乾道六年六月。
⑥ 《宋史》卷 383《陈俊卿传》。
⑦ 《建炎以来朝野杂记》甲集卷 18《三衙创军本末》。

卿迟回，即卿负朕。”[①] 虞允文这次再度宣抚四川，肩负了孝宗的殷切重望，“上用李纲故事，御正衙亲酌卮酒赐之，俾即殿门乘马，持节而出，都人以为荣”[②]。虞允文至蜀后，扩充士兵和战马，增加军饷，积极进行北伐的各项准备。但虞允文是一位慎重的主战人士，他主张在军力、财力等条件成熟时方可对金用兵，因此他在四川并不急于起兵。乾道九年（1173年）十月，在南宋要求更改受书仪的外交斗争屡遭失败后，孝宗决心对金发动战争。于是，他密诏虞允文，催促他早日出师北伐，虞允文因“军需未备”[③]，拒绝了孝宗急于北伐的要求。不久，虞允文去世，一场蓄势待发的北伐也因虞允文的去世而终于流产。虞允文的未战先逝，对于孝宗朝的政治发展来说，堪称一个重要的事件，它不但使主战派的势力大为削弱，更使孝宗再次奋起一搏的愿望终于落空，在很大程度上打击了孝宗的恢复之志。从此，整个孝宗朝，再未具体策划过一场北伐战争。由此可见虞允文对孝宗朝中后期的北伐起着至关重要的作用，史家赞誉道：“及其罢相镇蜀，受命兴复，克期而往，志虽未就，其能慷慨任重，岂易得哉?”[④]

第三阶段：淳熙余波。

淳熙前半期，孝宗的恢复之志并未泯灭。叶衡与赵雄在整顿军事、筹划边事方面作了一些积极的努力。叶衡“负才足智，理兵事甚悉”，曾“奏马政之弊”，并提出改良的方法；受命按视江、淮兵籍伪滥之事，孝宗“赐以袍带、鞍马、弓矢，且命衡措置民兵，咸称得治兵之要”，深得孝宗赏识，“上御便殿阅武士，召衡预观，赐酒，洒宸翰赐之”。淳熙元年十一月，叶衡拜相，“上锐意恢复，凡将帅、器械、山川、防守悉经思虑，奏对毕，从容赐坐，讲论机密，或不时召对”[⑤]。淳熙五年十一月，虞允文的门人赵雄拜相，赵雄堪称继张浚、虞允文之后，孝宗朝中后期最具恢复意识的主战派代表人物。乾道五年，赵雄被虞允文荐于朝后，“召见边殿”，其言论就令“孝宗大奇之，即日手诏除正字”。范成大使金前夕，“雄当登对”，“既进见，雄极论恢复，孝宗大喜，曰：‘功名与卿共之。’即除右

① 《宋史》卷383《虞允文传》。

② 《皇宋中兴两朝圣政》卷51，乾道八年九月。

③ 《诚斋集》卷120《宋故左丞相节度使雍国公赠太师谥忠肃虞公神道碑》。

④ 《宋史》卷383《论曰》。

⑤ 《宋史》卷384《叶衡传》。

时，两月除舍人”。乾道六年，赵雄“请复置恢复局，日夜讲磨，条具合上意，除中书舍人。自选人入馆至此，未满岁也”，其“每进见，必曰：‘二帝在沙漠。’未尝离诸口也”。此外，关于恢复方略，赵雄也提出了具体的方案，“尝上疏论恢复计，大略谓：‘莫若由蜀以取陕西，得陕西以临中原，是秦制六国之势也。’”① 淳熙初年，任礼部尚书时，赵雄奉命“铭世忠之碑”，为高宗朝主战派名将韩世忠撰写神道碑。在碑文中，赵雄对韩世忠英勇抗金的事迹极尽夸赞之能事，不但表明了自己积极主战的立场，也在一定程度上通过“褒崇元臣”②，壮大了当时已趋低迷的主战派声势。作为虞允文的接班人，赵雄继承了虞允文积极主战的思想，以恢复自任，正如其入相后常向孝宗提起的：“虞某向志恢复，不幸死不及事，尝为臣言：‘吾老矣，功名当以相付，子其勉之！’”③ 赵雄独相近三年，这在孝宗朝是首开先例的，足见孝宗对恢复尚存一线希望。

赵雄罢相后，对于加强地方军事防御措施尽心尽力。淳熙十年，在赵雄的奏请下，朝廷“诏泸南沿边城寨堡官并指使，并许安抚司奏辟”④。淳熙十一年，赵雄判江陵，奏请将湖南飞虎军，也就是潭州土军（注：飞虎军是辛弃疾训练的潭州地方军，战斗力甚强），“移其军屯江陵”，作为边防力量。在遭到拒绝后，“赵公力请”，但终还是“讫不行”⑤。淳熙十一年，赵雄认为“江陵无险可恃”，便“请城江陵”。淳熙十三年，城池修成，“民不告扰”⑥。

赵雄的恢复主张，是孝宗朝主战浪潮的尾声。虞允文之后，南宋朝中主战派的势力，可以说是微乎其微，十分低迷。在虞允文离位至赵雄任相前的六年中，继任宰相的有梁克家、曾怀、叶衡、史浩，以及“以首参行相事”⑦ 的龚茂良。这五人中，除叶衡稍具恢复意识，“理兵事甚悉”，常

---

① 《宋史》卷396《赵雄传》。

② 《名臣碑传琬琰集》上集卷13《韩忠武王世忠中兴佐命定国元勋之碑》。

③ 《建炎以来朝野杂记》乙集卷8《张、虞二丞相赐谥本末》。

④ 《宋会要辑稿》方域19之32。

⑤ 《建炎以来朝野杂记》甲集卷18《湖南飞虎军》。

⑥ 《宋史》卷396《赵雄传》。

⑦ 《宋史》卷385《龚茂良传》。

与孝宗“讲论机密”[①] 外，其余四人均为主守派。在主战声势的低谷中，对恢复仍抱有希望的孝宗，还在苦心寻觅能帮助他实现理想的辅弼。这期间，孝宗要么频繁换相，要么长时间空虚相位，如让龚茂良以参政代行相事长达两年半之久，而不置相。这正是孝宗在“无恢复之臣”的局面下无奈而举棋不定的表现。正如他对龚茂良所解释的：“史官近奏三台星不明，盖实艰其选耳。”而力主恢复的赵雄的出现，恰好契合了孝宗的愿望，将“以经筵召”[②]、再相刚八个月的史浩罢免，拜赵雄为相，并首开独相近三年的先例，从而使赵雄对孝宗朝军事产生了一定的影响。然而在淳熙时期日益强大的主守派政治思潮的影响下，主战派势力不断被削弱，即使是身为主战派大臣的赵雄，也不得不受制于现实情况，只在言论上呐喊恢复的口号，在实际的施政中，只能实行一些主守派也赞成的加强防御和治内的措施，而并无实质性的策划和组织一场北伐战争的举措。因此，赵雄对于恢复的倡导只停留在舆论与防御上，是孝宗朝主战声浪的尾声。他上承主战之余绪，下启主守派居主导地位之开端，是由主战转向主守的过渡性人物。在赵雄罢相之后的整个孝宗朝的七年半中，孝宗便很少换相，所拜之相王淮、周必大二人，更是循谨守成的主守派。这一时期，孝宗也已渐失亲自恢复之志，而将政治重心转到内政上来。随着赵雄任相期的结束，孝宗的思想便正式完成了由主战向主守的过渡。

淳熙时期，主战派宰相虽未能具体筹划一场北伐，却加强了国家的军事防御，对外采取了积极进取的姿态，使国人不忘国耻，在一定程度上振兴了国威。

3. 整顿军事

孝宗朝主战派宰相出于对外军事进攻与防御的目的，对军队建设格外重视，从而在一定程度上改变了高宗时期军队多而不精、大而不强，将庸兵弱，军纪败坏，战斗力低下，军队内部奸吏横行、政治腐败的状况，从而使军队建设有所改观，并呈现出一些新的气象。这主要体现在五个方面。

其一，建立民兵。孝宗朝对金进攻与防御的需要，使得国家兵力缺

---

① 《宋史》卷384《叶衡传》。
② 《宋史》卷385《龚茂良传》。

乏。因此，孝宗朝主战派宰相在筹置、整顿各类非正规军，加强教阅训练，增强兵力、提高军队战斗力等方面作出了积极的努力。

乾道初年，“宿亳之役，禁旅多出征，江上之备空虚”，陈俊卿就“首献民兵之策”①，为相时又奏乞借民兵，“奏于扬州、和州各屯三万人，预为家计，仍借民家三丁者取其一以为义兵，授之弓弩，教以战阵，农隙之日，聚而教之。沿江诸郡亦用其法。要使大兵屯要害必争之地，待敌至而决战，使民兵各守其城，相为犄角，以壮声势”，并对孝宗说：“国家养兵甚费，募兵甚难，惟有此策，可守边面，可壮军势，而乐因循惮改作之人，皆以扰民为词，天下之事，欲成其大，安能无小扰，但守臣得人，公心体国，自不至大扰矣。”孝宗以为然，下诏立即实行此法，“然竟为众论所持。俊卿寻亦去位，不能及其成也”②。但其后，借用民兵之法却在两淮地区得到了施行，并在日后颇见成效，“而荆襄尤有成规。开禧用兵，禁旅多败，而两淮山水寨万弩手率有功，特为官军所嫉”③。

叶衡曾负责措置民兵，并取得良好的成效，“咸称得治兵之要”。赵雄亦主张对民兵加强教阅，“奏两淮各就漕司逐路教阅江陵襄阳荆门各就逐州”，孝宗对此予以赞同，“如此则可与降指挥候农隙日令守臣教阅一月”④。

义兵、义勇之类的武装是北宋末、南宋初各地民众为抗击金兵而自发组织起来的民间武装，曾为南宋政府立下汗马功劳，但后来因被政府一再裁汰而趋于衰落。孝宗即位后，决定对各类义军进行全面整顿，有选择地将他们纳入政府的统一指挥系统，以充分利用这部分战斗力较强的武装力量。虞允文就曾大力主张使用义兵。⑤ 淳熙年间，赵雄帅江陵，在当地恢复义兵制度，“又增收三千三百人，通旧为万三千八百余人”⑥，并加强教阅。张浚也亲自组建了一支民兵，并逐渐将其纳入政府的统一指挥系统。史载：“神劲、神武、忠勇、忠锐、忠武军者，孝宗时旋创之，后亦废。

---

① 《鹤林玉露》甲编卷1《民兵》。
② 《皇宋中兴两朝圣政》卷48，乾道六年四月乙未。
③ 《鹤林玉露》甲编卷1《民兵》。
④ 《皇宋中兴两朝圣政》卷55，淳熙四年八月壬申。
⑤ 《皇宋中兴两朝圣政》卷46，乾道三年六月。
⑥ 《建炎以来朝野杂记》甲集卷18《荆鄂义勇民兵》。

始张忠献公为江、淮宣抚使，以为淮、楚之人自古可用，乘其困扰之后，当收以为兵。乃奏置御前万弩营，募淮南、北之民，十八已上，四十五已下，不涅臂而屯于建康。五人为保，两保为甲，十甲为队，有功同赏，有罪同罚。擢陈敏于废困中，以为统制。敏感激图报，未几成军，凡万八千人。隆兴初，赐名神劲，隶都督府，岁费钱二百万缗。魏公罢，钱处和出使，言逃死者已七千人。汤丞相以费国用为言，遂不复补。"① 陈俊卿于乾道三年整顿了长江下游的水军，"陈正献在枢管，以其劳费，奏留屯二千人于江阴军，而沿海制置司又别屯千人，逮淳熙末，累增至四千人，分三将"②。

此外，在虞允文、张浚的主张之下，孝宗朝恢复招用战斗力较强的职业志愿兵"效用"，以提高军队的战斗力。绍兴和议之后，效用之制逐渐废止。至绍兴末年，"虞并甫为川、陕宣谕使，招效用千余人……王瞻叔代之，以为厚薄不均，遂拨入正军，以填阙额。隆兴初，并甫为湖北、京西制置使，复请招效用。上以其多费，欲勿招。张魏公为上言：'艰难之时，非优与请给，不可招募，与国初事体不同。'汤进之乃请招七分军兵，三分效用。上从之。自是招军皆以三七分为准"③。

其二，整顿军队。虞允文在整顿军队方面作出的努力最多、贡献最大。史载："（绍兴）三十二年，虞雍公宣谕川、陕，乃专招军买马。"④ 虞允文对军队实行裁汰之法，同时注意整顿军队财政，"于是宣抚虞雍公澄核兵籍，去其老弱者近万人，诸军开落诡籍者二千人，定立军额为九万七千有奇。又颇取四漕岁剩钱以益之。至淳熙间，军籍视武安时增三之一，岁用视武安时减三之一焉。盖自乾道再和，军中大请受人益少，由是计司稍有羡财，每遇减放盐酒绢布激赏之属，计司所抱，多至数十万缗，少亦不下二十万缗，实此钱也"⑤。乾道四年，虞允文申请将四川州县职田借入宣抚司"为军中减汰使臣之用"⑥，通过这些方法，军队的面貌焕然一

① 《建炎以来朝野杂记》甲集卷18《神劲神武忠勇忠锐忠武军》。
② 《建炎以来朝野杂记》甲集卷18《平江许浦水军》。
③ 《建炎以来朝野杂记》甲集卷18《诸军效用》。
④ 《建炎以来朝野杂记》甲集卷11《宣谕使》。
⑤ 《建炎以来朝野杂记》甲集卷17《四川总领所》。
⑥ 《建炎以来朝野杂记》甲集卷16《圭田》。

新，战斗力也有所增强。“会上幸白石阅军，温叔因奏：‘昨日大阅十万之军，一一少壮。’上曰：‘前此虞相行拣汰炸法，今方见成效。’”[①] 同时又节减了军队的开支，减轻了国家的财政负担。

其三，改良兵器。孝宗朝主战派宰相注重兵器的改良。陈康伯见一将士战具精利，而“取其长枪、克敌弓弩，俾所司为式制之”[②]。张浚十分重视军器制作的质量，“（隆兴元年）九月十六日，诏令军器所，今后弩箭须管如法，点铜打造务要精致，如依前减裂，当职吏官重作施行，先是张浚言军器所发到弩箭，不甚精致，故有是诏”[③]。

其四，整顿马政。南宋失去了北方产马之地，因此，马政成为南宋军事面临的一个重要问题。张浚、虞允文、叶衡等主战派宰相对马政进行了一些改良。因向周边少数民族政权买马费用太高，张浚主张购买价廉而马上可用的淮马，“淮马者，隆兴初，张魏公为江、淮都督，尝即淮上市之”[④]。乾道三年，虞允文对运马问题提出了改良的方法，“璘薨，虞并父代为宣抚使，奏言：‘水路至荆南二千余里，一旦隔风，行船不得，或至三五日，马失馈饲。乞自金州舟行五驿，至净口遵陆，行至均州。’上从之”[⑤]。叶衡也针对马政之弊提出解决方法，“除枢密都承旨，奏马政之弊，宜命统制一员，各领马若干匹，岁终计其数”[⑥]。

其五，整肃军纪。在整肃军纪、加强对将领的统御方面，主战派宰相也作出了努力。隆兴初，张浚与陈俊卿曾负责检查、核对前一阶段宋金战争中将领所报的成绩，凡发现隐瞒实情、谎报战功者，都予以严厉处罚。如撤职查办了完颜亮入侵时，奉命督视江淮诸军却玩忽职守、临阵脱逃的叶义问，将其发配到偏僻的饶州（今江西鄱阳）。虞允文对军队中官员、将领子弟的任职情况作出了规定和限制，以遏制徇私舞弊、任人唯亲的弊端。“诏诸军统制、统领官子弟不许就本军任主兵差遣，如委有材武战功

---

① 《建炎以来朝野杂记》乙集卷8《张、虞二丞相赐谥本末》。
② 《宋史》卷370《李宝传》。
③ 《宋会要辑稿》职官16之17。
④ 《建炎以来朝野杂记》甲集卷18《淮马》。
⑤ 《建炎以来朝野杂记》甲集卷18《纲马水陆路》。
⑥ 《宋史》卷384《叶衡传》。

可以任事，令赴宣武司呈试两易……从虞允文之请也。”[1] 赵雄积极主张防范四川吴氏世将，为维护国家安全和统一作出了努力，“卫公相孝宗皇帝……卫公曰：‘挺虽有所长，亦有所短。’‘为人细密警敏，此其所长，然敢于欺君父，又恃其险巧，而愚弄士大夫，此其所短。但朝廷用之，不得其地。’……‘西人又以二父故，莫不畏服，挺亦望宣抚之任久矣。蜀虽名三军，二军仅当其偏裨，虽陛下神武御将，百挺何能为？然古帝王长虑却顾，为子孙万世计，似不如此。’上大感悟”[2]。此外，对于审核、选拔将领，张浚、虞允文更是付出了很多心血。

总之，孝宗朝主战派宰相对军队建设作出了积极的贡献，使得孝宗朝的军队面貌有所改观，在一定程度上振作了军心和士气。因此，南宋在对金关系上表现出了与高宗朝不同的、较为强硬的、对等的姿态。

（二）消极作用

综观孝宗朝的军势发展状况，可以发现，孝宗皇帝锐意恢复，主战派宰相、大臣亦多励精图治、尽心竭力，但为何北伐终不能成功，最后使孝宗皇帝放弃了恢复的愿望，把政治重心由对外转向了治内呢？除了宋金双方的力量未发生根本的改变，南宋的实力尚不足以战胜金朝，孝宗受制于太上皇，朝野主守派势力壮大等原因之外，孝宗朝主战派宰相自身个性、能力、态度等方面的局限与不足亦是导致孝宗朝北伐事业步履维艰并最终失败的一个重要因素。孝宗对于主战派的失望也是使其逐渐放弃亲自实现恢复的愿望，而寄希望于后人的重要原因。

宋高宗时，严酷的战争环境造就了许多优秀的将帅。而到孝宗朝时，南渡以来的“谋臣猛将”都已“凋丧略尽”，相对和平的环境导致了优秀将帅之才的缺乏。因此，孝宗只能任用现有的和新发现的较为出色的主战派官员。而这些官员由于缺乏长期战争的体会和经验，往往在处理实际军事事务中存在种种不足。主战派宰相个人性格、能力与态度方面的不足，使恢复事业蒙受了不利的影响。主战派宰相力主恢复，往往出于道义，本乎忠孝之心，所谓“士大夫不曰我戎则曰避狄，……而二公（张浚、虞允文）则循吾本心焉耳，成败利顿不皇恤也。彼不吾以者钧是心也。而困祸

---

① 《宋会要辑稿》职官32之41。

② 《桯史》卷3《赵希光节概》。

福为利秉间售私，则孟子所谓无恻隐羞恶是非辞逊之心，而非人者也”[①]。因此，他们认为不管实际情况如何，是成是败，是有利还是不利，北伐、恢复都是他们义不容辞的责任，他们常具有一腔热情，“有大志”[②]、“以恢复自任”[③]。但他们在实际的军事活动中或疏于具体细致的筹划，“好为大言”[④]，或听不进其他意见，不能团结更多有恢复愿望的人，这些个性上的不足都在一定程度上影响了主战派力量的壮大和北伐的成败。

综观主战派大臣的性格，大多重气节、耿直开朗、豪放不羁，往往失于轻率、粗放、偏激，不能审时度势，稳健行事。如王十朋被朱倬称为“颠人”[⑤]。杨万里“厉清直之操……孝宗尝曰：‘杨万里直不中律。’光宗亦曰：‘杨万里也有性气’”[⑥]。胡铨更是以“直谅”闻名，被秦桧责为“狂妄凶悖”[⑦]。张浚也不例外，他出身书生，不懂军事，措置乖方，而且还刚愎自用，忌刻专横，追逐个人的权势和声名。何氏《备史》云：“张魏公素轻锐好名，士之稍有虚名者，无不牢笼，挥金如土，视官爵如等闲。士之好功名富贵者，无不趋其门。”[⑧] 孝宗后来也评价张浚“志广才疏”[⑨]。张浚“迂阔”，且才干不足，对军务也多属高谈阔论，缺乏细致具体的落实与筹划，所以虞允文入蜀筹措军事时，孝宗告诫他：“凡事不宜效张浚迂阔，军前事，卿一一亲临之。”[⑩] 正是张浚的这一弱点，致使他在指挥战役中屡战屡败，给国家造成了严重的损失。史载：“（绍兴）三十一年闰十月己亥朔，知枢密汤思退奏：‘昨日张浚行遣极当。’上（高宗）曰：‘张浚用兵不独朕知，天下皆知之。如富平之战、淮西之师，其效可见。今复论兵，极为生事，太祖以神武定天下，亦与契丹议和。’”[⑪] 淳熙

---

① 《鹤山先生大全文集》卷43《兴元府新作张魏公虞雍公祠堂记》。
② 《宋史》卷361《张浚传》。
③ 《宋史》卷429《张栻传》。
④ 《宋史全文续资治通鉴》卷26上，淳熙元年三月庚戌。
⑤ 《齐东野语》卷11《朱汉章本末》。
⑥ 《鹤林玉露》甲编卷1《诚斋谒紫岩》。
⑦ 《宋史》卷374《胡铨传》。
⑧ 《齐东野语》卷2《符离之师》。
⑨ 《建炎以来朝野杂记》乙集卷12《刘、李二忠定得谥本末》。
⑩ 《宋史》卷383《虞允文传》。
⑪ 《宋宰辅编年录校补》卷17，绍兴三十一年。

十五年二月，高宗驾崩，“（王）淮等奏群臣有以张浚为当配飨高宗庙廷者”，孝宗说：“张浚首失五路，符离败师，疏脱不少，又且昧于知人，初到阙时荐引蜀士，及至召对，专事谄谀，殊无可采。如吕祉覆师，亦皆不知人之过，却是有志。”① 可见孝宗坚决不同意张浚配享高宗庙廷。

隆兴初，张浚主持北伐，对李显忠、邵宏渊二将察之不审、束之不严，致使二将在战争中犯有严重失误，“大将李显忠私其金帛，且与邵宏渊忿争，军大溃”②。而作为主帅的张浚，每战“皆去行间数百千余里”③，在战争开始后，并未身临前线指挥，却在远离宿州四百里之外的盱眙坐镇。当“符离之役，诸军皆溃，唯存帐下千人。某（张栻）终夕彷徨，而先公方熟寝，鼻息如雷。先公心法，如何可学”④！后人批评道：“及符离军溃，国家数十年所积资械，荡弃无余。方且甘寝晏然，称是心学，然当万众崩解时，一人心法遽能收拾否？大抵一时党佞成风，掩恶掩美，亦何可尽言也。”⑤ 张浚听说宋军溃败，便急忙退到扬州，“窘惧无策”，请求致仕和遣使议和。孝宗发怒道：“方败而求和，是何举措！”⑥ 后来在主战派请求下，孝宗虽然恢复了张浚都督江淮兵马之职，但对他已失去了往日的信任，“隆兴初，魏公再为都督，时宰相陈鲁公、汤庆公皆主和议，故朝廷所行多与都督府异。魏公乃言：‘臣节制江、淮军马，其进退调发当从督府取旨施行。近日主兵官及帅守、监司，辄以军期事务，径申朝廷，乞劄下依本府指挥，仍取当行人责军令状外，谨具奏知。’上曰：‘岂有不申朝廷之理。’十月辛巳，乃诏：‘江、淮军马调发应援，从督府取旨施行。其余事务，并令申奏如旧。’”⑦ 张浚志大才疏、好高骛远、刚愎自用的个性成为主和派等人攻击的最佳借口，“公（张浚）之勋德、公之忠义、公之人望，群嘲众詈，公欲恢复，指为生事，公欲御戎，靳为儿戏，公欲养兵，诋为妄费，公欲进贤，目为朋比，公得人心，云有异意，巧言如簧，

---

① 《宋宰辅编年录校补》卷17，隆兴二年。

② 《宋史》卷374《胡铨传》。

③ 《齐东野语》卷2《富平之战》。

④ 《鹤林玉露》甲编卷2《庐州之变》。

⑤ 《宋稗类钞》卷4《权谲》19。

⑥ 《齐东野语》卷2《符离之师》。

⑦ 《建炎以来朝野杂记》甲集卷10《都督行府》。

吁其可畏，天眷虽隆，不容在位"①。这是张浚的悲剧，也是孝宗朝北伐事业的悲剧。具有讽刺意味的是，身为主战派宰相，张浚却给南宋的军事带来了极大的损害。正如现代学者所评："当南宋初年民族危亡之际，张浚托名恢复，大言误国，三战三败，流毒苍生，他如党汪黄、排李纲、诛曲端、引秦桧、害岳飞等，在南宋初年制造了一次又一次的历史冤狱，酿成一次又一次的军事溃败，使南宋辛苦积聚的一点抗战力量，遭到一次又一次毁灭性的打击，国家民族一次又一次地陷入严重危机。凡此数端，'皆足以亡国，幸借诸将戮力，仅存宋纪，浚虽死，何足赎焉。'"② 这样的评论也是不无道理的。

虞允文堪称孝宗朝杰出的一代贤相、名相，他的性格与张浚截然不同，他虽然也志于恢复，不乏豪情壮志，但他具有脚踏实地的实干精神和卓越的军事才干。正是这种品质使他建立了采石奇功，并为整军备战、壮大孝宗朝的军事力量作出了至关重要的贡献。虞允文如此鞠躬尽瘁于北伐大业，却终未能佐助孝宗再次发动北伐。其中缘由，除上述各种客观原因以及虞允文本人身体每况愈下，且受强大的主守思潮影响而审时度势、稳健从事外，其个性中傲然独立、坚持己见、不为所屈的因素亦是导致主战派力单势孤，不能团结、凝聚广大有恢复愿望的人士，且加大了主战派内部分立和分化的重要原因。绍兴三十二年任川、陕宣谕使时，虞允文就"以论边事不合罢"③。隆兴年间，虞允文反对放弃唐、邓、海、泗四州，"五上疏力争"，"上章剀切，有云朝廷必欲割唐、邓，臣即挂冠而去"④，隆兴二年"命虞允文弃唐、邓，允文不奉诏"⑤，且"上印，犹以四州不可弃为请，乞致仕"⑥。虞允文以近乎"要君"的做法表明自己的态度。乾道六年，虞允文"谓敌衰可图，建遣泛使往请陵寝"，"士大夫有指其非是者，辄斥去之"⑦。由此可看出虞允文意气而执拗的个性之一斑。

---

① 《南宋文范》卷63《重祭张魏公文》。
② 见杨德泉：《张浚事迹述评》。其中引文为李京《岳忠武论》中语。
③ 《宋史》卷33《孝宗本纪一》。
④ 《宋代蜀文辑存》卷76《书虞雍公守唐邓事》。
⑤ 《宋史》卷33《孝宗本纪一》。
⑥ 《宋史》卷383《虞允文传》。
⑦ 《皇宋中兴两朝圣政》卷49，乾道六年六月。

这种有“性气”的个性往往易于“顺我者和，逆我者伐”，不能主动争取和团结有不同主张的主战派以及有恢复愿望的主守派，从而使北伐的力量减弱。虞允文由于其采石奇功而声名鹊起，这多少滋长了其傲慢的气焰，“讳缺失”[①] 成为其致命的弱点。他听惯了歌功颂德的话，听不得不同意见，久而久之，不免讲起“门户”，排斥异己。乾道六年，辛弃疾被召对延和殿。“时虞允文当国，帝锐意恢复，弃疾因论南北形势及三国、晋、汉人才，持论劲直，不为迎合。”于是，“议不行”[②]。王炎颇具才干，以恢复自期。乾道年间，孝宗意图再举北伐，于是重用王炎。乾道五年，以参知政事身份宣抚四川。乾道七年又除枢密使，依旧宣抚四川。王炎在川陕积极招兵买马，广泛招揽人才，将一时之英俊如陆游、阎苍舒、章森等招入宣抚使幕府，号称征西大幕，为恢复大业作出了很多重大建树。然而“炎与宰相虞允文不相能”[③]，乾道八年虞允文任四川宣抚使而将王炎急促召回，虞允文至蜀，便马上将征西大幕解散，而王炎不久也被罢官奉祠。虞允文与王炎的不和造成了主战派内部门派的分立与斗争，削弱了主战派的力量。

虞允文、赵雄与张浚之子张栻等人的矛盾又加剧了主战派向主守派的分化。虞允文做宰相后，更是“以恢复自任”，希望自己成为主战派的宗主，而将朝野主战派人士都聚集在自己的门下，使之出于一己之门。这种门户的做法给人以“然所以求者类非其道”、想树立私人势力的感觉。当虞允文“意（张）栻素论当与己合，数遣人致殷勤，栻不答。入奏，首言：‘先王所以建事立功无不如志者，以其胸中之诚有以感格天人之心，而与之无间也。今规画虽劳，而事功不立，陛下诚深察之日用之间，念虑云为之际，亦有私意之发以害吾之诚者乎？……今日之事，固当以明大义、正人心为本。然其所施有先后，则其缓急不可以不详；所务有名实，则其取舍不可以不审，此又明主所宜深察也。’”[④] 后来张栻面责虞允文袒护近习张说一事，又令虞允文羞愧不堪。虞允文从此与张栻有隙，“张栻再被召，论恢复固当，第其计非是，即奏疏。孝宗大喜，翌日以疏宣示，

---

① 《宋史》卷 434《薛季宣传》。

② 《宋史》卷 401《辛弃疾传》。

③ 《文忠集》卷 14《王炎除枢密使御笔跋》。

④ 《宋史》卷 429《张栻传》。

且手诏云：'恢复当如栻所陈方是。'即除侍讲，云：'且得直宿时与卿论事。'虞允文与雄之徒不乐，遂沮抑之。广西横山买马，诸蛮感悦，争以善马至。上知栻治行，甚向栻，众皆忌嫉。洎栻复出荆南，雄事事沮之"①。虞允文等不能团结张栻等有恢复志向的大臣，亦是致使这些人从主战派中分化出来，转变成主守派的一个重要原因。对此，史家也不无遗憾地说："赵雄与虞允文协谋用兵，而旧史谓二人沮抑张栻，何哉？"② 虞允文与陈俊卿的关系亦是如此，陈俊卿荐虞允文，二人遂共相。后来因张说荐官、虞允文与汪应辰议事不合以及虞允文建议派遣泛使往请陵寝之事，二相意见相左，在此时，虞允文未能顾全大局，未能协调好与陈俊卿的关系，致使陈俊卿罢相，而陈俊卿也由主战派转变为主守派。虞允文固执己见，没能团结广大士人给主战派创造一个良好的舆论氛围。龚茂良有治才，"左丞相陈俊卿欲留之，右相虞允文不乐"③；"左相陈俊卿出知福州，右相虞允文任恢复事，更张旧典。宰相以（李）焘数言事，不乐，焘遂请去。除直显谟阁、湖北转运副使，陛辞，以欲速变古为戒"④。由于有失人心，一些有才之士便不愿支持虞允文的恢复事业。如陈居仁有军事才干，"虞允文欲引以为用，不就。允文欲与论兵，谢不能，退而贻书谓：'有定力乃可立事，若徒为大言，终必无成，幸成亦旋败。'允文为之色动"⑤。虞允文个性与态度方面的这种缺憾致使主战派陷于被孤立和分化的状态，所以他一病逝，朝中便难觅堪当重任的主战派大臣，再度北伐也就不了了之了。

除张浚、虞允文外，孝宗朝其他主战派宰相也都存在这样或那样的缺憾和不足，对北伐恢复事业产生了消极的影响。蒋芾擅长纸上谈兵，"优于论议而劣于事功"，"以言边事结上知，不十年间致相位"。蒋芾曾编定"十三处战功"且留意军事，"首奏加意边防，又奏拔将才行伍间"，还力革招兵之弊，作《筹边志》，这些都令孝宗相信他是可以托付再举北伐重任的人。然而当孝宗欲将北伐重任寄予他，对他说"将来都督非卿不可"

---

① 《宋史》卷396《赵雄传》。
② 《宋史》卷396《论曰》。
③ 《宋史》卷385《龚茂良传》。
④ 《宋史》卷388《李焘传》。
⑤ 《宋史》卷406《陈居仁传》。

时，他却慌忙说："臣未尝经历兵间。"又奏："方今钱谷不足，兵士不练，将帅与臣不相识，愿陛下更审思其人。"其懦弱惶恐之态溢于言表。乾道四年七月，蒋芾丁母忧，孝宗急于北伐，起复蒋芾为尚书左仆射兼同中书门下平章事兼枢密使兼制国用使，然而"芾力辞。有密旨欲今岁大举，手诏廷臣议，或主和，或主恢复，使芾决之"。蒋芾以"天时人事未至"为借口推辞，"拂上意"[①]。孝宗终于看清了蒋芾利用恢复的名号，投机以求进身的真面目，从而将他一贬再贬，直至以"欺君之罪，诏芾落观文殿大学士，建昌军居住"[②]。

叶衡与蒋芾不同，他颇具才华而务实干练。孝宗锐意恢复，叶衡与孝宗"讲论机密，或不时召对"。但他疏于修束自身，嗜好饮酒，"不能正身竭诚，日惟沉湎于酒"[③]，其罢相就是因被汤邦彦揭发，酒后"对客有讪上语"，使"上大怒，即日罢相"，直至"郴州安置"[④]。其才终不能为时所用，无益于恢复事业。

赵雄虽能言能行，颇有才干，但未曾经历兵事。从政期间，除了主张恢复的言论与采取外交、防御方面的行动外，并未实质性地策划、组织过一场北伐战争。为相期间，他只是悉心辅政，辅助孝宗加强内政的治理，在恢复方面却无甚作为。淳熙八年（1181年），赵雄被罢相外任，制词中有"积三年辅相之劳而授职，非无绩之可名，敛四海经纶之业而偃藩，岂有嫌之当避"[⑤]的含讽之语，这意味着孝宗对以赵雄为代表的主战派彻底失望了。

综上观之，主战派宰相性格、能力、态度方面存在的不足，对北伐恢复事业造成了消极的影响，使孝宗朝"有恢复之君而无恢复之臣"，在一定程度上加剧了孝宗朝北伐失败、恢复不成的无力回天的命运。而北伐失败使国家军事和内政蒙受的严重破坏更是在不言之中。这些都是孝宗朝主战派宰相难辞其咎之处。

---

① 《宋史》卷384《蒋芾传》。

② 《宋宰辅编年录校补》卷17，乾道四年。

③ 《皇宋中兴两朝圣政》卷54，淳熙二年九月。

④ 《宋史》卷384《叶衡传》。

⑤ 《崔舍人玉堂类稿》卷10。

二、主守派宰相群体与孝宗朝的军事

主战、主守、主和三派的形成缘于对金军事战略的态度、观点的不同。主守派形成于隆兴北伐战争前后，并且在孝宗朝时期不断发展，壮大为政治主导力量。与主战派主张积极创造条件，以图在近期发动收复战争不同，主守派主张以自治壮大自身，做好充分准备，等待时机，再图恢复。二者虽然在最终目标上是一致的，但在实际军事活动中，却有着截然不同的作用。主守派对孝宗朝的军事产生了重要的影响，主守派宰相更是发挥了重要的作用。

与主战派为忠君、爱国之道义而不顾一切进行北伐不同，主守派较为稳健且务实，正如主战派所批评的那样："谓画江可以自全，谓得地不足以守，此一时之私意，以利害言者也。……然而百六十年间正论数诎，邪说常胜，盖所谓邪说者，不惟夺于一时之利害，又有患失之私焉。"① 主守派主张在将来时机成熟时再实现恢复大业，要求顾及现实的条件和利益，避免不必要的损失，积蓄实力，待时而举。

首先，关于北伐战争，主守派宰相反对在条件未成熟的情况下，贸然发动北伐，主张在有成算和把握的情况下，有备而战。这对于减少军事行动中的盲目性，从而慎重对待北伐战争有一定的积极作用。

早在金主完颜亮南侵的战争中，主守派就不断提醒主战派大臣要慎重从事。"时金主亮死，众皆言可乘机进取，克家移书陈俊卿，谓：'敌虽遁，吾兵力未振，不量力而动，将有后悔。'俊卿归以白丞相陈康伯，叹其远虑。"② 在此时，张浚也"自督府来朝，密言：'敌失泗州，其惧罪者皆欲来归，愿遣军渡淮赴之，此恢复之机也'"。而"始终守自治之说"，日后为孝宗朝参知政事的周葵请对，"谓不可轻举，累数百言"③。

隆兴北伐前，在热烈而热闹的主战氛围之外，主守派大臣却保持着冷静的头脑，他们对现实中存在的一些不利因素进行了分析，并要求主战派

---

① 《鹤山先生大全文集》卷52《虞忠肃公奏议序》。

② 《宋史》卷384《梁克家传》。

③ 《宋史》卷385《周葵传》。

大臣予以慎重考虑。史浩是这一阶段对北伐持慎重态度的主守派代表人物。他“相时之宜，审天下之势，以为未可”[①]，并劝说孝宗“谓仇可复也，而不可无自治之规；兵可用也，而不可为尝试之举”[②]。当张浚以“陛下当以马上成功，岂可怀安以失事机”来劝说孝宗立即发动北伐时，史浩“执不可，退又以诘公”，并且说：“帝王之兵当出万全，岂可尝试而侥幸，今不审思，将贻后悔。”[③] 后又上疏分析当时不利于北伐的因素：

靖康之祸，孰不痛心疾首？……然陛下初嗣位，不先自治，安可图远？矧内乏谋臣，外无名将，士卒既少而练习不精，而遽动干戈以攻大敌，能保其必胜乎？苟战而捷，则一举而空朔庭，岂不快吾所欲？若其不捷，则重辱社稷，以资外侮，陛下能安于九重乎？……张浚老臣，岂其念不到此？而误于幕下轻易之谋，眩于北人诳顺之语，未遑精思熟虑，决策万全，乃欲尝试为之，而徼幸其或成。臣窃以为未便。上皇亲睹祸乱，岂无报敌之志？当时以张、韩、刘、岳各领兵数十万，皆西北勇士，燕、冀良马，然与之角胜负于五六十载之间，犹不能复尺寸地。今而欲以李显忠之轻率、邵宏渊之寡谋，而取全胜，岂不难哉！惟陛下少稽锐志，以为后图，内修政事，外固疆圉，上收人才，下裕民力，乃选良将，练精卒，备器械，积资粮。十年之后，事力既备，苟有可乘之机，则一征无敌矣。[④]

除了考虑到军事力量尚不足以战的原因外，史浩认为在经济上南宋也缺乏支持战争的实力。他说：“若巡边犒师，则德寿（高宗）去年一出，州县供亿重费之外，朝廷自用缗钱千四百万，今何以继?”史浩对“督府乏用，欲取之民”的做法，坚决表示反对，他说：“未施德于民，遽重征之，恐贼未必灭，民贫先自为盗。必欲取民，臣当丐退。”[⑤] 应该说，史浩的这些意见是客观、中肯而又切中时弊的，如果主战派大臣能听取、接受其中的一些意见，都将会有利于北伐事业。然而，北伐还是如期进行。当

---

① 《四朝闻见录》丙集《张史和战异议》。
② 《浣川集》卷5《太师史越王祠记》。
③ 《宋宰辅编年录校补》卷17，隆兴元年。
④ 《四朝闻见录》丙集《张史和战异议》。
⑤ 《齐东野语》卷2《符离之师》。

史浩被迫辞位时，他还不忘劝谏孝宗“浚锐意用兵，若一失之后，恐陛下终不得复望中原，臣即日去国，遂远清光，然惓惓之忠不容缄默言”①。可以说，“内乏谋臣，外无名将，士卒既少而练习不精”，是孝宗朝军事的一大弊端，当“虞允文当国，希旨建策复中原”时，主守派大臣又以“而我诸将未见可任此事者”，而“数梗其议”②。后来北伐的事实，可以说又证实了这一点。

其次，在筹备战争和战争的进程中，主守派对军事的参与和筹划在客观上支持了北伐的进行。孝宗即位后就马上起用史浩，并把领导抗战的重任寄托在他和张浚身上。在他的建议下，孝宗起用了积极主张抗战的陆游等人，并下诏雪岳飞之冤，逐秦桧党人，使朝廷上下投降求和的空气为之一变。孝宗后来又采纳史浩的策略，任命布衣李信甫为兵部员外郎，“赍蜡书间道往中原，招豪杰之据有州郡者，许以封王世袭”③，以便在今后的抗金战争中尽可能地获得北方人民的支持。这便营造了一个良好的主战氛围，并为北伐创造了有利的条件。之后，张浚“措置万弩营及他所建请”，史浩“应之如响”，当被问及为何支持张浚时，史浩说：“事力未备，故止其进兵，若边防捍御安可不从。”而当史浩辞位后，张浚的奏请便“多不以时报”，令“浚亦悔之”④。

隆兴北伐期间，时为尚书户部郎中的洪适，更是在战争中直接起到积极的作用。“海州解围，符离用兵，馈饷繁多，适究心调度，供亿无阙，迁司农少卿。”在隆兴和议期间，金人再犯淮，“羽檄沓至，（洪适）书诏填委，咨访酬答，率称上旨，自此有大用意”⑤。由于洪适出色的办事能力，乾道元年“上谕参政钱端礼、虞允文曰：‘三省事与洪适商量。’东西府始同班奏事”。⑥

乾道年间，在左相虞允文筹划再举北伐的过程中，右相梁克家也为整顿军备积极出谋划策。乾道七年六月，“宰执进呈刘源点检到湖南弓手土

① 《宋宰辅编年录校补》卷17，隆兴元年。
② 《宋史》卷388《胡沂传》。
③ 《宋史》卷33《孝宗本纪一》。
④ 《宋宰辅编年录校补》卷17，隆兴元年。
⑤ 《宋史》卷373《洪适传》。
⑥ 《宋宰辅编年录校补》卷17，乾道元年。

兵，上览其数曰：‘他日亦足以助大军声势，其怯小老弱者令州郡招人抵换。’虞允文奏曰：‘湖南有可招之人，乞限以季一。’梁克家奏曰：‘须令各路依将兵例，分番教阅既得事艺精熟，他日调发亦不骇也。’上曰：‘甚好’”①。

再次，由于主守派主张自治、备战以后图恢复，因此，他们对整顿军事、加强战备和防御作出了积极的努力。

史浩是加强战备和守御的积极支持者，“尝陈今日御戎之计。谓藩篱不可不固，扃镉不可不严。藩篱固则内之政事可修，扃镉严则外之奸细难入，先为守备是乃良规。若夫议战与议和则亦在彼不在此，彼战则战，彼和则和，和不忘战姑为雪耻之后图，战不忘和乃欲缓师而自治，此度今年之事力，故立一时之权宜，既匪成谋，未为定论，第当坚壁力御，攻冲谨俟乘机以图恢复，倘听浅谋之士时兴不教之师，寇去则论赏以徼功，寇至则敛兵而遁迹，使彼无辜之赤子皆为横死之游魂，取快一朝，含怨万世，谓之恢复，岂不痛伤。……须励志于名实，赏罚责成于将相公卿，假以岁时，复其境土，锋乘破竹，势顺建瓴，是为吊民伐罪之师，不作鼠窃狗偷之态，此陛下之素志”②。

梁克家“风度峻整”，为人中立务实，“在政府与虞允文可否相济，不苟同”。乾道七年“初修金好，金索所获俘，启衅未已”，于是“克家请筑楚州城，环舟师于外，边赖以安”③。此外，他还十分关注各地募兵中存在的一些问题，出谋划策，同虞允文进行了积极的商讨。④ 曾怀“入柄政机”，对整备军事亦作出了一定的成绩：“镇抚夷夏，钱谷之问不至而国日以富，俎豆之事尝闻而兵日益强，一元之气既调，万物之宜自遂，可谓千载一时之遇也。”⑤

周必大在孝宗朝一直身兼朝廷军政要职，在军队建设上投入了很大的精力。他重视选将练兵，对国家军队任将中存在的一些弊端进行了分析，并提出了解决的方案。“孝宗乾道六年，周必大上言曰：‘臣伏见陛下选将

① 《宋会要辑稿》兵3之28。
② 《历代名臣奏议》卷234《史浩奏议》。
③ 《宋史》卷384《梁克家传》。
④ 《皇宋中兴两朝圣政》卷50，乾道七年九月壬申。
⑤ 《应斋杂著》卷3《上曾参政小简》。

练兵，大修边备，深谋远略，固非外庭所能窥测，然臣私忧过计，以谓诸路帅臣有其名而无其实，将副有其官而非其人，万一用师于外，而寇攘乘间掣肘于内，安得不为之虑也哉。愿诏三省枢密院，稽考诸路帅府，除本州禁军外，安抚司实有兵马几何？随其闲剧远近，立为定数。已足者令精加训练，不足者令疾速招填，既只在本路驻泊，计亦不难办集，仍于见今副总管钤辖路分都监中，选有勇略经行阵之人就兼统制，戎容既壮，奸谋自折。至于择帅加详谕以久任，其在今日尤为急务，如此则稍有帅臣之实矣。昔神宗皇帝初置将副，其选甚重，比年小使臣不经边任者，往往得之，军情兵法懵然不晓，但知谄辞媚色以奉守帅，勇夫壮士专充工匠杂役之用，本路一有调发，岂徒无益。愿遵旧制，参以宏模，详于择人，革此积弊。如此则稍复将副之旧矣。二者一定，它日朝廷专意外御，必无掣肘之患。'"[①] 对于士兵的招募、选练，周必大亦针对时弊，提出改良的建议。孝宗淳熙二年，时为敷文阁待制的周必大就提出："安边辟国固在乎兵，然兵贵乎精而不贵乎多，今虽日下招填之令，而诸军未尝以为足也。"为兵部侍郎时，周必大又就招募新军导致战斗力下降的问题上言道："臣仰惟陛下选将练兵，十四年于兹，军政日修，固非愚臣所当妄议。然千虑所及则不敢默，臣旧闻鄂州一军最号精锐有纪律者，今夏统制解彦详、统领梁嘉谋、张兴嗣将三千人收捕茶寇，其间一胜一负所不能免，但闻师行无法，至有十百为群逃窜而归者。臣尝博询其故，皆谓近岁多拣汰旧人，招收新军，旧人曾历行阵备谙李法，新军往往是游手及有过犯之人，尺籍伍符彼岂能知。前此新旧相参，尚犹可用，今旧人日少遂致如此。李川不欲明言其事，只劾彦详等调发乖谬，致军兵亡没者一百一十四人。"[②]

周必大还就定立长远军事规模，对将帅实行破格奖励制度等问题上言："臣闻怀远图者不可要近效，立大功者不可守常格，窃见陛下自临御以来，宸心之所经度，谋臣之所计虑，常以两淮为急，然岁月浸久，欲固垒则垒未固，欲屯田则田未辟，版曹有馈边之费，边民无定居之心。其故非他，特在于要近效守常格太过耳。"[③]

---

① 《历代名臣奏议》卷239《周必大奏议》。
② 《历代名臣奏议》卷223《周必大奏议》。
③ 《历代名臣奏议》卷239《周必大奏议》。

淳熙后期，在周必大等人的协赞下，孝宗订立枪手及射铁帘格，即通过奖励士兵精习骑射之技，以使“射铁帘诸军鼓跃奋励”、“作成士气”。周必大称赞道：“兵久不用，自然气惰，今陛下以此法激劝，自然戮力事艺，人人皆胜兵矣。”① 这对于提高军队的战斗力无疑是大有裨益的。

主守派宰相虽然对整顿军政作出了积极的努力，却反对立即进行北伐，尤其在隆兴北伐前造成动摇人心和斗志的后果。此后，随着主守派声势的壮大，再举北伐的试图也深受其影响而最终落空。在隆兴议和中，主守派宰相与主和派宰相联合，与金达成了妥协，订立了“隆兴和议”，奠定了孝宗朝的基本政治格局。由于主守派宰相的大力倡导，主守派势力日益壮大，主守思潮成为影响孝宗朝中后期政坛的主导思想。在这种思潮的影响下，孝宗放弃了亲自实现恢复的志向，政治重心由对外转向了内政建设。

隆兴北伐前，史浩充当了反对北伐的主力军。张浚力主恢复，“浩与之异议”。“及浩参知政事，浚所规画，浩必沮之。”张浚“奏请上临幸建康，以动中原之心；用师淮堧，进舟山东，以为吴璘声援。”史浩反对，且谓：“傥听浅谋之士，兴不教之师，寇去则论赏以邀功，寇至则敛兵而遁迹，谓之恢复得乎?”大将李显忠、邵宏渊奏乞引兵北伐，史浩劾奏道：“二将辄乞战，岂督府命令有不行耶?”张浚入觐，请求即日降诏临幸建康，史浩陈三说加以反对，两人在殿堂之上又进行了激烈的争论，“诘难于天子，凡五日”，史浩还苦口婆心地劝阻张浚：“明公以大仇未复，决意用兵，此实忠义之心，然不观时审势而遽为之，是徒慕复仇之名耳。诚欲建立功业，宜假以数年，先为不可胜以待敌之可胜，乃上计也。……明公能先立规模，使后人借是有成，则亦明公之功也，何必身为之?”张浚坚主北伐，且见“浩意不可回”，于是“浚因内引奏”②，说服孝宗，“于是不由三省、枢密院而命将出师矣。其年五月，师渡淮”。史浩“遂力请罢归”③，以此相抗争。在史浩的倡导下，连积极主战的江淮宣抚使参赞军事陈俊卿、唐文若等人也受到影响，认为“不若养威视衅，俟万全而后

---

① 《皇宋中兴两朝圣政》卷 63，淳熙十三年二月乙卯。

② 《宋史》卷 396《史浩传》。

③ 《四朝闻见录》丙集《张史和战异议》。

动”①。左相陈康伯也“牵于同列”②，不同意立刻进行北伐。参知政事周葵更是“不以亟战为然”、“始终收自治之诚”③。吏部尚书、龙图阁学士致仕的韩元吉也认为“至于决战，夫岂易言。今旧兵惫而未苏，新兵弱而未练，所恃者一二大将；……故愚愿朝廷以和为疑之之策，以守为自强之计，以战为后日之图”④。这些人的主张虽未被采纳，却动摇了人们对北伐的信心。当符离一战失利时，便使“天子哀痛，下诏罪己”⑤。可见主守派的影响是不容忽略的。

另外，早在隆兴北伐前，史浩建议主动从陕西新复州郡撤军，即放弃西部业已取得的战略优势，收缩兵力，退保四川，“朝臣有言西事者，谓官军进讨，东不可过宝鸡，北不可过德顺，且欲用忠义人守新复州郡，官军退守蜀口。允文争之不得，吴璘遂归河池，盖用参知政事史浩议，欲尽弃陕西，台谏袁季、任古附和其说”。对此，虞允文坚决反对，“前后凡十五疏，且移书陈康伯，康伯牵于同列，不能回也”。当孝宗要召虞允文问陕西军事时，“执政忌其来，以显谟阁直学士知夔州”，可见史浩在其中所起的抵制作用。隆兴元年“史浩既素主弃地，及拜相，亟行之，且亲为诏，有曰：‘弃鸡肋之无多，免狼心之未已’”。在史浩的主持下，西线回撤，主战派的辛勤努力付诸东流。其后，虞允文“陈其利害。上曰：‘此史浩误朕’”⑥。可见，主守派宰相对军事的消极影响之重大。

符离师溃后，主守派势力逐渐发展、壮大。主守派的观点、主张已上升为国家政策、决策制定的依据，成为国家的主导性观点。主守派又与主和派妥协、联合掌握了国家的权力中枢，为力促和议，出一臂之力。这一时期的代表人物是由主战派转化为主守派的陈康伯。正如《宋史全文续资治通鉴》卷24，隆兴二年尾引《中兴龟鉴》评道：“向者（绍兴三十一年之和议交涉）康伯犹不主和议，今则康伯亦附会而言和矣。”“康伯持陛下

---

① 《齐东野语》卷2《符离之师》。
② 《宋史》卷383《虞允文传》。
③ 《四朝名臣言行别录》卷10《周葵·简惠公》。
④ 《齐东野语》卷2《符离之师》。
⑤ 《四朝闻见录》丙集《张史和战异议》。
⑥ 《宋史》卷383《虞允文传》。

以和。”① 战后，在是否和议的争论中，出于恢复和平的考虑，主守派与主战派达成了在“和”的问题上一致的意见，形成了联合阵线。这表现在权力中枢的人员组成上，左相陈康伯、右相汤思退、参知政事周葵、同知枢密院事洪遵。其中陈康伯、周葵、洪遵均为主守派，而汤思退是主和派的代表人物。这个以主守派为主体的“守”、“和”两派联合组成的权力中枢，其政策取向就十分明显了。他们力抵主战派，谋求和议。正如他们在奏疏中所说：

窃见符离之师，将士失律，渡江以来所造器甲，委弃殆尽战马十丧七八，士卒死亡莫知其数。而诸路州县，招军买马，打造器甲，收买军需，转卖官告、度牒，科敛骚然，兵疲民困。而又自去年以来，急风暴雨，发作无时，飞蝗虫之时也。臣等非不知国仇未复，义不戴天。而虏为夷狄，犹曰厌兵。……我不量力，而于之战，未论胜负，先失民心矣。民心所在，即天意也，事不可忽。……虏意欲和，天将以是赞我，使军民少休息，因得为自治之计，以待中原之变而图之，是完全之计也。使虏势诚弱，我势渐强，何求不得。而台谏官议论纷然，力诋臣等，以谓专欲求和，以苟目前之安。于是，侍从之间，以至百执事之臣，交章来上，谓今日之事，只当用兵，不当言和，是皆不量事力，争欲交兵。政以利害不切于己，放为大言，逮其误国，则将去之南山之南，北山之北，惟幸和议或变，乃皆轩然而来，争言我曾论此，以邀高爵美名，曾不思社稷之重，岂同戏剧，而生民肝脑涂地，谁与任其责哉？陛下今日议和，岂遽忘国仇之未复在哉？政欲使军民各就休息，一旦中原有变，起而乘之，虽复旧疆，雪大耻，何有不可？然后知今日之和，乃所以为他日之恢复也。②

在主守派与主和派联合势力的影响下，孝宗放弃再战的打算，决意讲和。然而后来在主战派的强烈要求下，孝宗又重新起用张浚，以求再战。此时，陈康伯已辞相，汤思退、尹穑等主和派积极进行倒张活动，而以洪适为首的主守派亦出了一臂之力。洪适“自淮东总领召归，附思退意，言

① 《宋史》卷395《王质传》。
② 《中兴两朝编年纲目》卷14，隆兴元年十一月《诏议讲和》。

浚边备如儿戏”①。在为张浚罢相而草的制词中有“棘门如儿戏耳，庸谨秋防”② 之语。周葵、洪遵上奏称：“今日之举（对金再战），当量度国力。”③ 因此为相不久，张浚便被罢相离朝，再战的计划被取消。可见两派联合势力的存在是张浚再相昙花一现的最主要原因。

乾道年间，主守派势力空前壮大，以自治、备战来后图恢复的思想弥漫朝野，成为一种强大的政治思潮。在“今日之和所以成他日之恢复”的观点影响下，一批新的主守派势力应运而生，他们大力主张将现阶段国家政策转向重视内政上来，这种观点逐渐深入人心，并获得时人的赞誉，正如稍后的史家吕中所述：

故当时端人正士，如张栻、黄中、刘珙、朱熹、吕祖谦，最为持大义者也。而乾道五年，张栻入对，则谓：“欲复中原之地，必先收中原百姓之心，欲得中原百姓之心，必先固吾境内百姓之心。”六年，黄中入对，则谓：“言和者忘不共戴天之仇，固非久安之计。言战者复为无顾忌之大言，无必胜之术。”内修政理，外观时变而已积极。张栻再入对，亦谓：“虏中之事，臣虽不知，而境内之事，知之详矣。比年诸道，岁饥民贫，国家兵弱财匮，正使彼实可图，臣惧我之未足以图彼也。”七年刘珙手疏则谓：“吾之所以自治者，大抵阔略，而乃外招归正之人，内移禁卫之卒，手足先露。吾恐恢复之功，未易可图，而意外立至之忧，将有不可胜言者。”吕祖谦轮对，则谓：“恢复大事也，规模当定，方略当审，始终本末当具，举缓急难易，当预议。”而朱熹戊申对事亦曰：“此事之失，已在隆兴之初，不合遽然罢兵讲和，遂使宴安酖毒之害，日滋月长，坐薪尝胆之志，日远月忘。区区东南事，犹有不胜虑者，何恢复之可图乎?”④

与此同时，主战派势力经过一番分化，已经势单力薄，虽有锐意恢复的孝宗的大力支持，却依然显得底气不足，后劲不够，已很难发起一场大

① 《中兴两朝编年纲目》卷14，隆兴二年四月《张浚罢》。

② 《盘洲文集》卷11《除张浚少师保信军节度使判福州依前魏国公加食邑实封制》。

③ 《宋史全文续资治通鉴》卷24，隆兴二年二月癸亥。

④ 《宋史全文续资治通鉴》卷26，淳熙三年四月。

规模的恢复战争。乾道年间，虞允文再图恢复，而首先受到的阻力便是来自已经由主战派转化为主守派的陈俊卿的反对。虞允文主张遣泛使赴金要求归还河南陵寝地，并以此为借口发动正义之师。左相陈俊卿表示反对，“然于大事欲计其万全，俟一二年间，吾之事力稍充乃可，不敢迎合意指误国事”。于是“杜门请去”①。后来虞允文为左相，其北伐主张又遭到右相梁克家的阻挠。“允文主恢复，朝臣多迎合，克家密谏，数不合，力丐去，上曰：‘兵终不可用乎？’克家奏：‘用兵以财用为先，今用度不足，何以集事？’上改容曰：‘朕将思之。’诘朝，上面谕曰：‘朕终夜思卿言，至当，毋庸去。’”② 在强大的主守思潮影响下，主战派的行动亦趋于稳妥、保守。虞允文在四川经过一番军事准备后，一再推迟出兵时间，孝宗“屡趣师期”③，而虞允文均以“军需未备”为由拒不奉诏，并且上奏说：“机不可为，但令机至勿失耳，植根本，国富强，待时而动可也。安敢趣师期为乱阶乎？”④ 当虞允文去世后，孝宗考虑到财用困难，“于是用兵之意又寝”⑤。可见，孝宗受主守派影响，在财力不足、国力不强的情况下，不敢贸然出兵。因此，除隆兴北伐外，整个孝宗朝，再无一场收复战争，孝宗之志也终不得实现。

淳熙年间，朝野更是被主守思潮所弥漫。淳熙五年，主守派老臣史浩再入相，“急于进贤如初”，然而所荐之人，都是主守派官员，如“朱文公熹、吕公祖谦、张公栻、曾氏逢辈，皆荐召之”⑥。新老主守势力相结合，形成一种很有影响力的政治气候，使主战的氛围日趋淡化。正如孝宗于淳熙四年所感叹：“士大夫讳言恢复，不知其家有田百亩，内五十亩为人所强占，亦投牒理索否？”⑦ 在这种情况下，主战派势力日趋单薄，而且逐渐向主守派靠拢，除了言论上与主守派不同外，他们的整军备战等作为，亦是符合主守派的要求的。主战派在孝宗朝中、后期始终无甚实际行动与作

① 《宋史》卷 383《陈俊卿传》。
② 《宋史》卷 384《梁克家传》。
③ 《建炎以来朝野杂记》乙集卷 8《张、虞二丞相赐谥本末》。
④ 《诚斋集》卷 120《宋故左丞相节度使雍国公赠太师谥忠肃虞公神道碑》。
⑤ 《鹤林玉露》丙编卷 4《中兴讲和》。
⑥ 《四朝闻见录》丙集《史文惠荐士》。
⑦ 《建炎以来朝野杂记》乙集卷 3《孝宗论士大夫微有西晋风》。

为，这也正是被主守派势力包围而力不从心的表现。

淳熙初年，主守派大臣龚茂良以首参行相事，“臣僚奏对有及边备利害，必遭讥骂”[①]，而自赵雄罢相后，朝廷所用之相王淮、梁克家、周必大等皆以主和著称，“为太平宰相，与闻揖逊之盛”[②]。淳熙后期，北伐所需的经费也因恢复之志的淡化而被日削月损，“左藏封桩库者，孝宗所创也，其法，非奉亲、非军需不支。至淳熙末年，往往以犒军或造军器为名，拨入内库，或睿思殿，或御前库，或修内司，有司不敢执”[③]。难怪“蜀人杨甲对策，言恢复之志不坚者二事，其一谓妃嫔满前圣意几于惑溺，其一谓策士之始，其及兵者不过一言而已，是以谈兵革为讳，论兵革为迂也”，而孝宗却“览对不悦，置之度第五”[④]。

在以宰相为首的主守派士人的倡导下，主守思潮成为笼罩孝宗朝中后期政坛的主流思想，北伐成为泡影，恢复被搁置，国家的政治重心由对外转向对内治理。对此，元人刘一清遗憾地说：“高宗之朝，有恢复之臣而无恢复之君；孝宗之朝，有恢复之君而无恢复之臣。故其出师才少衄，满朝争论其非，屈己求和而不能遂。孝宗之志惜哉！”[⑤]

三、主和派宰相群体与孝宗朝的军事

形成于南宋早期的主和派势力发展到孝宗朝初期便已经告一段落。主和派势力在孝宗朝的存在虽然短暂，但对孝宗朝的政治产生了非常深刻的影响。主和派势力的活动主要集中于孝宗即位至乾道元年以前。以宰相汤思退为首的主和派在太上皇高宗的内在支持下，伙同王之望、钱端礼、尹穑等，对孝宗朝初期的宋金关系产生了重要影响。主和派宰相通过阻挠北伐、自毁边备等手段，力促和议之达成，以求苟安于半壁江山，从而放弃恢复中原的计划，对孝宗朝的军事产生了极为消极的影响。

汤思退是继秦桧之后最重要的主和派代表人物，他“起于微官，即登

① 《皇宋中兴两朝圣政》卷55，淳熙四年七月。
② 《鹤林玉露》甲编卷5《扆载》。
③ 《建炎以来朝野杂记》甲集卷17《左藏封桩库》。
④ 《皇宋中兴两朝圣政》卷54，淳熙二年三月。
⑤ 《钱塘遗事》卷2《孝宗恢复》。

秦氏之门”，靠结交秦桧父子而官运亨通。“思退之致身，皆桧父子恩也。始以掌文衡，曲意取其子孙，缘此汲引，以致政府。”① 在政府，汤思退谄事秦桧，如“秘书少监汤思退奏以（秦）桧存赵氏本末付史馆”② 等。因此，汤思退可算是秦桧的死党。然而，他凭借一己之聪明，使高宗认为他并非秦桧之党而继续得到重用，执行降金方针。朱熹说：“汤思退事桧最久，其无状皆亲学得，故所为如此之乖。”③ 汤思退无疑是秦桧投降路线的衣钵传人。

完颜亮南侵之役发动前，宰相汤思退就竭力抵制抗战。当金将南侵的消息频频传到宋廷，大臣屡屡提出备战的建议时，宰相汤思退等都不予理会，甚至斥责、贬降提出备战要求的大臣，“右相汤思退怒甚，至以语侵”④。当战争已经昭然若揭、迫在眉睫时，汤思退方在主战派大臣陈俊卿等人“观其所为，多效秦桧”、“宰相上不当天心，下不厌人望”的弹劾下，被罢相下台。这事实上成了金军进攻前，南宋在人事方面的一种战备。此后主和派便一度沉寂。

孝宗即位后，另一主和派大臣王之望大力支持西线撤军，阻抑主战派大臣，对军事起到了消极的作用。“时陈康伯秉政，方议罢德顺戍，虞允文为宣谕使，力争不从，上以手札命璘退师。（王）之望既代允文宣谕使，赞璘命诸将弃德顺，仓卒引退。敌乘其后，正兵三万，还者仅七千人，将校所存无几，连营恸哭，声震原野。上闻而悔之。”⑤ 当孝宗后悔不用虞允文之主张，而决意重用虞允文时，王之望极力加以阻挠，“参知政事王之望忌公，请少须政成召用未晚，上可之，而召公益急。既至见上，即除签书枢密院事，而之望未之知也，命下之望失色”⑥。

符离师溃后，主战派势力受到严重打击，“士大夫主和者，皆议浚之

---

① 《建炎以来系年要录》卷187，绍兴三十年十一月。
② 《宋史》卷473《秦桧传》。
③ 《朱子语类》卷132《中兴至今日人物下》。
④ 《宋史》卷383《黄中传》。
⑤ 《宋史》卷372《王之望传》。
⑥ 《诚斋集》卷120《宋故左丞相节度使雍国公赠太师谥忠肃虞公神道碑》。

非"[①]。孝宗亦下诏罪己，"乃议讲和"[②]。因此，一直沉默的主和派势力由于战争失败以及和议的需要而抬头，并回归了政权中枢。在隆兴和议前后，主和派为促成和议，极力打击主战派，阻挠再举北伐，破坏军事设施，对孝宗朝初期的军事及国家安全带来了很大的危害。

隆兴元年六月，当得到符离战败的报告后，孝宗就立即起复汤思退，"以观文殿大学士汤思退为醴泉观使，兼侍读"[③]，七月，又将其擢为右相兼枢密使，而以前被主战派劾罢的主和派官员沈介、叶谦亨、韩仲通、钟世明等均被起复。汤思退、王之望等主和派积极领导和参与了宋金为缔结新和约而进行的交涉。围绕和议问题，除南宋与金存在斗争之外，南宋朝廷内部各派亦存在着激烈的斗争。主和派利用主守派自治的言论，以期达到求和的目的，便与主守派联合，力赞和议，共同抵制主战派。

对于起用汤思退为宰相，许多主战派大臣表示强烈反对，参知政事辛次膺立即要求辞职，他说："臣与思退，理难同列。"孝宗说："有谓汤思退可用者。"辛次膺说："今日之事，恐非思退能辨。思退固不足道，窃恐误国家事。"[④] 然而孝宗宁愿辛次膺辞职，也要重用汤思退。王大宝、周操等都劝谏孝宗不要任用汤思退，但都"不报"。当兵部侍郎胡铨"抗疏谏沮和金"时，"汤思退怒甚，议贬铨"[⑤]。而主和派大臣钱端礼也响应汤思退，攻击主战派，"汤思退遂倡和议，端礼奏：'（主战派）有用兵之名，无用兵之实，贾怨生事，无益于国。'思退大喜，奏除户部侍郎"[⑥]。汤思退的同党王之望说："人主论兵与臣下不同，惟奉承天意而已。窃观天意，南北之形已成，未易相兼，我之不可绝淮而北，犹敌之不可越江而南也。移攻战之力以自守，自守既固，然后随机制变，择利而应之。"[⑦]

当和议受阻，孝宗不堪其辱，决意再战而起用张浚为相后，以左相汤

---

① 《宋史》卷361《张浚传》。

② 《续宋编年资治通鉴》卷8《宋孝宗一》，隆兴元年六月。

③ 《建炎以来朝野杂记》甲集卷20《癸未甲申和战本末》。

④ 《宋史》卷383《辛次膺传》。

⑤ 《宋人年谱丛刊》第八册，《简惠公年谱》第4996页，引周必大《碑记》参《通鉴纲目》。

⑥ 《宋史》卷385《钱端礼传》。

⑦ 《宋史》卷372《王之望传》。

思退为首的主和派便竭尽全力攻击以右相张浚为首的主战派，形成了水火不相容的局面。其间主和派的作为对孝宗朝初期军事造成了极大的破坏，使南宋在对外军事及外交上都处于被动的局面，从而为隆兴和议的达成作好了铺垫。

首先，主和派全力攻击以张浚为首的主战派，以将其排挤出权力中枢，从而继续推行求和路线。当时孝宗倾向于主战，“故思退虽为左仆射，而公（张浚）恩遇独隆，每奉事，上辄留公与语，又时诏栻入对，赐公御书得圣主贤臣颂”[①]。张浚除与孝宗进行一番军事筹划外，还推荐主战派大臣进占权力中枢，以形成主战的局面。面对主战派再度高涨的气势，已无陈康伯支持的汤思退首先要全力应对张浚等主战势力。汤思退试探孝宗：“和议不成，敌至，何以待之?”孝宗回答道：“朕已决幸建康。”汤思退等听后“失色，遂阴与其党谋为倾陷之计”[②]。主和派从以下三方面进行倒张行动：

其一，在劝谏孝宗无济于事的情况下，借太上皇来压制孝宗，“汤相计穷，请上以社稷大计奏禀上皇，而后从事”[③]。孝宗气愤地批示道：“金无礼如此，卿犹欲言和。今日敌势，非秦桧时比，卿议论秦桧不若。”对此，汤思退表面上“大骇”，上章求去，暗地里却加紧了“阴谋去浚”的活动。而对政治还有相当影响力的太上皇不可能不知此事，也不可能不在关键时刻对孝宗施加一定的压力。

其二，汤思退等大力动员钱端礼、王之望、韩仲通等主和派，从财力、物力等方面力陈对金战争的困难性，进而攻击主战派的北伐主张。汤思退“令之望、大渊驿疏兵少粮乏，楼橹、器械未备”，并且放出言论“委四万众以守泗州，非计”，这些言论使得孝宗“颇惑之”[④]。钱端礼也在“思退诡求去”时，“请对乞留，又奏：‘兵者凶器，愿以符离之溃为戒，早决国是，为社稷至计。’于是思退复留”。

其三，张浚奉命离京前往江淮视察军事状况后，主和派趁张浚不在朝中之良机，对张浚等主战派发动了更为猛烈的攻击。钱端礼“与户部尚书

① 《宋宰辅编年录校补》卷17，隆兴元年十二月。
② 《宋宰辅编年录校补》卷17，隆兴元年。
③ 《建炎以来朝野杂记》甲集卷20《癸未甲申和战本末》。
④ 《宋史》卷371《汤思退传》。

韩仲通同对，论经费，奏：‘所入有限，兵食日增，更有调发，不易支吾。’上云：‘须恢复中原，财赋自足。’仲通奏：‘恢复未可必，且经度目前所用。’端礼奏：‘仲通言是，乞采纳’”。当张浚受命巡边后，主和派便加紧撤销各种防御，“还戍兵，罢招纳。以端礼充淮东宣谕使，王之望使淮西”，钱端礼回朝入奏，诋毁张浚道：“两淮名曰备守，守未必备；名曰治兵，兵未必精。有用兵不胜，侥幸行险，轻躁出师，大丧师徒者，必胜之说果如此，皆误国明甚。”而“右正言尹穑亦劾浚”[①]。尹穑对于弹劾张浚最为尽力，他“专主其议，百计毁公（张浚）”，对张浚及其心腹冯方进行弹劾。论“（冯）方不当筑城费财，方遂罢”，又论张浚“所费国用不赀”，张浚“至淮西访问知状，奏留深，而穑指公为拒命跋扈”[②]。“穑专附大臣为鹰犬，如张浚忠诚为国，天下共知，穑不顾公议，妄肆诋诽；凡大臣不悦者皆逐之，相与表里，以成奸谋。”[③] 王之望“在隆兴时力主和议，与汤思退相表里，专以割地啖敌为得计，而极沮张浚恢复之谋……与（史）浩之主于持重俟衅者亦复迥异，故当时重为人所抨击”[④]。汤思退等还试图网罗其他官员支持主和派，壮大主和派的声势，共同排挤张浚。“时张浚督师江、淮，宰相多抑之，（李）浩引仁宗用韩琦、范仲淹诏章得象故事，乞戒谕令同心协济。兼权吏部郎官。浩雅为汤思退所厚，御史尹穑欲引之以共挤浚，因荐浩。及对，乃明示不同之意，二人皆不乐。”[⑤]

在对张浚进行了一系列的弹劾、攻击之后，汤思退等继续步步紧逼，对张浚进行最后且最关键的进攻，终于使张浚罢相落职，北伐也再次落空，而和议得以继续进行。汤思退等谋划首先奏请罢去指挥北伐的司令部——都督府，使张浚失去指挥军队的权力，然后再迫使其退位。“思退又相与谋，上眷公厚必未肯遽罢公，但先罢公都督，则公自当引去，穑奏论如思退计，而公自闻冯方罢，上奏乞罢督府，诏从公请，而公亦封章力求还政矣。穑连疏诋公愈力，左司谏陈良翰奏如公忠勤人望所属，不当使

① 《宋史》卷385《钱端礼传》。

② 《宋宰辅编年录校补》卷17，隆兴元年。

③ 《宋史》卷372《尹穑传》。

④ 《四库全书》集部四、别集类三《汉滨集》提要。

⑤ 《宋史》卷388《李浩传》。

去国。”① 而“正言尹穡附思退以撼督府”。主和派可谓是孤注一掷、不顾一切地对张浚进行权力的攻击，史家感叹道：“呜呼！蛮夷猾夏，以和得志，食肉者鄙，力主和议。万口和附，争言五利，曰国之福，何惜土地，甘心事仇，不耻称谓，附和者用，沮和者弃，和犹未成，边已撤备，既弃唐、邓，又弃海、泗。淮北生灵，几无噍类，国既日蹙，兵亦寻至。公之勋德、公之忠义、公之人望，群嘲众詈，公欲恢复，指为生事，公欲御戎，靳为儿戏，公欲养兵，诋为妄费，公欲进贤，目为朋比，公得人心，云有异意，巧言如簧，吁其可畏，天眷虽隆，不容在位。”② 孝宗被主和派的言论所迷惑，而开始倾向于支持主和派。当陈良翰奏论“思退奸邪误国，宜早罢黜，张浚精忠老谋，不宜以小人言摇之”时，孝宗竟说：“思退前议固失，然朕爱其警敏。”陈良翰遗憾地说：“宰相纵无全才，宁取朴实，缓急犹可倚赖。思退庸狡，小黠大痴，将误国，且‘警敏’二字，恐非明主卜相之法。”其后，陈良翰被尹穡论罢言职。③ 于是都督府被撤，主战派失去了北伐、主战的阵地，继续北伐的计划如昙花一现般宣告破灭，“自此议论归一矣”④。主和派重新独掌了决策大权。

终于不堪主和派的疯狂攻击，张浚在罢去都督之职后，力请辞相、罢政，“致政之章已八上矣”⑤。不久，张浚被罢相，随后病殁。张浚的下台与病逝，使主战派势力失去了最有影响力和号召力的领袖人物，从而无法再与“守”、“和”两派联合势力相对抗，“时廷臣多言应与之议和”⑥，和议成为大势所趋，并得以继续进行。“浚去位，汤思退用事，遂罢兵讲和。”⑦

其次，在与金的继续谈判中，孝宗的态度不时发生动摇，为使和议进行下去，汤思退等主和派不惜以破坏边备、自毁长城的卑劣手段，“谕敌

① 《宋宰辅编年录校补》卷17，隆兴二年。
② 《南宋文范》卷63《重祭张魏公文》。
③ 《宋史》卷387《陈良翰传》。
④ 《宋史》卷385《钱端礼传》。
⑤ 《宋宰辅编年录校补》卷17，隆兴二年。
⑥ 《中兴两朝编年纲目》卷14，隆兴元年十一月《诏议讲和》。
⑦ 《宋史》卷429《张栻传》。

以重兵胁和"[①]。其投降卖国的行径与秦桧如出一辙、一脉相承，对孝宗朝初期的军事造成了极大的破坏。符离师溃后，宰相汤思退等以极为消极的态度对待军事设防事宜，王大宝非常担忧地说："今国事莫大于恢复，莫雠于金敌，莫难于攻守，莫审于用人。宰相以财计乏，军储虚，符离师溃，名额不除，意在核军籍，减月给。臣恐不惟边鄙之忧，而患起萧墙矣。"[②] 孝宗命张浚按视江淮，刚出国门，"思退遂与右正言尹穑通谋，日夜汲汲，益求所以间公者，及之望等还，思退等因相与阴谋，谓不毁守备则公不可去，和不可成，乃令其党盛毁守备，一无可恃"[③]。由于主和派对军事的过度破坏，金人敢于长驱直下，进攻南宋，魏胜战死。而当"金人乘间纵兵入淮甸，中外大震"时，"庙堂犹主和议，至敕诸将无得辄称兵"[④]。汤思退的倒行逆施给国家带来了极大的危害，朝野爱国人士纷纷愤怒谴责，"思退始终与张浚不合，浚以雪耻复仇为志，思退每借保境息民为口实，更胜迭负，思退之计迄行，然终以不免。敌既得海、泗、唐、邓，又索商、秦，皆思退力也"[⑤]。值此时刻，主和派势力便纷纷作鸟兽散，互相出卖以求自保。然而他们所揭露的情况就更能说明主和派对军事破坏之严重。"右谏议大夫尹穑、侍御史晁公武言：'比因敌人聚兵境，上首除汤思退都督，而思退作计迁延，屡行屡止，及诏旨促发，度不能辞，力于奏对之际佯为战灼畏惧之状，以幸终免。陛下知其不能任事，怜而从之，许其解职。思退不得已即乞罢政。陛下未忍诛窜，且除职奉祠云云。又言思退急欲和好之成，自坏边备，罢筑寿春城，散万弩营兵，辍修海舡，毁拆水柜，不推军功赏典，及撤海、泗、唐、邓之戍，又于制词中明言我守边如儿戏，使敌人知之。既报，敌兵渡淮，思退领都督之职专为全躯保妻子之计，巧求自便。其奸狡大率效法秦桧。既独领三省，又置机速兵籍两房，尽夺枢密院事，合四职为一，与猾胥老吏辈共为之，内不使官属参预，外不使台谏知闻，是致嘲谤溢于市廛，笑侮流于军伍。'"鉴于汤思退投降、卖国的行径给国家军事和安全带来了严重的危害，隆兴二年十

---

① 《宋史》卷371《汤思退传》。
② 《宋史》卷386《王大宝传》。
③ 《宋宰辅编年录校补》卷17，隆兴二年。
④ 《宋史》卷429《张栻传》。
⑤ 《宋史》卷371《汤思退传》。

一月，汤思退“落职、镌爵永州居住”，并于是月身故。[①] 主守派大臣周葵、陈康伯等处理金人南侵及其善后事宜。

汤思退之死意味着主和派失去了继秦桧之后最有实力的一位代表人物。然而他所建立的求和局面却继续发挥着作用。在他死后不久，“隆兴和议”便正式订立，从而奠定了孝宗朝其后的政治格局。此后，主和派势力日趋衰微而隐没，“（秦桧死后）其党祖述余说，力持和议，以窃据相位者尚数人，至孝宗始荡涤无余”[②]。由于主和派势力的隐没和主战派势力的衰微，主守派力量得以不断充实和壮大，成为影响乾道、淳熙年间政坛的主导力量，也是缔造乾、淳之治的主要因素。

主和派对军事的影响从整体上来看是消极的，他们对主战派的攻击和对军事的破坏，是不得人心的。大臣论劾尹穑：“时方以和为急，擢穑为谏议大夫。敌势浸张，远近震动，都督、同都督相继辞行。上书者攻和议之失，且言：‘穑专附大臣为鹰犬，如张浚忠诚为国，天下共知，穑不顾公议，妄肆诋诽；凡大臣不悦者皆逐之，相与表里，以成奸谋，皆可斩。’”[③] 由于主和派对军事的干预和破坏，孝宗朝的恢复大业终不得实现。张栻在张浚死后总结出北伐失败的原因：“吾与金人有不共戴天之仇，异时朝廷虽尝兴缟素之师，然旋遣玉帛之使，是以讲和之念未忘于胸中，而至忱恻怛之心无以感格于天人之际，此所以事屡败而功不成也。今虽重为群邪所误，以蹙国而召寇，然亦安知非天欲以是开圣心哉。谓宜深察此理，使吾胸中了然无纤芥之惑，然后明诏中外，公行赏罚，以快军民之愤，则人心悦，士气充，而敌不难却矣。继今以往，益坚此志，誓不言和，专务自强，虽折不挠，使此心纯一，贯彻上下，则迟以岁月，亦何功之不济哉？”[④]

然而主和派大臣在军事上并非一无是处，诚如四库馆臣所言：“张浚狠愎迂疏，但急于立功以固位，实非可倚以恢复之人。一败于富平而丧师三十万，再衄于淮西而叛逃者七万三，挫于符离而丧师又十三万，偾辕误国，其验昭然。讲学家以张栻之故，回护其父，殊未免颠倒是非。（王）

---

① 《宋宰辅编年录校补》卷 17，隆兴二年。

② 《宋史》卷 473《秦桧传》。

③ 《宋史》卷 372《尹穑传》。

④ 《宋史》卷 429《张栻传》。

之望之沮浚不可不谓之知人。至其论和气之策，以为南北之形已成，未易相兼，惟当移功战之力，以自守，然后随机制变，又以为金人制胜之谋，举无遗策，加以器械之利，形势之便，虽汉唐全盛之时犹未能轻此敌，而况于今日。其斟酌时势以立言，与史浩意颇相近，亦不可谓之不知时务。特其朋比小人，附和权幸，与浩之出于老成忠荩者不同，又汤思退所主者乃六国赂秦之计，与浩之主于持重俟衅者亦复迥异，故当时重为人所抨击。”① 然而小善不足以掩大污，主和派对孝宗朝军事、政治带来的消极影响是深刻的，长期以来为广大爱国士庶所唾弃。

第三节　孝宗朝宰相对宋金外交的影响

一、孝宗朝宰相对外交礼仪的影响

宋金“绍兴和议”的签订，规定了金与宋外交上的君臣关系，这标志着两国外交“受书礼”的不平等。完颜亮南侵的战争打破了两国的盟约，也改变了两国以往的外交关系。金军战败而退，使宋金间的外交态势有了向着新的方向发展的趋势。而隆兴北伐的失败，又使宋金外交关系的发展出现了转机。孝宗即位之时，正是宋金外交关系跌宕起伏、发展变化最为关键的时期。孝宗一生孜孜以求的是改变南宋对金屈辱、软弱的地位，因此，孝宗君臣在试图以北伐实现恢复的同时，在外交上也与金朝进行了积极的斗争。而孝宗朝宰相在宋金外交中发挥了非常重要的影响与作用。

与对军事的态度相一致，孝宗朝宰相群体在对金外交的态度上，亦分为主战派、主守派与主和派。三派由于对金态度、主张的不同，在宋金外交斗争中采取了不同的政策，起到了不同的作用，从而极大地影响了孝宗朝外交的发展走向。孝宗朝对金外交斗争，主要集中在宋金交聘礼、受书仪与两次战后和议的谈判问题上。

---

① 《四库全书》集部四、别集类三《汉滨集》提要。

（一）主战派宰相对外交礼仪的影响

“受书礼”是指宋金两国接受外交“国书”的礼仪。北宋与金为对等之国，外交文书皆称“国书”，双方接受国书的礼仪依照宋辽外交制度而行，即契丹使臣在宋朝舍人的引领下，自外捧书匣进入殿前，不升阶，跪于殿下向宋朝皇帝进书匣，宋朝皇帝则坐于御座，不起立，不降榻，由接书匣合门使跪接契丹国书书匣，然后“捧书匣升殿，当御前进呈讫，授内侍都知”，内侍都知开启书匣取出契丹国书，“以授宰臣”，再由宰臣宣读国书。[①] 关于金朝皇帝接受宋朝国书的仪式，据《金史》卷31、《礼志四》、《大金集礼》与《三朝北盟会编》等书的记载，基本上与宋朝皇帝接受金朝国书的礼仪相一致。天会三年（1125年），金太宗发动攻宋战争以后，双方不再互为对等之国，平等接受“国书”的礼仪开始遭到破坏。绍兴十一年（1141年），宋金绍兴和议使宋朝降为臣下之国，宋给金的文书不再称为“国书”，只能称奉“表”，而金给宋的文书则称为君主对臣下的“诏书”，因而决定了宋金两国受书礼的不平等。受书礼改为金使捧书进入殿前，再升殿，北面立于宋朝皇帝榻前，跪进“诏书”书匣，宋朝皇帝则要从座榻上站起来，降榻，亲自接受金朝的“诏书”，然后交给内侍都知。内侍都知开启书匣，取出国书，再交给宰相宣读。这实际上是由宋朝皇帝代行原来接书匣合门使之职，宋朝皇帝的地位大大降低。而金朝皇帝接受宋朝奉“表”的礼仪则不改变。

宋高宗在秦桧的支持下心甘情愿地接受不平等的受书礼，金朝使臣便更加肆无忌惮，在外交礼仪上愈发傲慢无礼，以致“金国使持盟书，要玉辂以载，百官朝服迎于丽正”。而玉辂乃宋朝“非祀天不用”之物。金使已不满足于宋朝皇帝“降榻”受书，而“至庭，必欲上兴躬下殿受书”[②]，足见金朝在外交上对宋朝的压制和蔑视。对此，高宗尚以“向日讲和，本为梓宫太后故”为借口，而“虽屈己卑词有所不惮”。完颜亮毁盟南侵，既而战败撤退。起初，颇受鼓舞的高宗马上便想到对金的名分与外交礼仪的问题，“今金兴无名之师，侵我淮甸，两国之盟已绝。今使者来则名称以何为正，疆土以何为准？与夫朝见之仪、岁币之数，所宜先定，不然则

---

① 《宋史》卷119《礼志二十二》。

② 《四朝闻见录》丙集《秦桧待金使》。

不敢受也”。然而当开始议和时，他就又回到了以前对金“卑屈”的奴性。他对宰执说：“朕料此事终归于和，卿等欲首议名分，而土地次之，盖卿等事朕，不得不如此言……至如以小事大，朕所不耻。”①

孝宗即位以后，力图从根本上改变对金的屈辱地位，隆兴元年发动北伐，符离师溃，不得已与金议和，金也由于国内不稳、人心厌战，而在卢仲贤出使时，答应将金、宋关系改为对等的叔侄之国。然而，宋朝虽在名分上获得了与金对等的地位，但在实际的外交中依然保留了原来不平等的受书礼，宋朝在实际的外交上并未改变屈辱的地位，史载：“绍兴要盟之日，彼先约毋得擅易大臣，秦桧既挟以无恐，益思媚彼，务极其至，礼文之际多可议者，而受书之仪特甚。金主渝平，孝皇以奉亲之故，与雍继定和好，虽易称叔侄为与国，而此仪尚因循未改，上常悔之。”② 为此，孝宗朝君臣从隆兴到淳熙年间与金朝进行了长期不懈的外交斗争，成为宋与金斗争的第二条战线。

孝宗朝主战派宰相中陈康伯、陈俊卿、虞允文、赵雄等都积极地投入到改变南宋屈辱受书礼的外交活动中，推动了孝宗朝争取平等受书礼的外交斗争，使孝宗朝的外交呈现出积极进取的态势。

陈康伯一向主张对金采取强硬态度，据理力争，维护国家尊严。绍兴十三年，陈康伯出使金朝，而金方甚为怠慢，“至汴将晡，不供饷”，于是陈康伯“闭户卧勿问；入夜，馆人扣户谢不敏，亦不对”。其后金使至宋，陈康伯充金使馆伴，“端午赐扇帕”，陈康伯“论拜受礼”③，且“康伯以旧制却之，或谓康伯此细故，朝廷必不惜，康伯曰：‘今曲从，之后为例，不复可改，且辱命自我始，况所求或无厌，宁能尽从之乎？’宗永卒受赐，因自辨数曰：‘接伴慢我。’朝廷闻之，惧生事”，于是侍御史汪勃劾罢陈康伯，“出康伯知泉州”④。陈康伯因此得罪秦桧，“秩满，奉祠十年”⑤，秦桧死后，方得复起。绍兴三十二年，完颜亮侵宋受阻，金世宗完颜雍在国内政变称帝，派遣高忠建“来告登位”，并“议授书礼”。金方企图延用

① 《建炎以来系年要录》卷196，绍兴三十二年正月壬辰。
② 《桯史》卷4《乾道受书礼》。
③ 《宋史》卷384《陈康伯传》。
④ 《建炎以来系年要录》卷153，绍兴十五年五月丁卯。
⑤ 《榯溪居士集》卷6《赐陈康伯辞免兼修玉牒恩命不允诏》。

绍兴和议规定的受书礼，此时宰相陈康伯据理力争，“以谊折之”，“于是报书始用敌国礼”①。此举具有重要意义，使南宋在经历了长期的外交屈辱局面之后，第一次恢复了与金平等的外交关系。这不但提高了南宋的外交地位，维护了国家尊严，更坚定了孝宗恢复的志向和以后改变不平等受书礼的信念。乾道元年正月，陈康伯更是“以北使到阙”而“抗章引疾”、“乞辞位”，孝宗下诏劝慰道：“虽邻使在廷，何伤体貌?”② 一个月后，陈康伯便薨于位。由此乃见对金采取强硬对等的外交态度，是陈康伯始终不渝的志向。

陈俊卿也对孝宗朝的外交礼仪产生了重要影响。乾道二年，由于陈俊卿的据理力争，金使不得不改变了以往不平等的文书书写样式，维护了南宋的国家尊严。史载：“自渡江后，北使往来，皆传其国之御名、庙讳，而本朝止传帝名。又北使与馆客往来文牒，皆以花字代书名。隆兴再和，未之有改。乾道二年冬，陈应求（陈俊卿）初执政，会虏贺正旦之使者至，应求以故事押宴，使者致私觌，其状花书而不名，应求却之。掌仪惧，白应求恐生事，应求使语之曰：‘今日岂当用辛巳以前故事耶?’使者词屈，乃问应求爵里甚悉，而易状书名以遗，曰：‘特为陈公屈耳!’自是遂以为例。”③ 乾道三年，北使来贺会庆节上寿，而时值孝宗亲郊散斋，当时身为副枢密兼参政的陈俊卿坚决反对迎金使用乐，“预请令馆伴以礼谕之，而议者虑其生事，多请权用乐者。……上颇难之。陈公又奏：‘必不得已，则上寿之日设乐，而宣旨罢之，及宴使客然后复用，庶几事天之诚得以自尽，而所以礼使人者，亦不为薄，自当悦服矣。’上可其奏……诸公顾以为紫宸上寿，乃使客之礼，固执前议。陈公又不可，独奏言曰：‘……然窃谓更当先令馆伴以初议谕使人，再三不从，乃从今诏，则于礼为尽，而彼亦无词，不可遽鄙夷人，而遂自为失礼以徇之也。’蒋子礼（蒋芾）犹守前说，陈公争愈力。上顾陈公曰：‘可即谕阁门行之。’陈公退，复为奏曰：‘彼初未尝必欲用乐，我乃望风希意而自欲用之，彼必笑我以敌国之臣而亏事天之礼，他时轻侮何所不至，此又不可不留圣虑。’

---

① 《宋史》卷384《陈康伯传》。

② 《宋宰辅编年录校补》卷17，隆兴二年。

③ 《建炎以来朝野杂记》乙集卷12《陈应求正虏使书仪》。

上嘉纳之。”① 在陈俊卿的一再坚持下，金使入朝，若逢祭祀斋戒之日则不用乐，成为定制。“后三年，贺使当朝辞，复值散斋，上乃谕馆伴以决意去乐，及议所以处之者，如使人必以作乐为言，则移茶酒就驿管领，遂有更不用乐之诏。”② 陈俊卿为维护国家尊严作出了贡献。

然而随着时间的流逝，陈俊卿越来越受到主守派思潮的影响而逐渐趋于保守，并转化为主守派。这一转变亦反映到外交上。乾道五年，陈俊卿为相，孝宗欲派遣泛使至金要求更改受书礼并归还河南陵寝地，“上一日顾问，欲遣泛使直之，且移骑兵于建康，以示北向。会归正人侍旺未遣，彼屡以为言，正献恐召衅，执不可”，他主张“姑俟侍旺事少定，或冬间因贺正使遣王卞偕行，先与北馆伴议论，言朝廷将遣泛使之意，或令殿上口奏，彼若许遣，则有必从之理，若其不许，似不必更责以礼度，则臣愿陛下深谋远虑，磨厉以须忍其小而图其大，他时陈我师旅恢复故疆，名分自正，国势自强，在于今日诚未宜计虚名而受实害也”。孝宗采纳了他的建议，“上为少止”，但是“终以为病”，虞允文拜右相后积极支持孝宗遣使，“明年亟欲遂前事，且将先以陵寝为词，而使使者自及受书礼”，孝宗亲书御札询问陈俊卿：“朕痛念祖宗陵寝沦于外域四十余年，今欲特差泛使往彼祈请，依巫伋郑藻例施行，卿意以为何？”陈俊卿复奏道：“微臣素所激昂愤切，思以仰赞庙谟为国雪耻，恨不即日挂天山之旆，勒燕然之铭，然而性质顽滞于国家大事，每欲计其万全，不敢为尝试之举，是以前者留班面奏，亦以为使者当遣，但目前未可，恐泄吾事机，以实谍者之言，彼得谨为备。若镇之以静，迟一二年，彼不复疑，俟吾之财力稍充，士卒素饱，乃遣一介行李往请。所难往反之间又一二年，彼必怒而以师临我，然后徐起应之，以逸待劳，此古人所谓应兵其胜十可六七。”但是，孝宗决心已定，“上不听，正献遂去国”③。陈俊卿最终“以议遣使不合，罢为观文殿大学士、知福州”④。陈俊卿反对派遣泛使、挑起战争，并非不主张改变不平等的受书礼，而是希望做妥善准备，然后再一举实现恢复。陈俊卿的反对并未对外交带来太大的负面影响。

---

① 《建炎以来朝野杂记》乙集卷 4《北使宴见斋禁不用乐》。
② 《宋史》卷 130《乐志五》。
③ 《桯史》卷 4《乾道受书礼》。
④ 《宋史》卷 34《孝宗本纪二》。

虞允文在外交上的强硬态度将孝宗朝争取平等受书礼的斗争推向了一个高潮。早在完颜亮南侵之前，虞允文出使金朝时就留意金朝的军事情况，回朝后将金朝“运粮造舟者多”，以及完颜亮“我将看花洛阳”[①]的隐喻之言报告朝廷，请求做好防御准备。战争开始后，虞允文采石立奇功，扭转了宋金双方的优劣时局，使“彼气甚索”，而“首遣信使于我”，两国始“用钧敌之礼”，使宋朝“威令复振，朝廷以尊”[②]。可以说，虞允文不但对孝宗朝的军事，而且对孝宗朝的外交局面，都产生了深远的影响。

乾道元年，金遣完颜仲等使宋，孝宗想借机改变屈辱的受书礼，派人同金使商议，要求恢复由阁门使接受金朝国书的对等礼仪，完颜仲坚决不答应，仍要求孝宗降榻，亲接金朝国书。孝宗坚持不接。双方僵持不下。后以太上皇命令，由皇子邓王受书以进，但完颜仲仍不满意，“颇多慢言”，当时身为参政的虞允文“与之交论榻前，声色甚厉”[③]，孝宗大怒，欲扣留金使不遣，虞允文更是以金使“偃蹇不敬”而“请斩之”。后来“廷有异论”[④]，太上皇出面干预，才没有对金使进行惩处。同年，虞允文还革除了朝廷对金使的一些过于优厚的待遇，“旧例，宰执亲为虏使除馆，且以三衙卫士给役。乾道元年，虞并父执政，始革之”[⑤]。虞允文入相后，建议遣使金国，“将先以陵寝为词，而使使者自及受书礼”。此建议虽遭陈俊卿极力反对，而且“外议汹汹，官属皆惮行”，但孝宗与虞允文还是不为其所动摇。乾道六年，派遣范成大使金。范成大“至燕，乃夜蔽帷秉烛密草奏，具言他日北使至，欲令亲王受书，其辞云云，大昕而朝，遂怀以入，初跪进国书，随伏奏曰：‘两朝既为叔侄，而受书礼未称’……搢笏出而执之，金主大骇”，范成大要挟金人必以所请相从，金人坚决不许，几乎要杀死范成大。范成大虽终未能使金主接受请求，但以其许身为国的胆魄而不辱使命，“十月范还。彼之报章有曰：‘抑闻附请之辞，欲变受书

① 《宋史》卷383《虞允文传》。
② 《鹤山先生大全文集》卷60《跋虞公雍允文折虏使奏札》。
③ 《金史详校》卷6引《御侮录》。
④ 《宋史》卷383《虞允文传》。
⑤ 《建炎以来朝野杂记》乙集卷12《陈应求正虏使书仪》。

之礼，出于率易，要以必从'"①。为此，孝宗"甚嘉其不辱命。由是超擢，以至大用"②。在虞允文主持策划下的这一外交活动虽然"竟不获其要领"③，没有达到目的，却显示了宋朝不甘屈辱的进取志向，在一定程度上提高了宋朝的外交地位。同时，也推动了乾道时期争取平等受书礼活动的进程，使"受书乃隆兴以后盟书大节目"④。乾道七年，金遣金主之婿乌林答天锡等来贺会庆节，乌林答天锡"骄倨甚，固请上降榻问金主起居，上不许，天锡跪不起，侍臣错愕失措"，值此激烈冲突的时刻，"允文请大驾还禁中，且谕之曰：'大驾既兴，难再御殿，使人来旦随班上寿'"。天锡于是"惭而退"⑤。其后，"金使随班入见"，再无非分要求。⑥这次宋金外交中的较量大大抑制了金人的傲慢气焰，振兴了南宋的国威，因此具有重要影响，为后人所称扬，"陈文恭公康伯虽能折之以谊，然犹是馆伴掣其书乃得进呈，诚未有若乾道七年之最为得体者也"⑦。乾道九年，金遣完颜襄等来贺会庆节，在他们辞行时，孝宗"别函申议受书之礼"⑧，同时示意在四川的虞允文速为边备，为争取与金平等的地位做好军事上的准备。可以说，虞允文对孝宗朝的外交作出了最为突出的贡献。

继虞允文之后，对孝宗朝外交产生重要作用的主战派宰相当属赵雄。赵雄在对金国外交上表现出了积极进取的姿态，这与虞允文的态度一脉相承。乾道六年冬十月，金遣其兵部尚书耶律子敬来贺会庆节。赵雄趁充馆伴使之机，机敏地在闲聊中探赜到重要情报，"子敬披露事情不敢隐，逻者以闻，上夜召雄，雄具以子敬所言对，上喜"⑨，于是改变了"旧例，馆客者寒暄之外，劳问而已"的做法，"至温叔始探赜虏中事宜以奏"，令"上甚喜之"⑩。耶律子敬告辞回国，"故事当用乐"，而时值皇帝亲郊散

---

① 《桯史》卷4《乾道受书礼》。
② 《鹤林玉露》甲编卷1《范石湖使北》。
③ 《宋宰辅编年录校补》卷17，乾道六年。
④ 《桯史》卷4《乾道受书礼》。
⑤ 《宋史》卷383《虞允文传》。
⑥ 《宋史》卷34《孝宗本纪二》。
⑦ 《鹤山先生大全文集》卷60《跋虞公雍允文折虏使奏札》。
⑧ 《宋史》卷34《孝宗本纪二》。
⑨ 《宋史》卷396《赵雄传》。
⑩ 《建炎以来朝野杂记》乙集卷8《赵温叔探赜虏情》。

斋，忌用乐，朝廷正左右为难之时，赵雄“面奏决不可用乐”，并向皇帝提出一系列应付意外情况的方案。这使得孝宗倍感振奋，“上大喜”[①]、“上纳用焉”，“至是用赵公之议，始去乐，论者韪之”[②]，从而改变了过于迁就、迎合金使的做法，重振了国威，维护了国家的尊严。由于赵雄出色的外交表现，乾道六年，孝宗派遣他赴金贺金主生辰“万春节”。另外，由于“时金将起河南之役，议尽以诸陵梓宫归于我。上命雄出使贺生辰，仍止奉迁陵寝及正受书仪”，身兼三任，可见交付使命之重大。赵雄不辱使命，表现不凡，“雄既见金主，争辨数回。其臣屡喝起，雄辞益力，卒得请乃已，金人谓之‘龙斗’”。此次出使，虽未完全达到目的，更受书仪之事“金拒其请”[③]，但赵雄的胆略气势，足以震慑敌威而壮宋之声势。

主战派宰相中除上述四位对孝宗朝外交产生过重要影响外，叶颙、叶衡也参与了孝宗朝的外交活动。乾道三年，金使至宋，适逢亲郊散斋，枢密副使陈俊卿力主不用乐，而宰相叶颙与魏杞加以反对，“主用乐之议，以为乐奏于紫宸，乃使客之礼”[④]，但最终不为孝宗采纳。叶衡于淳熙二年向孝宗推荐“有口辨”[⑤] 的汤邦彦使金，以求河南地和更定受书礼。然而汤邦彦十分怯懦，不但对叶衡推荐自己出使金朝怀恨在心，将叶衡论罢，而且出使金朝后极辱国威，“邦彦至燕，国中拒不纳，既旬余，乃命引见，夹道皆控弦露刃之士，邦彦大怖，不能措一词而出”[⑥]，书匣“元封不开，国书复回”[⑦]。从此孝宗对实现平等受书礼彻底失望，而不再遣使请求更正受书礼，孝宗朝关于改变不平等受书礼的斗争最终结束。这两位主战派宰相由于主观或客观上的原因，对孝宗朝的外交带来了一定的不利影响，但其影响较为微弱。

总之，孝宗朝主战派宰相在外交方面积极进取，态度鲜明，表现较为激进，在孝宗朝争取平等外交礼仪的运动中起到了主导的推动作用，为孝

---

① 《宋史》卷396《赵雄传》。
② 《建炎以来朝野杂记》乙集卷4《北使宴见斋禁不用乐》。
③ 《宋史》卷396《赵雄传》。
④ 《宋史》卷130《乐志五》。
⑤ 《宋史》卷384《叶衡传》。
⑥ 《大金国志》卷17《世宗圣明皇帝中》。
⑦ 《贵耳集》卷上。

宗朝外交谱写了一幕幕波澜壮阔的史篇。

（二）主守派宰相对外交礼仪的影响

孝宗朝主守派宰相在争取平等受书礼的过程中亦起到了有益的作用。许多主守派宰相都参与了孝宗朝的外交活动，与主战派的表现相比，他们更力求稳健务实，主张在维护大局利益的前提下，稳妥地争取外交上的利益和平等地位。主守派宰相是孝宗朝外交中的主流力量。在众多主守派宰相中，魏杞在外交中的表现最为突出。隆兴北伐失败后，宋金谈判，朝廷屡派使臣出使而未能完成使命。隆兴二年，金兵压境，淮甸鼎沸，士大夫无可使者，魏杞奉命出使，行前孝宗以“正名”作为讲和的首要内容。魏杞至金，金人百般威吓，“敌势方张，事变叵测，所谓飞矢在上，行人在下，而公（魏杞）握节抗议，动中事机，气劲词直，要约遂定”[①]。而关于国书的文式，金人屡屡刁难，孝宗“重违太上圣意，而宰辅群臣前后屡请，已尽依初式，再换国书”，“不较礼文书辞屡易”[②]。然而在魏杞出使中，金朝的馆伴张恭愈以宋朝的国书称“大宋”，而表示不满，胁迫魏杞去掉“大”字，魏杞坚决“拒之，卒正敌国礼”[③]。魏杞由于其出色的外交风范，不但在和议中维护了宋朝的国家威严，而且尽可能地维护了国家的利益，史家称赞道：“魏杞奉使，知尊国体。”[④] 他为右相后，金使至宋，适逢亲郊散斋，他与左相叶颙共同反对陈俊卿不主用乐的主张，但不为孝宗采纳。

隆兴和议达成后，孝宗首命洪适为贺生辰使出使金朝，金遣同签书宣徽院事高副先接伴，此人言其父曾帮助洪适的父亲洪皓回国，于是两人回顾先辈往昔，“相与甚欢”，洪适“得其要领以归”[⑤]，缓和了宋金两国战后的关系。梁克家于乾道二年十二月使金，贺金主生辰。[⑥] 他主张对金采取温和的外交政策。乾道九年，朝廷商议金使朝见时的授书仪问题，“时欲移文对境以正其礼”，而梁克家以“议不合，遂求去”，陛辞之时犹“劝

---

① 《攻媿集》卷70《书魏丞相奉使事实》。

② 《宋会要辑稿》兵7之21。

③ 《宋史》卷385《魏杞传》。

④ 《宋史》卷385《论曰》。

⑤ 《文忠集》卷68《丞相洪文惠公适神道碑（平园续稿二十八）》。

⑥ 《宋史》卷33《孝宗本纪一》。

上无求奇功”，然而还是不为采纳，“既而三省密院卒移牒泗州，敌不从，遣泛使来，举朝震骇。后二年，汤邦彦坐使事贬，天下益服克家谋国之忠”①。可见，作为主守派宰相的梁克家是以平稳国内政局为外交取舍的出发点的。然而不久曾怀为相后，便支持孝宗与金商讨受书礼之事，在金使完颜襄等入辞时，“别函申议受书之礼，仍示虞允文速为边备”②。淳熙十二年，王淮与梁克家并相时，针对“岁赐虏使金银器皿，文思院造成，先令工部长贰临视，版曹继之，次赴都亭驿，中使点集，复齐诣宰执遍阅，然后进呈”的过于优越的礼遇，二相采纳工部侍郎李昌图“言不足以渎至尊”的建议，“于是止令赴都堂验视”③。淳熙十四年十月，王淮与周必大并相，当时太上皇去世，宋朝行国丧，而恰逢金国遣使来贺会庆节，于是王淮与周必大支持众大臣的主张，“如人使必欲朝见，乞用明道故事，小祥两日后于二十三日，只就德寿宫素幄引见，庶合典故”④，最后孝宗仅在德寿宫素幄引见金使，表现了宋朝的尊严。周必大亦积极参与孝宗朝的外交活动。孝宗即位不久，金人来索旧礼，孝宗命宰执、侍从、台谏集议，周必大与洪遵、金安节、唐文若等人共为一议，“其略谓：‘不宜直情径行，亦未可遽为之屈，谓宜遗金缯如前日之数，或许稍归侵地如海、泗之类，则彼亦可借口而来议矣’”⑤。其态度也比较温和而务实。淳熙末，京镗出使不辱使命，“为国家增气”。及其还，“故事，使还当增秩”，而右相周必大主张对其破例封赏，他说：“增秩常典尔，京镗奇节，今之毛遂也，惟陛下念之。”于是孝宗“乃命镗权工部侍郎”⑥，以示褒崇。

总之，主守派宰相在外交中有屈有伸，力求稳妥、务实，较趋保守，是孝宗朝外交中的主流思潮，这是导致孝宗朝争取平等受书礼运动最终不能实现的一个重要因素。

（三）主和派宰相对外交礼仪的影响

主和派宰相汤思退的外交活动虽然只限于隆兴二年以前，却对孝宗朝

---

① 《宋史》卷384《梁克家传》。

② 《宋史》卷34《孝宗本纪二》。

③ 《建炎以来朝野杂记》乙集卷12《陈应求正虏使书仪》。

④ 《宋会要辑稿》仪制8之22。

⑤ 《宋史》卷373《洪遵传》。

⑥ 《宋史》卷394《京镗传》。

的外交局面产生了深远的影响，使孝宗朝屈辱的受书礼在关键时期没能得以更正。隆兴北伐失败后，汤思退不顾大臣的反对，主张派遣“轻儇无耻”[①] 的卢仲贤出使金朝，卢仲贤至宿州，“辱国无状”，金帅“仆散忠义惧之以威，仲贤皇恐，言归当禀命，遂以忠义为三省、枢密院书来”[②]。擅自许诺割让四州之地，卢仲贤如此辱国违命，汤思退还拜贺宋金的名分得以更正，殊不知此乃金朝有意促成宋朝割地赔款的和议而拿出的诱饵。虽然名分已正，但一系列外交礼仪并没有改变。隆兴二年七月，胡铨奉诏撰《大金国贺冬至启》，胡铨认为“内中用再拜、用献纳、书御名，此三大事也，已经二十余年，臣下皆不能正其非”，于是决意改正，而跟宰相汤思退商议，“昨宰相汤思退集议中书堂，臣终坐以三事为说，而思退罔然不答，臣窃以为思退又一秦桧也，思退不去，国体弱矣！臣手可断，臣笔不可摇，臣头可去，臣笔不可去，而臣字不可写，庶使远夷知中国之有人，是亦强国之一端”[③]。由此可知，汤思退对改变不平等的外交礼仪并不感兴趣，甚至持反对意见，与秦桧一样，是地道的投降卖国者。由于汤思退的反对，甚至从中作梗，不平等的外交礼仪一直延续下来，直至绍熙元年，“黄文叔奉诏接伴，问掌仪田愿：‘高宗何以称帝名而不称庙讳?’愿云：‘自祔庙后，元未理会。’文叔遂遣愿等持庙讳、御名三纸以往，北使副视之云：‘前无此例。’……往返久之。……文叔乃已”。“既而北引接使来传彼国名讳，自旻以下至于其父允恭，称庙讳者凡六人。文叔归而奏其事，乞后遣使人力议改正。盖隆兴更成之时，庙堂亟于弭兵，仅能正其大体，而交际之文或未暇议，盖不止一二也。”[④] 这实赖汤思退之力！由于汤思退在隆兴和议这一关键时期，没有重视，甚至阻挠更正不平等的外交礼仪，使不平等的交聘礼仪得以沿用下来，为日后改变不平等交聘礼带来了很大的困难，因此主和派对孝宗朝的外交礼仪产生了严重的消极影响。

---

① 《宋史》卷 387《陈良翰传》。

② 《宋史》卷 371《汤思退传》。

③ 《淡庵文集》卷 2《上孝宗论撰贺金国启》。

④ 《建炎以来朝野杂记》乙集卷 12《陈应求正虏使书仪》。

二、孝宗朝宰相与战后对金外交

孝宗朝初期（即从绍兴三十二年六月至乾道元年之初），是孝宗朝外交活动最为频繁和关键的时期。孝宗即位不久，宋廷就面临两次战后对金关系的问题，一是如何解决完颜亮南侵战争后对金关系的走向问题；一是符离战败后，如何重新构筑与金的利益关系的问题。在频繁的对金外交中，孝宗朝各派宰相以其各自不同的主张影响着这一时期外交的发展，演绎了一幕幕既斗争又联合的历史图卷，奠定了孝宗朝外交发展的基本格局，从而起到了至关重要的作用。

（一）隆兴北伐前的宋金外交

孝宗即位之初，宋金两国的局势对宋颇为有利，而高宗为他留下的却是一条既定的求和路线。当时，洪迈正出使金朝，与金商谈和议事宜。宋方提出与金称兄弟敌国、归河南地、国书用敌国礼等三项要求，但均被否决。而且金人态度十分傲慢，“金锁使馆，自旦及暮，水浆不通，三日乃得见，金人语极不逊”[①]。绍兴三十二年七月，洪迈回朝。孝宗在战、和两者中，选择了战。于是孝宗朝君臣采取一系列拨乱反正的措施，扭转了对外路线、方针和政策。在陈康伯、陈俊卿等众大臣的荐举下，孝宗起用张浚，委以恢复重任，积极进行北伐的准备。如前所述，史浩坚决反对，而陈康伯也不主张立即北伐，可以说，在这一点上，逐渐向主守派转化的陈康伯与主守派的代表人物史浩站在了同一个立场上。然而，史浩在与张浚进行战与和的激烈讨论的同时，亦与陈康伯在归正人问题上展开了争论。归正人乃指原在宋朝统治区，后沦陷于金国的人民，他们在战争中或战后逃离金人统治，归附南宋。张浚、陈康伯等主张招纳归正人，以使中原人民对赵宋王朝仍怀有归附、向化之心，为日后恢复中原奠定基础。陈康伯曾奏请：“今西北归正人愿就耕者甚众，已降牛种、本钱及治庐舍矣。”[②]当大臣们“论淮上屯田事”时，陈康伯还特意强调“今淮西归正人原就耕

① 《宋史》卷373《洪迈传》。

② 《建炎以来朝野杂记》甲集卷16《屯田》。

者众”[①]。对此，史浩坚决反对，认为“康伯欲纳归正人，臣恐他日必为陛下子孙忧”[②]。对于招纳归正人的问题，史浩曾两次上奏，有很长篇幅的论述：

参知政事史浩奏曰：……今陛下北有劲敌，日为奸谋以挠我，日纵流民以困我，沿边守臣由之不知，方且日以招徕为事，自去冬用兵以来，归正之官已满五百，皆高官大爵，动欲添差见阙，归正之民不知其数，皆竭民膏血唯恐廪之不至，数年之后，国家之蓄积竭于此役，东南之士夫久不得调，东南之农民身口之奉不得自用，安保其不起为盗贼而求衣食之资乎？不于此时有以救之，駸駸不已布满东南，蚕食既多国用益乏，已来者不获优恤必有悔心，方来者待之愈薄必有怨心，夫剥肤椎髓以奉之意者，望其知恩而欲其为我用也。若使怨悔之心生，终亦何所济，此为国远虑者莫不寒心也。今说者必曰：“不如是不足以系中原人心，夫内修政事，教化既明，风俗既厚，百姓家给而人足，使彼之士民愿立于朝，愿为之氓而不可得，然后一旦兴师恢复，土宇皆为王臣，则其心乃大悦。”如汤之后来其苏武王之一怒而安也，若吾之政化未施，财力先屈，国尚未可保，安能系中原之心乎？凡为此论者，皆慕古人之虚名，失当今之实利者也，臣愿陛下密敕沿边守臣，其有襁负而至者，谕之以久远之计曰：国家议战与和皆为汝辈，久此陷没，欲图拯济，若为战计，则他日得我故地，汝皆吾民，又何必舍坟墓弃亲戚而来，若为和计，朝廷亦岂遂忘汝等。宜各安本土以俟议定。则彼必感我恤之之意深，念之之心切，将无所归怨，而敌闻之亦必知我国有人矣。于是葺藩篱保形势，宽民力以固邦本。募勇士以益军籍，政修而教兴，国富而兵强，机会之来，岂有穷已。一举而得中原，大开明堂，受朝贺，此成汤文王已试之明效也，夫未至此时而先为计，以自蹙此敌之愿，后虽噬脐其无及矣，利害得失之机较然可见，陛下不可不深察也，傥未以臣言为然，欲望圣慈，断自宸衷，上取太上之训，下尽近臣之议，以归至当，然后定其规抚，使沿边守臣有所遵守。

---

① 《永乐大典》卷3148《陈康伯》。

② 《宋史》卷396《史浩传》。

史浩又上奏道：

臣闻弃实而务名，舍近而谋远，见利而忘害，此三者天下之大弊，古今之至戒也，臣比者极论招纳归正人之非……若使朝廷根本已立，人材已众，功无僭赏，罪无佚罚，兵强国富，事力有余，以陛下英武之资乘中原爱戴之心一举而取之，宅中图大以复旧物，则天下之议孰敢以为非，今既未能，乃区区然招集逋逃之人以为系中原之心，此臣所谓弃实而务名，一弊也；自去岁金人南下之后，两淮荡然，驱虏杀戮不可胜计，井堙木刊，积骸如山，恸哭之声至今未已，调度日繁，江左重困，屯戍虽遣，藩篱未固，此皆当如饥渴，如焚溺，日夜图之者，今未见大有措画，而庙堂之上率常以太半日力整会归正人，某人乞官，某人援例以庙堂，犹如此则宣抚司沿边诸军帅司州郡又可知矣，此臣所谓舍近而谋远，二弊也；北人初来扶老携幼莫不皆言去虎狼，归父母，呜噎流涕，以手加额，不知者观之，真若可喜，然此辈小人，何常之有，廪给禄赏少不厌其无涯之心，则怨詈并作，未必不刺取国事归报敌境，况又其间往往有本心为间探而来者，此臣所谓见利而忘害，三弊也；以此三说反复究绎，招纳利害可以立决，加之敌情难测，谲诈万端，今北人将片纸来者即与，官僧道虽无度牒，但持戒牒来者，即与度牒，若敌人设计多作伪告、伪牒源源而来，上则竭国力以禄养归正官，下则阴坏度牒之法，我尚为有谋也哉，且中国士大夫虽身登科第，家世公侯一有去失坐废终身，而归正官则一切不问，是仕于敌人者何其幸，而仕于天朝者何其不幸耶！中国士民欲为僧道者，由买度牒以至书填受戒，非四五百千不可，而归正僧道则一切不问，是生于敌界者何其幸，而生于王土者，何其不幸耶！臣惓惓之实，欲望陛下弃名取实，以集大勋，先近后远，以安边鄙，见利思害，以杜乱萌，异同之论一以理决之，昔吐蕃欲取唐维州，阴遣妇人嫁守阍者，生子长大守阍而吐蕃入寇，遂开关纳之，宣和中，郭药师入朝请击鞠，牟陀冈乃默视可作营垒之地，其后金人大入，果集于此，则招纳之事岂可忽哉，岂可忽哉伏，惟留神采择。①

① 《历代名臣奏议》卷93《史浩奏议》。

对于叛逃、归宋的金军将领，史浩亦不主张过于优待和提倡，他认为：

臣闻传曰奔军之将不可以语勇，亡国之大夫不可以图存，此古今之通论也，近者契丹归正，萧鹧巴等万里远来，诚为劳苦，其实则奔亡之余，又况彼或遣之以为吾间，纵之以蠹吾国，皆未可知也。陛下待之之礼，当予之爵命，使无失所，严其驾驭，使有后效可矣。今既赐之对，锡之燕，其余匪颁，优待无所不至，当遣回军前分部将下勿使主兵，曾此未闻，忽有旨令入内打球，臣窃惑之夫此辈生长北戎击鞠之戏固所精也，陛下欲以为戏而观之耶，抑欲优待而宠绥之耶，若以为戏，臣以谓降敌不当使其窥见宫墙之内，若欲宠绥臣以谓自此边将必多方招置，以为功，他日高官重禄悉为此辈所得，实无益于恢复，徒有耗费尔。……传曰："上有好者，下必有甚焉者矣，此之谓也。"臣前者既言，赐对不可于便殿，当立仗以示威，锡宴不当用使者之礼，乞免从官押伴，既蒙陛下俯察臣衷，悉如所请，陛下从谏若转圜之易，圣德巍巍度越百王之上，不可于此而失之。①

由以上记载可知，史浩与陈康伯等主张招纳归正人的大臣之间发生了激烈的争论，而孝宗采纳了后者的主张。朝廷积极安置各种归正人，这也是孝宗为北伐恢复而采取的一项措施。陈康伯、张浚等主战派大臣力主招纳归正人，亦是出于其注重道义的一贯主张，希望借此笼络中原故土百姓的人心，为将来收复中原打好群众基础。而史浩之所以反对招纳和优待归正人，即在于他所说的"臣闻弃实而务名，舍近而谋远，见利而忘害，此三者天下之大弊，古今之至戒也"，归纳起来即为三点：其一，主张务实，反对务名。这其实就是主守派主张务实的现实主义与主战派道义主义观念上的区别。史浩主张根据本国现实的情况、实际的利益处置归正人问题，反对好高骛远、务名而不务实，对现实国情造成危害。其二，主张谋近而舍远。史浩等主守派是地方利益保护者，主张首先保护东南的地方利益。史浩等主守派多为江南、东南地方人士，而南宋立国的政治中心就在此地区，因此，他们是既得利益者的代言人。这也是他们极力反对优待、招纳

① 《历代名臣奏议》卷196《史浩奏议》。

归正人的最直接的原因。而主战派更多的是出于维护全国长远利益来考虑。主战派多为四川、福建等较为偏远、后进地区的人士（见表1、表7），他们更主张全国性的、利益均衡的分配。其三，从军事安全角度考虑。史浩反对招纳归正人，也为防止有些归正人成为金人间谍而探取南宋的军事情报，或者有些归正人因不满南宋对他们的安置而向金人泄露军事情报。可以说，史浩是非常现实而谨慎的。在史浩的一再坚持下，南宋虽然仍在招纳归正人，但已比较谨慎和收敛，当金朝要求归还叛逃人时，南宋也便象征性地交还一些。

隆兴北伐前，南宋与金人在外交决策方面的争论就主要是以上所论述的史浩等主守派与张浚等主战派之间关于战、和的争论，以及史浩与陈康伯关于招纳归正人问题的争论。

（二）隆兴北伐后的宋金外交

隆兴北伐失败后，宋金再次面临战与和以及如何讲和的问题，以汤思退为首的主和派与逐渐转化为主守派的陈康伯等主守大臣相联合，使张浚等主战派再图北伐的准备落空，并终于达成了“隆兴和议”。而各派宰相对于和议中具体条款的达成各施其重要影响，从此可以反映出孝宗朝的外交格局。

首先，主和派对隆兴和议起到了最为重要的影响。以宰相汤思退为首的主和派是促成隆兴和议的中坚力量。符离之战后，金朝左副元帅纥石烈志宁“遣书遗三省、枢院”，索要海、泗、唐、邓四州。孝宗“付督府”，此时张浚已经清醒过来，“未肯答，而汤、陈二相欲亟与之和”①，于是，“遣淮西安抚司干办公事卢仲贤加枢密院计议、编修官，持报书以往”②。张浚听说卢仲贤出使，上奏反对说：“仲贤小人多妄，不可委信。”③ 当时，唐、邓、海、泗州的归属成为宋金谈判的一项重要问题。临行前，孝宗“戒勿许四郡”，而“宰执则令仲贤等许之无伤”，卢仲贤到宿州，仆散忠义“惧之以威，仲贤遂鼠状拱手”，答应“归当禀命许四郡”。他带着金方的回信，在当年十一月回朝，“凡画定四事：一、叔侄通书之式；二、唐

① 《建炎以来朝野杂记》甲集卷20《癸未甲申和战本末》。

② 《宋史》卷371《汤思退传》。

③ 《晦庵先生朱文公文集》卷95《张浚行状》。

邓海泗之地；三、岁币银绢之数；四、叛亡俘掠之人”。对于如此屈辱的条款，卢仲贤“进呈”后，“执政皆贺”，此时执政即为左相陈康伯、右相汤思退、参知政事周葵和同知枢密事洪遵四名宰执。孝宗“犹欲止割泗、海，徐议唐、邓。侍御史周操、右正言陈良翰闻之，相继入见，论其不可。上命执政出虏书示之，执政不出”①。张浚上奏，要求严惩卢仲贤，并追究朝廷内部的支持者，“仲贤不可不明正其罚，朝廷与为表里，不可不察”②。从种种情况来看，令卢仲贤等答应交出四郡的正是宰相汤思退。孝宗大怒，“欲诛之”，“思退等惶惧，反谓仲贤能说虏削去君臣之礼，止以叔侄相往来为有功，百端救之，至与左相陈康伯等叩头殿上，乞去，上不悦，犹镌仲贤官”③。其后，汤思退又“遽奏以吏部侍郎王之望为通问使，知阁门事龙大渊副之”④，继续与金进行谈判。陈良翰与周操共同上奏，斥责汤思退的投降卖国行径，“前遣仲贤已辱国命，而大臣不悔前议之失，又欲肆臆决，却众谋，不谓秦桧复见于今！且虏书要我罢四郡屯兵，而以其地归之。如此是彼不折一兵，而坐收数千里要害之地也”⑤。在主战派大臣的强烈反对下，本来就对金人议和条件不满的孝宗下令王之望一行暂停北上，待命边境；另遣胡昉为非正式使臣，再赴金营交涉，声明四州决不可割让。胡昉至金营，遭受非礼对待，金人发书宋廷，声称必须归还四州之地，否则和议无门。面对金人的蛮横态度，孝宗忍无可忍，愤然之下，决意中止和谈，召王之望一行返回，且诏荆、襄、川、陕沿边地区严为边备。并“召浚赴行在。十二月，拜思退左仆射，浚右仆射”⑥。孝宗试图再次以武力图谋恢复，一雪耻辱。

张浚为右相后，宋廷就转入两种对立的政见冰炭同器的局面。一方面，张浚首先向皇帝强调“当旁招仁贤，共济国事”，并且提出名单：“虞允文、陈俊卿、汪应辰、任尽言、冯方皆可备近臣，朝士中林栗、王秬、

---

① 《建炎以来朝野杂记》甲集卷20《癸未甲申和战本末》；《晦庵先生朱文公文集》卷95《张浚行状》；《宋史全文续资治通鉴》卷24，隆兴元年九月。

② 《晦庵先生朱文公文集》卷95《张浚行状》。

③ 《晦庵先生朱文公文集》卷97《敷文阁直学士陈公行状》。

④ 《宋史》卷371《汤思退传》。

⑤ 《宋史》卷387《陈良翰传》。

⑥ 《宋史》卷371《汤思退传》。

莫冲、张宋卿议论据正，可任台谏。”他所推荐者，大多都是主战派，“皆一时选也”。他还“建议当驻跸建康，以图恢复”，强调“今不幸建康，则宿弊不可革，人心不可回，王业不可成”[①]。另一方面，汤思退也在积极联合同道，右正言尹穑“素以谄事龙大渊，得进用，又本（卢）仲贤姻党，阴附思退，以撼督府”[②]。故汤思退与通问使王之望、尹穑等人实际上结成一党。王之望“力附和议，与思退相表里”[③]。陈良翰升任左司谏后，首先攻击汤思退，他对皇帝说：“思退奸邪误国，宜早罢黜，以请中外。”尹穑得知陈良翰的上奏后，“勃然变色，明日亦请对”，结果是“（陈）良翰、（周）操相继黜，而穑进殿中（侍御史），迁谏议大夫”[④]。也就是说，他们的攻击反而使汤思退一党控制了台谏部门。

在对金出使方面，周操和陈良翰最初建议：“大使未可遣，当遣小使。”宋孝宗“不以为然，遂遣审议官、右宜义郎胡昉、修武郎杨由义先行。后十余日，通问（使、副）王之望、龙大渊发行在”[⑤]。“通书官胡昉等至宿州，仆散忠义以不许四郡之故，械系迫胁，昉等不屈。”隆兴二年（1164 年），仆散“忠义计穷，更礼而归之”。于是宋孝宗亲下御批：“王之望、龙大渊并一行礼物并回。”和议的成败到了一个转折关头。“思退等执议事，思退及参知政事周葵、同知枢密院洪遵叩头力争”，宋孝宗“怒，声色颇厉”。汤思退“后奏事上前，语屡屈，因请曰：‘和议不成，虏至，何以待之?’上曰：‘朕已决幸建康!’思退等失色”。汤思退“计穷，复奏力主和议，且请上以宗社大计，奏禀太上皇帝而后从事”，企图抬出太上皇主和，宋孝宗“亲批其后，降付三省曰：‘虏无礼如此，卿犹欲言和。今日虏势非秦桧时比，卿之议论，秦桧之不若’”。当天正好是张浚在都堂值班“启御封”，张浚“启毕，转示思退，思退大骇”[⑥]。宋孝宗还下令，

---

① 《晦庵先生朱文公文集》卷 95《张浚行状》。

② 《宋史》卷 372《尹穑传》。

③ 《宋史》卷 372《王之望传》。

④ 《宋史》卷 386《李彦颖传》、卷 387《陈良翰传》。

⑤ 《建炎以来朝野杂记》甲集卷 20《癸未甲申和战本末》。

⑥ 《晦庵先生朱文公文集》卷 95《张浚行状》；《建炎以来朝野杂记》甲集卷 20《癸未甲申和战本末》。

将卢仲贤“除名，勒停，枷项送郴州编管”[①]。

围绕着胡昉出使的廷争，张浚的主张一时占了上风。但汤思退并不甘心失败，“乃阳为皇恐乞祠状，而阴与其党谋为倾陷之计，踪迹诡秘，人不得尽知也”[②]。他“遂令”出使未归的王之望和龙大渊“驿递疏上言：‘兵少粮乏，楼橹、器械未备，斥堠全无，又言委四万众以守泗州，非计’”。于是宋孝宗“颇惑之”，在三月五日命令张浚“行边”，接着又下令“还戍兵，罢招纳”[③]。张浚明知“一日出外，奸人必得肆意，然趣行之旨屡下”，“乃行”[④]。张浚行边，作了江、淮的各种战备部署，“招徕山东、淮北忠义之士，以实建康、镇江两军，凡万二千余人。万弩营所招淮南壮士及江西群盗又万余人，陈敏统之，以守泗州。凡要害之地，皆筑城堡，其可因水为险者，皆积水为匮；增置江、淮战舰，诸军弓矢器械悉备”。“金人屯重兵于河南”，“为虚声胁和，至再至三，皆有约日决战之语”，听说张浚巡边，“亦檄宿州之兵归南京（开封），沿边清野以俟”，反而转入防备宋军反攻。[⑤]

然而张浚离开朝廷后，宋廷的对金政策却立即发生了转折性的变化。右正言尹穑弹劾张浚“跋扈，乃议先罢都督府”。三月二十五日，宋孝宗“夜批出”，命令王之望出任淮西宣谕使，钱端礼为淮东宣谕使，以取代张浚，接着又在四月二日将王之望改命左谏议大夫，“盖欲使议论归一也”[⑥]。钱端礼也是主和派，他上奏说：“两淮名曰备守，守未必备，名曰治兵，兵未必精。有用兵不胜，侥幸行险，轻躁出师，大丧师徒者，必胜之说果如此，皆误国明甚。”他“至淮还，极言守备疏略恐召金兵，宜早定和议”[⑦]。宋孝宗在疑惑中又改变政见，采纳了汤思退、尹穑、王之望等人的主张。

---

① 《宋史》卷33《孝宗本纪一》；《宋会要辑稿》职官71之5~6。

② 《晦庵先生朱文公文集》卷95《张浚行状》。

③ 《建炎以来朝野杂记》甲集卷20《癸未甲申和战本末》。

④ 《晦庵先生朱文公文集》卷95《张浚行状》。

⑤ 《宋史》卷361《张浚传》；《晦庵先生朱文公文集》卷95《张浚行状》。

⑥ 《宋史》卷372《尹穑传》、《王之望传》；《建炎以来朝野杂记》甲集卷20《癸未甲申和战本末》。

⑦ 《宋史》卷385《钱端礼传》。

形势急转直下，张浚“督府参议官冯方立朝的直声，临事不避难，遍行两淮，筑治城垒，最为劳勋”，而汤思退“尤恶之，使（尹）穑论方不当筑城费财，凡再章而方罢”[①]。四月初，宋孝宗“召张浚还朝”，十四日，下令“罢江、淮都督府”，二十三日，将张浚罢相。[②] 当时，左司谏陈良翰和侍御史周操还为张浚“争论甚力”，却全然无用。张浚终于在八月病逝。[③] 汤思退看出另一个阻碍和议的人物是虞允文，“阳请召允文，实欲去之”，宋孝宗又在七月“召虞允文，以户部尚书韩仲通为湖北、京西制置使”，虞允文完全明白朝廷之意，他“上印，犹以四州不可弃为请，乞致仕”[④]。在张浚罢相后，“御史周璪策（洪）遵且超迁，上章致劾，上亟徙置他官。遵不能安位，连章乞免，讫与御史俱去”。洪遵罢官后，宋孝宗又以“周葵兼权知枢密院事”，“王之望兼同知枢密院事”[⑤]。

汤思退等人为了达到其政治目的，“召还四郡戍兵，毁撤两淮守备，务以强虏势，孤上心，而冀其说之必用”[⑥]。宋孝宗遂命汤思退“作书，许金四郡”[⑦]。在逆境之中，胡铨仍不肯屈服，他上奏批评和议有“可吊者十”，建议“绝请和之议，以鼓战士，下误用痛之诏，以收民心”，“如以臣言为不然，乞赐流放窜殛，以为臣子出位犯分之戒”[⑧]。针对人们的抗金舆论，尹穑“乞置狱，取不肯撤备及弃地者，劾其罪，庶和议决成，所指凡二十余人”，居然迁左谏方大夫。[⑨] 他的建议其实还是效法当年的秦桧，企图借威势镇压舆论，以保证屈辱“和议决成”。

金朝虽然取得德顺和符离两战的胜利，但其国力和军力其实已不容许与宋朝长期交战。在张浚出任都督期间，金都元帅仆散忠义等人只是对宋使虚声恫吓而不敢动武，就是明证。问题在于汤思退急于和议，不惜撤除边备。史称“虏既得四郡，专事杀戮”，宋孝宗“意中间，思退惧”，“复

① 《晦庵先生朱文公文集》卷95《张浚行状》。
② 《宋史》卷33《孝宗本纪一》。
③ 《宋史》卷361《张浚传》。
④ 《宋史》卷33《孝宗本纪一》、卷383《虞允文传》。
⑤ 《宋史》卷33《孝宗本纪一》、卷373《洪遵传》。
⑥ 《晦庵先生朱文公文集》卷97《敷文阁直学士陈公行状》。
⑦ 《宋史》卷371《汤思退传》。
⑧ 《宋史》卷374《胡铨传》；《历代名臣奏议》卷349《胡铨奏议》。
⑨ 《宋史全文续资治通鉴》卷24，隆兴二年十一月。

密令孙造”，“密谕虏以重兵胁和”。[①] 有了内应，金军方才在十月“分道渡淮”[②]。宋将魏胜在绍兴末年起义，占据海州。金军屡攻，都遭失败。然而在宋廷的命令下，魏胜才放弃海州，改任楚州知州。他率部与金徒单克宁军交战，而镇江府都统制刘宝拒绝救援，“以数万众在楚州不战而退保”[③]，于是魏胜在十一月四日英勇战死。而另一支建康府都统制王彦军也弃昭关南遁，楚州、滁州等地相继陷落。[④]

面对金军的攻势，宋孝宗于九月二十一日命令汤思退出任都督江、淮军马，汤思退“辞不行”，这才使宋孝宗看清了他的面目。当时经过宋孝宗本人的任命和罢免，台谏官其实已是清一色的汤思退党羽，然而出面弹劾汤思退者竟是右谏议大夫尹穑和侍御史晁公武。在当时的情形下，他们深知不抛弃汤思退，就无法保全自己。《朱子语类》卷132载，汤思退、尹穑和王之望竟在“上前至以鄙语相骂”。太学生张观等七十二人也伏阙上书，“请斩汤思退、王之望、尹穑，窜其党洪适、晁公武，而用陈康伯、胡铨等，以济大计”[⑤]。于是孝宗先后罢黜了汤思退等人。汤思退“落职镌爵，永州居住”，不久死去。孝宗重新诏用了虞允文等人，但南宋已无法改变对金军事“边备遂弛，不能遂张”的被动局面，和议还是继续进行下去，并最终达成，从而也奠定了孝宗朝对金外交的基本格局。主和派急于媚金求和，使南宋吃了更多的亏，史载：“思退始终与张浚不合，浚以雪耻复仇为志，思退每借保境息民为口实，更胜迭负，思退之计迄行，然终以不免。敌既得海、泗、唐、邓，又索商、秦，皆思退力也。”[⑥]

主和派的主张最终得以实现，是因为在当时的内外形势下，和议的确乃大势所趋。金朝方面，金世宗完颜雍即位后，忙于平定国内叛乱，维持其统治秩序，希望双方维持和平局面，因此，对南宋采取了较为柔和的政策。史载，金世宗“在位二十九年。号曰世宗。雍为人仁厚，不用兵，北

① 《宋史全文续资治通鉴》卷24，隆兴二年九月。
② 《宋史》卷33《孝宗本纪一》。
③ 《历代名臣奏议》卷336《赵汝愚奏议》。
④ 《宋史》卷368《魏胜传》。
⑤ 《宋史》卷33《孝宗本纪一》。
⑥ 《宋史》卷371《汤思退传》。

人谓之‘小尧舜’”[①]。而宋朝方面，在符离师溃后，已无力对金发动一场有把握的北伐战争。主和派的主张正是顺应了这一历史趋势，才得以大行其道。此外，汤思退的确具有一定的政治、外交能力，其任左相的制词说：“力堪治剧，斡旋之易若转圜。”[②] 在他纵横捭阖的斡旋下，和议得以最终达成。

其次，主守派对隆兴和议的达成也发挥了重要影响。主守派宰相对于制定和议的决策以及具体和议的达成都起到了重要的作用。在这个时期，主战派宰相陈康伯已经转为主守派，符离战败后，他便提出以议和、自治、备战来后图恢复。正如《宋史全文续资治通鉴》卷24，隆兴二年（1164年）尾引《中兴龟鉴》评道：“向者（绍兴三十一年之和议交涉）康伯犹不主和议，今则康伯亦附会而言和矣。”“康伯持陛下以和。”[③] 由于主守派与主和派都有维持和平局面的愿望，战后，在是否和议的争论中，两派逐渐相互靠近，并在“和”的问题上达成一致意见，从而走到一起，形成了联合阵线。陈康伯身为当朝宰相，而不反对召汤思退回朝，就是这一趋势的表现。另外，在权力中枢的人员组成上，也体现出了这种联合。当时，左相是陈康伯，右相是汤思退，参知政事是周葵，同知枢密院事是洪遵。其中陈康伯、周葵、洪遵均为主守派，而汤思退是主和派的代表人物。这个以主守派为主体的由“守”、“和”两派联合组成的权力中枢，其政策取向就十分明显了，这充分表现在他们的奏疏中，如陈康伯、汤思退、周葵和洪遵联合奏曰：

窃见符离之师，将士失律，渡江以来所造器甲，委弃殆尽战马十丧七八，士卒死亡莫知其数。而诸路州县，招军买马，打造器甲，收买军需，转卖官告、度牒，科敛骚然，兵疲民困。而又自去年以来，急风暴雨，发作无时，飞蝗虫之时也。臣等非不知国仇未复，义不戴天。而虏为夷狄，犹曰厌兵。……我不量力，而于之战，未论胜负，先失民心矣。民心所在，即天意也，事不可忽。……虏意欲和，天将以是赞我，使军民少休

① 《建炎以来朝野杂记》乙集卷19《女真南徙》。
② 《宋宰辅编年录校补》卷17，隆兴元年。
③ 《宋史》卷395《王质传》。

息，因得为自治之计，以待中原之变而图之，是完全之计也。……然后知今日之和，乃所以为他日之恢复也。[①]

正当和议将成之时，由于主战派大臣虞允文以及台谏们的极力反对，本来就对和议心有不甘的孝宗大为动摇。隆兴元年十二月初，张浚再被诏入朝，陈康伯辞去左相之职，孝宗擢张浚为右相。于是，关于和、战问题，主战派与“守”、“和”两派再度展开激烈斗争。在主和派对张浚等主战派进行攻击的过程中，主守派亦出了一臂之力。周葵、洪遵上奏称：“今日之举（对金再战），当量度国力。”[②] 洪适“自淮东总领召归，附思退意，言浚边备如儿戏”。两派联合势力的依然存在，是张浚复出昙花一现的最主要原因。主守派与主和派的联合，壮大了主张和议的队伍，在朝中形成了强大的主和氛围，“时廷臣多言应与之议和，而不应轻弃四州之地”[③]，和议成为大势所趋，并得以继续进行。

此外，在和议的谈判中，主守派宰相魏杞对和议的最终达成起到了非常关键的作用。隆兴二年八月，魏杞受命出使，九月，金人犯边，以战胁和。魏杞行前“有谕旨都堂议使事。凡十余条。其大者四：一、退师议和；二、易臣为侄；三、减岁币；四、不发系虏归附人。陛辞，公奏：‘万一犬羊无厌，愿陛下勿以小臣为虑，请速加兵！’上恻然”[④]。在如此紧张的战争环境下，魏杞出使的表现可谓大义凛然。到盱眙后，金帅散仆忠义“遣赵房长问使意，且求先见国书。公言：‘书合于到日赍出。’房长云：‘某不见书，及定议于此，使副如何到得阙下？’公出副本示之。房长云：‘此卢仲贤赍来书式，前后无再拜等字，不可用也。南朝二三十年称臣用表，一旦欲为叔侄，且求减币帛，太无礼！’必欲令公易书。公言：‘御书也，臣下岂容辄改？主上以两国各有利害，天地鬼神鉴其曲直；此则有辞，非所惧也。’自午至酉，或坐或起，诘难纷然。公应酬明敏，辞气慷慨。房长不能屈。……既而……高仲端传忠义语云：‘和议已二三年，未有端的；宋国忽侵夺我宿州，我以偏师一击即散，惧而求和，及取接人

① 《中兴两朝编年纲目》卷14，隆兴元年十一月《诏议讲和》。
② 《宋史全文续资治通鉴》卷24，隆兴二年二月癸亥。
③ 《中兴两朝编年纲目》卷14，隆兴二年四月《张浚罢》。
④ 《魏文节公事略》之朱熹撰《行状》。

使，又复不来，今重兵压境，宋国又求和，而复屯兵合肥，岂欲款我师，期别生事耶？宋国若不推诚，元帅欲提大军过淮，复于襄汉截断吴璘军马，使不得东，恁时如何？’公曰：‘此皆彼此以往之事，今奉信使，不必复言。’遂同副使宿于水滨，与虏相望”。当时奉使，遇金帅这种强悍、傲慢的态度，稍不识大体，即成为卢仲贤之续，所幸使者为魏杞，不辱国之尊严。

由于初谈未果，金人继续入侵，形势再度吃紧，孝宗命汤思退都督江淮军马，而汤思退畏惧不敢行。十月初，魏杞一行留盱眙不得前行，不久仆散忠义移军泰和，纥石烈志宁移军临涣，压淮境。知楚州魏胜战殁，楚州、濠州、滁州相继陷落。当时孝宗尚不知战况，下诏表明对金将采取强硬态度：

特以战争之役，肝脑涂地，不忍南北之人，枉罹非命，自即位以来，两发聘使，冀寻旧盟，而璘帅主兵及境，弗纳迨行，人再往，始则立式邀求，继则迫胁囚辱，朕以兵隙难开，隐忍自屈，仍遣魏杞衔命复行。不较礼文，书辞屡易，不受四郡，割以奉之，乃渝元约，又求商州，且索临阵系虏之人，是其更变无厌，必欲寻衅，初无休兵结骦之意，今使命逗遛，议论不决，积粟出船，包藏罔测，朕重违太上圣意，而宰辅群臣前后屡请，已尽依初式再换国书，岁币成数，亦如其议，在我可从，无一顾惜，若彼坚欲商秦之地，俘降之人，则朕有以国毙，不能从也。傥或不谐，前去至于交兵，天实临之，非朕得已。想彼兵民厌其黩武，亦当嗟怨，况我将校六师受国家爵禄之久，忠义所激，自当奋勇捐躯，为国雪耻。①

次日，孝宗又“诏魏杞等以所赍礼币犒军，（魏）杞弗从命，留镇江候旨”。魏杞之所以违命，是因为他认为“今使事大者易名称，减岁币，不发系虏归附人。臣与虏力争，其情颇屈。若虏悔祸从约，而礼物既散，恐仓猝难办，且恐虏疑我给，别生衅隙”。魏杞作为主守派，对金的态度比较中和、稳健，在危机之际，以镇定处之，步骤不乱，不使形势加坏；敌军大至，退及镇江而止，不即还朝，诚能忠于其事，而非他使可比。当

① 《宋会要辑稿》兵7之21。

败报传到朝廷，言者极论汤思退急和撤备之罪，遂罢相。孝宗至此时亦不复坚持商、秦之地与被俘之人了，与金的和议方定下来。其后，魏杞“始奉命北行，途遇虏兵，公将使旗令人前行，大呼奉使来。俄而控弦露刃，直前围逼。众皆失色。公意气自若，使谕以两国利害。为少却。累日行宿兵虏围中，濒死者数，绝无饮食。会虏接伴至，方得入境”①。此处盖指渡江至淮一段，犹为敌所占据，以战胜之威，临请和之使，宋使很难不遭其困辱。无怪《行状》说，魏杞南回之日，须发尽白！

关于魏杞所达成的和议，《金史·仆散忠义传》云：“和议始定……取到宋主国书式并国书副本，宋世为侄国，约岁币为二十万两匹。国书仍书名，再拜，不称‘大’字。”此与《行状》所载不同。据《行状》称，当时魏杞曾力争不肯去“大”字，不肯言“世”者也。《金史·世宗纪》云：“大定五年（乾道元年）正月己未，宋通问使魏杞等以国书来。书不称大，称侄宋皇帝，称名，再拜奉书于叔大金皇帝，岁币二十万。辛未，诏中外，癸酉，以宋国岁币悉赏诸军。二月壬午，以左副都点检完颜仲等为宋报问使。”当时国书之全称谓为“侄宋皇帝昚谨再拜致书于叔大金圣明仁孝皇帝阙下”，魏杞还，“复书，叔大金皇帝，不名，不书谨再拜，但曰：‘致书于侄宋皇帝，不用尊号，不称阙下’”②。这比绍兴末年欲用敌国礼而不可得，固较胜一筹，然而与孝宗初始的愿望相去甚远，并非孝宗所情愿的。

乾道元年，魏杞奉使还，“德寿宫亦有旨宣引。高宗望而喜，抚问甚至，曰：‘虏奸诈百出，卿能一一力争，讫事来归，想太夫人甚喜也。’前使虏者，多孤怯顾虑不称职，唯公秉资弘毅，辨有以发其志，忠足以遂其勇，晓谕恳恻，使知和战利害，不为踔厉语以怒敌。《奉使录》载之”③。魏杞在对金外交中的表现，可用“忠”、“辨”二字来评价和赞誉。

主守派的主张温和而趋于保守，力求稳妥，这还体现在和议条款的具体制定方面。孝宗初即位，下诏“敌人来索旧礼，从之则不忍屈辱，不从则边患未已，中原归正人源源不绝，纳之则东南力不能给，否则绝向化之

---

① 《魏文节公事略》之朱熹撰《行状》。

② 《金史》卷87《仆散忠义传》。

③ 《魏文节公事略》之郑清之撰《神道碑》。

心。宰执、侍从、台谏各宜以己见指陈，定论以闻”时，周必大与洪遵、金安节、唐文若等人共为一议，“大略曰：‘不宜直情径行，亦未可遽为之屈，谓宜岁遗金缯如前日之数，或许稍归侵地如海、泗之类，则彼亦无可借口而来议矣’”。而时为参知政事的史浩也“但以谨边备为对”。建议“先为守备，是乃良规，此乃一时之权宜，盖度今年之事力，傥听浅谋之士，时兴不教之师，寇去则论赏以徼功，寇至则敛兵而遁迹，谓之恢复，岂不痛伤”①。而洪适则更关注现实中归正人的具体安置问题。“孝宗即位，海州解围，符离用兵，供亿繁伙心计周密，暇裕如平时，会有旨犒海州之师，镇江及武锋军有实在围中，而不与名，公比附倍给以便宜招纳海道逃卒，归之督府，归正者接踵而来，或无以赡其家，因公奏乃计口添支，公谓官以总领淮东为名而财赋实隶浙江西东，乞以两路入衔。后公登二府，竟行其说，迄今便之。”②

再次，主战派对隆兴和议亦有着一定的影响。隆兴北伐失败后，主战派虽然陷于被动局面，但在其后的对金外交中仍然发挥了一定的作用，不但使和议几度遭到冲击，使孝宗对议和的态度产生动摇，而且在和议中反对出卖国家利益，对和议产生了一定的影响。

主战派宰相在外交中，极力反对和议，同时反对对金作出屈辱的让步。张浚、虞允文对这一时期外交产生的影响较为重大。张浚除在战败之初，不明实情，为挽救大局而欲遣使议和，但被部下劝阻、被孝宗否决外，③ 其后他就一直坚决反对求和，力主再战，反对割让四州。当“金帅仆散忠义贻书三省、枢密院，索四郡及岁币，不然，以农隙治兵”时，张浚说：“金强则来，弱则止，不在和与不和。”汤思退为右相后，“急于求和，遂遣卢仲贤持书报金”。张浚予以反对，认为“仲贤小人多妄，不可委信。已而仲贤果以许四郡辱命”。当朝廷复以王之望为通问使、龙大渊

① 《建炎以来朝野杂记》甲集卷20《癸未甲申和战本末》。

② 《文忠集》卷68《丞相洪文惠公适神道碑（平园续稿二十八）》。

③ 《金史·仆散忠义传》载：“和议始于张浚，中更洪遵、汤思退。及徒单克宁败宋魏胜于十八里庄，取楚州。世宗下诏进师，于是宋知枢密院周葵、同知枢密院事王之望书一一如约，和议始定。”《宋史·孝宗纪》载：“隆兴元年三月壬辰朔，金右副元帅纥石烈志宁以书取侵地。五月甲寅，李显忠、邵宏渊军大溃于符离。六月癸亥，张浚乞致仕，且请通好，皆不许。”

副之时，张浚“争不能得，未几，召浚入见，复力陈和议之失”，在张浚的一再劝阻下，孝宗对和议产生动摇，有意以北伐一雪耻辱，“孝宗为止誓书，留之望、大渊待命，而令通书官胡昉、杨由义往，谕金以四郡不可割；若金人必欲得四郡，当追还使人，罢和议”，张浚也被任为“尚书右仆射、同中书门下平章事兼枢密使，都督如故”①。在张浚的带动下，主战派大臣们纷纷起而反对和议，其中胡铨表现最为突出，他说：“自桧当国二十年间，竭民膏血，以饵寇仇，迄今府库无旬月之储，千村万落生理萧然，窃观今日之势，和决不成，倘干纲独断，追回使者魏杞、康湑等，绝请和之议，以鼓战士，下哀痛之诏，以收民心，天下庶乎其可为矣……陛下不悟，《春秋左氏》谓：‘无勇者为妇人，今日举朝之士皆妇人也。’如以臣言为不然，乞赐流放窜殛，以为臣子出位犯分之戒。”②

此外在和议中，主战派宰相还极力阻止损害国家尊严与利益的和议条款。割让新复州郡，是宋金之间以及南宋国内争议最为激烈的一项条款。张浚极为反对此项条款，临终之时尚问：“国家得无弃四郡乎？”③ 虞允文更为反对放弃川陕及唐、邓、海、泗等新复州郡，与史浩和汤思退等主和派作了执着的斗争。在关于外交礼仪与归正人问题上，主战派也表现出强硬、积极的态度，如孝宗受禅之初，“金主遣都元帅仆散忠义，左副元帅纥石烈志宁来经略四州地，既为我师所败，乃欲大言以胁取之。于是命其知泗州蒲察徒穆以檄至盱眙军”。对此，孝宗令“宰执、侍从、台谏各宜以己见指陈，定论以闻”。于是“殿中侍御使张震自为一议；（大略谓：海州控扼海道，陕西地多险要，皆不可弃。至于受册礼、绝归附之类，其不可有十。）权工部侍郎张阐自为一议；（大略谓：选将练兵，名分可正，江、淮授田，遗民可招。）监察御史陈良翰自为一议。（大略谓：不用旧礼，然后遗民可招。）”④ 他们都主张对金采取强硬态度，不割地、正名分、招归正遗民。在主战派的呼吁和倡导下，孝宗对和议几度发生动摇。

但主战派终于敌不过主和派与主守派相联合的力量，和议终于还是达成，四州及商、秦之地被割让，不平等的受书礼仍未改变，叛亡人也被部

---

① 《宋史》卷361《张浚传》。
② 《淡庵文集》卷2《上孝宗封事》。
③ 《四朝名臣言行别录》卷3《张浚·魏国忠献公》。
④ 《建炎以来朝野杂记》甲集卷20《癸未甲申和战本末》。

分送还。可以说，除了有名无实的名分和岁币有所减少外，和议对宋来说仍然是一个屈辱的协约。主战派在北伐中的失败奠定了宋与金谈判中的不利地位，其虽对和议作了积极的努力，但终无力回天，无法改变被动的大局。

第五章

宰相群体与孝宗朝的对内政治

第一节　孝宗朝宰相群体与法制

一、孝宗朝君臣对法制的重视

宋代重文轻武，与此相应，“祖宗法制”定立了皇帝“与士大夫共治天下”的士大夫政治体制，也可称为中国古代的文官政治。在这种士大夫政治体制下，广大士大夫、官僚，尤其是宰相在国家政治中起到了至关重要的作用。与以往的封建君主专制集权以及武人专权的封建专制不同，在宋代最为典型的士大夫政治体制中，君权是受制约的，绝非为所欲为的。而以宰相为首的官僚士大夫集团对制约君权发挥着非常重要的作用。可以说，宋代是中国官僚专制时代比较“民主”的时期。是什么维护着这种士大夫政治体制呢？这便是宋代的法制建设。

相对而言，宋代是个宣扬与讲究法制的朝代，两宋三百多年间，举事动辄言祖宗法制、祖宗家法，并循而行之。北宋富弼说：“臣历观自古帝王理天下，未有不以法制为首务。法制立，然后万事有经而治道可必。”[①]总体来说北宋皇权较为强大，到仁宗朝更是北宋士大夫政治最为典型和昌盛的时期。[②]与北宋的士大夫政治有所不同，通观整个南宋时期，权相层出不穷、一手遮天，国家法制沦丧，皇帝与士大夫共治天下的士大夫政治体制在一定程度上遭到了破坏。而孝宗朝则是唯一没有权相的朝代，并且呈现出皇权强盛、相权收敛的态势。然而，这却是孝宗为弥补高宗朝权相政治之失而作的努力。应该说，孝宗朝是南宋最能体现士大夫政治体制的时代，因为作为维护这一体制的法制得到了空前的尊重和强化。正如孝宗

---

① 《宋史全文续资治通鉴》卷8上，庆历三年九月丙戌。

② 参见业师张其凡教授《“皇帝与士大夫共治天下”试析——北宋政治架构探微》。

所说："本朝家法，前世所不及也。"[1]

孝宗朝君臣非常重视国家的法制建设。宋代政尚宽厚，但随着时间的推移，国家法度松弛，却导致了奸宄之徒与贪赃枉法之风的盛行。孝宗仰慕重视法家思想的汉宣帝综核名实、信赏必罚的治国理民之道，认为要富国强兵，最有效的办法莫过于尚法。孝宗即位之初，"盖尝考法祖宗，严赃吏之禁"，但"岁月既久，法已挺缓，赃过之吏，狃习宽政，日甚岁剧"。孝宗认为："列官处职，奸法不忌，是与盗无异也。"于是，孝宗宣称："国有宪法，朕不敢废。自今后，命官犯自盗枉法赃罪抵死者，籍没家财，取旨决配，并依隆兴二年九月已降诏书施行，必无容贷"，以此"厉在位矣"[2]。孝宗朝君臣崇法务实，严格维护国家法度，保证各项政事在遵循法制的轨道上进行，从而保持祖宗家法的统治机制与原则，从根本上保证赵宋王朝的正常统治秩序。可以说，孝宗朝开创了南宋法制的新纪元。尤其在淳熙年间，孝宗鉴于以往"例"的盛行，有损作为国家大法的"敕令格式"之权威，遂下令除特殊情况外，其余一概不得引例，并在《乾道敕令格式》的基础上，制定了《淳熙敕令格式》。此后，为了官吏使用方便，孝宗又命人在《淳熙敕令格式》的基础上，采取依"事"分门的办法，编成《淳熙条法事类》。使用这种编纂方法，将同一事类的敕令格式汇集在一起，为官吏检核与引用法律条文提供了极大的便利。[3]

孝宗本人较守法度，不妄开侥幸之门。乾道初年，他曾谕宰臣："旧无条法之事不可创，"又谕："毋创例以害法。"足见其守法务实的态度。孝宗反对法外开恩，给人滥与爵赏，轻授官职。他认为"如朝廷与人官爵，尽归至公，人谁敢怨；若徇私轻与，得者固喜，而怨者必至。惟至公可以无怨。朕与卿等交修，当谨守此法"[4]。孝宗以身作则，倡导守法的例子不胜枚举，这对于推动政风的改良无疑是极有助益的。

孝宗朝宰相对于保证国家法度得以遵守，作出了非常重要的贡献。在孝宗朝的十七位宰相中，以赵雄、梁克家为首的宰相，对维护国家法度作出了积极的努力，其中赵雄堪称表率。淳熙六年正月，孝宗"内批登仕郎

---

① 《宋会要辑稿》崇儒6之21。
② 《宋会要辑稿》职官79之4~5。
③ 参见业师张其凡教授《两宋历史文化概论》，第80~81页。
④ 《皇宋中兴两朝圣政》卷55，淳熙四年三月辛酉。

张闻礼系太上皇后侄女夫，特添差浙东安抚司干办公事”。赵雄加以反对，奏曰：“在法，虽戚里文臣，未经铨试，武臣未经呈试，并不许陈乞添差。”孝宗悔悟道：“岂可以戚里而废公法，卿等理会得是，可留下文字，今后有似此等事，切须执奏。”

淳熙六年二月，赵雄等“进呈《淳熙海行新法》。上曰：‘朕欲将见行条法，令敕令所分门编类，如律与刑统、敕令格式及续降指挥，每事截聚，载于一处，开卷则尽见之，庶使胥吏不得舞文。’”宰相赵雄等非常赞成孝宗的主张，说：“士大夫少有精于法者，临时检阅，多为吏辈所欺，今若分门编类，则遇事悉见，吏不能欺。陛下智周万物，俯念及此，创为一书，所补非小。”于是，孝宗毅然“诏敕令所将见行敕令格式申明体，仿吏部七司了法总类，随事分门修纂，别为一书，若数事共条，即随门厘入，仍冠以‘淳熙条法事类’为名”。其后，有宗室“乞将异姓恩泽与侄女夫张元质”。赵雄等反对道：“在法异姓恩泽合奏有服亲，太常寺供到侄女夫无服。”孝宗说：“既于法有碍，今一放行遂为无穷之例，攀援不已，断不可开。”[①] 淳熙七年，孝宗同母兄赵伯圭奏请“门客不理选限，登仕郎恩乞理选限”，孝宗问宰相赵雄说：“于法如何？”赵回奏道：“在法不许。”孝宗即说：“每自守法，不敢开放，若违常法，以开幸门，责援例干请不已，将何以阻之？”[②] 于是坚持了国家的法度。在庚子沈黎西兵之变中负有责任的宪臣折知常，因其“尝为大理正、浙西提举常平，有奥援，及事败，宰相赵温叔奏其罪。上曰：姑徒之”。此外，“知常阴赇近习，自营救日夜不已。御笔改除湖北提刑”。对此，舍人坚决不肯草制，封还词头，台谏交章论谏，方又有所贬斥。赵雄更是“每进呈，必力言其不可违者”。而“上犹欲宥之”。淳熙八年正月，赵雄再次论奏，“上曰：卿欲如何？温叔曰：必重施行。于是追三官，勒停，送汀州安置”[③]。足见赵雄坚持法制的决心。赵雄坚持维护国家法度的例子不胜枚举，如：

淳熙四年十一月，“甲辰，枢密院进呈魏王奏，武德郎郑亘古乞添改

① 《皇宋中兴两朝圣政》卷57，淳熙六年正月甲申、二月癸卯、十二月甲午。

② 《宋会要辑稿》帝系11之11。

③ 《建炎以来朝野杂记》乙集卷19《庚子沈黎西兵之变》。

差明州都监。赵雄奏：'亘古无添差恩例，若欲从之，须降特旨。'上曰：'既无添差恩例，自是难行。'芎奏：'如此则令具正阙奏辟。'上曰：'甚好。'雄奏：'一使臣差遣小，不应格，虽魏王奏请，陛下亦不从，群臣谁敢不遵守格法也。'"

丙午，枢密院军呈李川申近旨，不许管军官接见宾客，川自准圣训，不敢妄见一人，遂敛众怨，动生谤议。赵雄奏欲申严指挥行下。上曰："李川能如此遵守诚不易，得可与再行约束，仍奖谕李川，将帅能如此执守，甚副朕意，宜益坚此意，勿恤众怨，谤议虽起，不足虑也。"丁未，乃诏江上并四川诸军遵依已降指挥，如有违戾，重作施行，干求乞贷，若借舟船人马之类并以赃论。

对于孝宗的潜邸旧臣，赵雄也不会徇私枉法，他曾奏：

守忠系潜邸祗应，即非随龙，依指挥不应添差。孝宗说："既碍指挥，不若且已。"赵雄赞誉孝宗道："圣德诚不可及，潜邸旧恩不肯假以一添差，臣下何敢用私意也。"孝宗也说："不如此则法不行。"

对于内侍官转官差遣的问题，赵雄奏道：

从来内侍寄资官罢内侍，差遣须转归吏部。"对此，"上然之。"大臣赞誉道："一闻大臣之言，欣然从之，盖以国家立法之美意，要当守而不变也。"

赵雄还曾奏：

"乞再置作院，专一打造义士衣甲，今欲行下……免冒滥者多矣。"赵雄又奏："且如军中升差与拣汰离军之人，令赴密院审察，皆有去取，此事亦奇；"对此，"上曰：'甚好'。"赵雄奏："一使臣差遣小，不应格，虽魏王奏请，陛下亦不从，群臣谁敢不遵守格法也。"①

① 《皇宋中兴两朝圣政》卷55，淳熙四年十一月己亥、庚子、甲辰。

由以上事例可见，孝宗与赵雄君相都是非常重视和维护国家法度与法制建设的。

此外，梁克家在这方面也起到了十分重要的作用。梁克家曾与孝宗谈论国家法度的问题，梁克家奏论：“先儒立论，不可指为一定之说，如崔寔著政论，务劝世主驭下以严，大抵救弊之言，各因其时耳。”孝宗赞同地说：“昔人以严致平，非谓深文峻法也，纪纲严整使人不敢犯耳，譬如人家父子兄弟森然法度之中，不必须用鞭朴，然后谓之严也。”[①] 孝宗还与梁克家共勉道：“朕与卿益当交修庶政，以答天意。”对于添差之法，梁克家曾奏：“初因特添差，后遂因仍作阙。”孝宗也表示赞同：“人许终满后不再差，亦不许指挥于外，但行下枢密院吏房遵守。”然而“四月四日，宰执进呈贾和仲乞添差副都总管，梁克家等奏曰：‘考之格法，观察使以上方除副都总管，庶官止合除总管，而和仲前三任乃已除副总管。’上曰：‘既于格法有碍，且当守法，可除江南西路正任总管。’”[②] 梁克家任宰相后依然重视遵守国家法度。乾道九年八月“癸酉，内批龙云、陈师亮添差”。宰相梁克家当面奏陈陈师亮添差于法有碍，“上曰卿等如此守法极好，上又曰侥幸之门，盖在上者多自启之，故人生觊觎心。汉画一之法，贵在能守”。[③]

宰相洪适也是积极维护国家法制者。“一日试中书舍人，洪适内殿奏事，上曰：‘卿所缴秦埙差遣甚当，向后有合缴事不须劄子，但批敕，将来如有自出朕意事不可行者，卿但缴来。’”[④] 洪适还积极支持孝宗依法办事，“洪适等奏曰：‘昨日张说传圣旨，询问医官换授事，吏部供并无条法，惟有王继先以特恩换授’，上曰：‘伎术官自是不许换授’，适等奏曰：‘陛下欲推恩一小臣，亦须问法’，上曰：‘正恐抵出，又不可行，旧无条法之事，岂可增创，卿等亦当如此。’适奏曰：‘陛下如此遵守法度，臣等岂敢轻违三尺。’”[⑤] 乾道二年三月，“宰臣洪适奏曰：‘补官法须年及十

---

① 《皇宋中兴两朝圣政》卷 50，乾道七年四月庚午。
② 《宋会要辑稿》职官 48 之 117 ~ 118。
③ 《皇宋中兴两朝圣政》卷 52，乾道九年八月癸酉。
④ 《宋会要辑稿》职官 3 之 19。
⑤ 《宋会要辑稿》职官 36 之 117。

五，沈巘年方十二，于法有碍。’……只可依条，适奏曰：‘陛下以至公存心，虽亲懿不为少回，况臣等岂得用私意耶。’”①

叶颙、蒋芾等也常与孝宗谈论遵守国家法度的重要性。孝宗“谓叶颙等曰：‘朕常思祖宗创立法度，以贻后人，后世子孙不能保守，极可惜。’叶颙等奏曰：‘祖宗创法垂统，亦甚艰难，子孙万不能守，一旦失之可惜，诚如圣谕。’上曰：‘创之甚难，坏之甚易。’蒋芾奏曰：‘……人主一念虑之间，不以祖宗基业为意，则事事放例，驯致败坏，故人主每欲自警戒，常恐一念虑之失，如陛下忧勤恭俭，属精政事，而于念虑之间，常自警戒，虽古之圣帝贤王用心不过于此。’上曰：‘朕非独自警戒而已，又且忧后世子孙不能保守。’”②

孝宗绍兴三十二年十月十八日，当孝宗“诏皇叔蕲州防御使士豢揍用恩平郡王璩减年磨勘转官”时，周必大曾加以反对，“指挥更不施行，以起居郎兼权中书舍人周必大奏：‘南班正任十年一转，须用实历，无回授法故也。’”③ 可见周必大有法必依的精神。淳熙四年，时任吏部侍郎的周必大又上言，议论维持国家纪纲与法令的重要性说：“臣闻古者治天下有要道，所以陶成风俗者，礼义廉耻也，所以维持纪纲者，法令赏罚也，二者相须阙一不可，固未有风俗不正而能立纪纲者也，及至后世谓礼义廉耻为迂，而难行，谓法令赏罚为切而易见，是徒采其名耳，未究其实也。”④

王淮也有支持、维护国家法度的举措。王淮曾奏军队主帅违反制度的问题，“其事虽轻，然违主帅约束，岂为无罪”⑤。王淮还鼓励孝宗秉公执法，“陛下用法如此，可谓至公”⑥。

史浩再相后首言：“臣蒙恩俾再辅政，唯尽公道。”⑦ 明确表示要秉公辅政。当孝宗“诏以张默为国子监书库官，先一日中使传旨，有张默者乃秀王夫人亲堂侄，欲与一添差监当，于法不碍否?”首参龚茂良坚持法度，

---

① 《宋会要辑稿》后妃2之14。
② 《宋会要辑稿》职官3之70。
③ 《宋会要辑稿》职官20之31。
④ 《历代名臣奏议》卷117《周必大奏议》。
⑤ 《皇宋中兴两朝圣政》卷55，淳熙四年正月庚申。
⑥ 《皇宋中兴两朝圣政》卷60，淳熙十年九月丁未。
⑦ 《皇宋中兴两朝圣政》卷56，淳熙五年五月庚子。

奏曰："近制惟宗室戚里及归正人方得添差，在法称戚里者谓三后四妃之家。""至是奏审。上曰：'朕正不欲先自废法，可勿行，遂同奏。'"[①] 此外，地方大臣也要求严格维护地方法制，如知长沙王师愈上疏的"欲望圣慈，申敕州县严行禁止"等言论，也是不绝史书。[②]

在孝宗朝诸位宰相中，主和派魁首汤思退却并非严于执行国家法度的宰相。"隆兴二年秋，统制官魏尚者，盗用所部军食，为钱三千缗。狱具，孝宗谕汤丞相曰：'故事，当真决。'汤丞相曰：'尚，武人，不足深责。愿陛下三令五申。'"对此，孝宗并不为其言论所动，"上勉促之，九月乙丑。遂降诏禁止"。此后更加强了这方面的法度。"十月乙丑，其后广西提刑石享义抵罪，始刺配焉。淳熙五年，上既申保任京官连坐之罚，十年夏，又诏自今自盗、枉法、赃罪至死者，籍其赀，仍决配，不以秩位之高下，形势之轻重，朕将一概施行"。[③]

孝宗朝法制在君臣的共同努力下不断强化，出现了支持维护法度的宰相因自身涉嫌违法而受到弹劾和处罚的情况。如，洪适就因"臣寮论其欺君挠法盗权蠹国之罪，乞罢其相位"。当孝宗不准时，又有臣僚"复又数其六罪"而最终将洪适罢相。其后，叶颙又因臣僚论其亲属违法而卷入一场纷争，"侍御史王伯庠，以论叶颙章疏内指言颙侄元璘受周良臣请求赃事，狱上，无迹，事干大臣，风闻失实，罢侍御史，诏叶颙可召赴行在"[④]。经过调查，终于还了叶颙及其亲属的清白，维护了大臣的名声。首席参知政事龚茂良之罢免，亦有其违反法度的因素在内，"淳熙初，龚实之秉政，其内弟林宓干办审计司，遇郊恩而林尚京秩，乃白上以六院官班寺监丞之上，林用是得封赠父母。龚后为谢廓然所论南窜，此其一事也"。[⑤] 而宰相梁克家因与同知枢密院张说议使事不合，被罢相不久，于淳熙二年正月癸巳，又被论劾触犯法度而与宰相曾怀一同受到惩处。"前宰相梁克家、曾怀坐擅改堂除、克家落观文殿学士，怀降为观文殿学士"。[⑥]

---

① 《皇宋中兴两朝圣政》卷54，淳熙三年五月癸亥。

② 《历代名臣奏议》卷114《王师愈奏议》。

③ 《建炎以来朝野杂记》甲集卷6《建炎至嘉泰申严赃吏之禁》。

④ 《宋宰辅编年录校补》卷17，乾道二年。

⑤ 《建炎以来朝野杂记》甲集卷10《六院官》。

⑥ 《宋人年谱丛刊》之《洪文安公年谱》。

《齐东野语》中记载道："旧法，未经任人，不许堂差。时相欲示私恩，则取部阙而堂除之。上知其故，遂令根刷姓名进呈，降旨云：'宰执当守法度，以正百官。梁克家违戾差过员数最多，候服阕日落职；曾怀可降观文殿学士。'"[①] 足见孝宗朝对国家法制的重视，即使是宰相也不能例外。

二、宰相群体与孝宗朝的法制建设

孝宗崇法务实，非常重视编订国家的各项法律条文。由于孝宗朝之初"士大夫罕通法律，而数书散漫，故吏得以舞文，上患之"[②]。于是，针对这种"士大夫少有精于法者，临时检阅，多为吏辈所欺"的现象，孝宗朝君臣大力加强了法律条文的编订工作。孝宗说："朕欲将见行条法，令敕令所分门编类，如律与刑统、敕令格式及续降指挥，每事截聚，载于一处，开卷则尽见之，庶使胥吏不得舞文。"[③] 独淳熙年间就先后出台了《淳熙条法事类》、《淳熙一州一路酬赏法》、《淳熙法册》等法律。这样也促进了士大夫形成懂法务实的作风。孝宗朝成为南宋法制最为健全的时期。

孝宗朝宰相对法制的制定起到了十分重要的作用。赵雄、虞允文、梁克家和龚茂良等宰相都作出了贡献。

早在隆兴二年正月时，宰相汤思退就上言："今百司皆有成法，中书国政所出，三省之法不可不修。"于是，孝宗"诏权中书舍人何俌、马麒，检正诸房公事叶颙，右司员外郎沈枢，同共编修，候成书，差尚书侍郎给事中详定覆"[④]。乾道六年八月，右相虞允文"上《乾道敕令格式》"[⑤]。《宋会要辑稿》刑法1也记载道："尚书右仆射虞允文言：'昨将……删削，今已成书，……乞冠以"乾道重修敕令格式"为名，诏依仍自八年正月一日颁行。'"其后，虞允文又奏上《乾道新书》，"于旧法有增损"[⑥]。对于《钦定乾道新书》，孝宗也付出了极大的心血，给予了非常严谨的态度。他

---

① 《齐东野语》卷1《孝宗圣政》。
② 《建炎以来朝野杂记》甲集卷4《淳熙事类》。
③ 《皇宋中兴两朝圣政》卷57，淳熙六年二月癸卯。
④ 《宋会要辑稿》刑法1之47。
⑤ 《宋史》卷34《孝宗本纪二》。
⑥ 《宋会要辑稿》刑法1之48。

“命官取新旧法，并前后敕旨，缉而修之，越岁书成，反复参订，乃以奏御。而丙夜之观，尤为详悉。其间有未便于人情，未安于圣心者，莫不朱黄识之，还以下谕，俾疏奏以闻，稍或可疑，必加改定，然后盼行，欲望播告中外，惟新书是遵，上曰：‘朕已自看一遍，亦异乎隋高祖之事矣。’于是诏从之。《圣政》使臣（留正）曰：‘法之未成也，议之贵乎详；法之既成也，守之贵乎坚，故今日议法之详，所以为异日守法之地也。’”①孝宗重视法制建设若此！乾道九年二月，右丞相梁克家、参知政事曾怀，又“上《中书门下省敕》二卷，《令》二十二卷，《格》一十三卷，《式》一卷，《申明》一卷，《尚书省敕》二卷”，并“乞冠以‘乾道重修逐省院敕令格式’为名”，孝宗“从之”②。

淳熙年间，孝宗朝君臣更是对法制建设倾注了很大的精力。淳熙初，参政龚茂良主持修《吏部七司法》。龚茂良提出订立此项法度的原则：“官人之道，在朝廷则当量人才以擢用，在铨部则宜守成法以差注，盖法者一定不易，如规矩权衡不可私以方圆轻重也。夫法本无弊，而例实败之，法者公天下，而为之者也，例则因人而立，以坏天下之公者也。”③ 从而表明了他因“例”立法会产生很大弊端的主张。龚茂良维护国家法度的态度十分坚决，有一回，“辅臣进呈，内批：刘球勋臣之后，可差充诸州军签判。辅臣奏：球未经内，有碍堂除。上曰：‘此刘光世孙，可特堂之。’”然而，孝宗马上意识到这种法外开恩的不良影响，于是，次日就派“中使至龚茂良私第，传旨宣谕：‘昨日刘球差签判指挥，更不须行，方进呈时，误认未曾经任之意，反覆思之，此除正碍近制，不可废法。’”孝宗及时纠正了自己的错误，维护了法度。

淳熙中，孝宗在宰相赵雄的辅佐下，“亲定《淳熙法册》”。淳熙六年八月，“进呈敕令所，重修《淳熙法册》，御笔圈记……”④。此外，赵雄为相时期，订立了孝宗朝最为重要和著名的一项法律，那就是《淳熙条法事类》。史载：“癸卯，进呈《淳熙海行新法》。上曰：‘朕欲将见行条法，令敕令所分门编类，如律与刑统、敕令格式及续降指挥，每事截聚，载于

① 《宋会要辑稿》帝系 11 之 7。
② 《宋会要辑稿》刑法 1 之 49。
③ 《皇宋中兴两朝圣政》卷 53，淳熙元年十二月。
④ 《宋会要辑稿》帝系 11 之 9。

一处，开卷则尽见之，庶使胥吏不得舞文。’赵雄等奏：‘士大夫少有精于法者，临时检阅，多为吏辈所欺，今若分门编类，则遇事悉见，吏不能欺。陛下智周万物，俯念及此，创为一书，所补非小。’乃诏敕令所，将见行敕令格式申明体，仿吏部七司了法总类，随事分门修纂，别为一书，若数事共条，即随门厘入，仍冠以‘淳熙条法事类’为名。”① 史书又载：“淳熙中，始命敕局官取敕、令、格、式及申明五书，分门来上。七年四月乃成，为总门三十三……”② 淳熙九年正月十三日，宰相王淮亦就国家法度中存在的纰漏，向孝宗建议，加以弥补和改良。“上谓辅臣曰：‘监司帅守接送人，借请等费用太多。’宰臣王淮等奏：‘条格具存，往往巧作名色，全在监司觉察。’上曰：‘只为监司自犯法，可令侍从等集议。’于是集议。”③ 可见终孝宗之朝，孝宗与其宰相们都在为健全国家的法制作着积极的努力。

在孝宗朝君臣建立和健全一系列法制的同时，就如何对待立法、执法原则的问题上，宰相们与孝宗也进行了许多有益的探讨，订立了一些切实的原则。

首先，孝宗朝宰相主张立法与执法要以非常慎重的态度。史臣说：“守法之地也议论讲明，一或不审，异日虽欲信而必行之，有不可得矣。”并以《乾道新书》的制定为例，说：“《乾道新书》卷帙而为不多，而寿皇丙夜遍觉弗倦，朱黄识之，多所改定，而后盼行。议法之详如此，所以为万世法。”④

其次，他们主张重视对祖宗法度等旧有法度的尊重和遵守。绍兴三十二年，孝宗刚即位就下诏：“朕惟天下有弊事，无弊法，祖宗立法，夫岂不良，今日之弊，在乎因仍习俗，固而不化，遂与法意背驰。若鲜而更张，宫商斯在，经不云乎，变而通之，……取当今弊事，悉意以闻，……使极言之，毋得隐讳。”⑤ 从而表明了孝宗对本朝立法的原则。隆兴元年四

---

① 《皇宋中兴两朝圣政》卷57，淳熙六年二月癸卯。
② 《建炎以来朝野杂记》甲集卷4《淳熙事类》。
③ 《宋会要辑稿》仪制4之30。
④ 《宋会要辑稿》帝系11之8。
⑤ 《宋会要辑稿》帝系9之31。

月，孝宗“诏有司所行事件，并遵依祖宗条法”[1]。“（乾道）七年二月，侍讲张栻轮对，奏：‘本朝治体，忠厚仁信为本’，因及熙丰、元符大臣。上曰：‘祖宗法度，乃是家法。熙丰之后，不合改变耳。’”当虞允文向孝宗请示一个执法问题时，“上曰：‘可依旧法’”[2]。乾道九年，因宰臣梁克家奏陈师亮添差于指挥有碍之事，孝宗说：“法度须是上下坚守”，如果“恩例有碍近降指挥”。孝宗主张：“既碍指挥则已。大凡法度，须是上下监守”，并且“谓法令明备，守之日足为治，……国家承平二百余年，法令明备，讲若画一，倘能守之，自足为治。盖天下本无事，庸人扰之耳。谕辅臣遵守法度。’”[3] 孝宗还要求宰辅大臣对自己进行监督，以免有违反法度的决定。史载：“辅臣近承诸司为举刘三杰，缘系初改官人，近制合作县邑，乞兴堂除一知县，上曰：‘得卿等守法度如此，甚善！间有内降，朕初无心，不厌卿等来理会，国家或有大事，须赖谋猷。平居无事，且当遵守法度。”所以孝宗也严格自觉遵守国家法度，“内批误用未经任人，辅臣有请，而止”[4]。基于此，孝宗朝君相对于改订法度持非常慎重的态度。孝宗对大臣说：“改法不当，终有窒碍，不如加详审于初，则免改更于后也，谓侥幸之门由上自启。”[5]

再次，孝宗朝君相坚决反对“用法不用例”、“因例害法”的立法及执法原则。孝宗朝君相一再诏令：“用法不用例，晓告天下”、“引例为弊”、“旧无条法之事不可创”。对此，洪适等人非常赞成和支持：“陛下欲推恩一小臣，亦须问法。”孝宗答道：“正恐批出又不可行，旧有条法之事，岂可创？卿等亦当如此。”洪适等人又奏：“陛下如此遵守法度，臣等岂敢轻违三尺宝训?”接着，君臣之间又“论执政毋创例以害法”。孝宗说：“卿等当谨法令，无创例以害法。”对于此，孝宗身体力行，宫人韩七娘曾得旨转郡夫人，然而却“依外命妇支给”，而孝宗朝法律规定外命妇郡夫人即无禄，因此魏杞等大为不解，“奏：‘岂有加封而反无请俸者’，上曰：‘禄令如此，朕不欲破例，此事且已，朕禁中自理会也。’”这使《圣政》

① 《宋会要辑稿》帝系 11 之 6。
② 《宋会要辑稿》帝系 11 之 8。
③ 《宋会要辑稿》帝系 11 之 8 ~ 9。
④ 《宋会要辑稿》帝系 11 之 9。
⑤ 《宋会要辑稿》帝系 11 之 8。

史臣对孝宗大为赞誉："寿皇圣帝欲为一宫人增俸，顾禄令不可而止，则其重爵禄守法令之意，可以顾推矣！"[①] 淳熙中，龚茂良上奏："臣谓用例破法者，其害浅，因例立法者，其害大，宜诏有司，讲求本末，将新旧法相与参考，旧法有违者，一切刊正，庶几国家成法简易明白，可以遵守。"孝宗马上"从之"[②]。

孝宗与宰相、大臣们共同的努力，使得孝宗朝的法制得到较为健全的发展，这也是孝宗朝政治较为清明、堪称治世的一个重要原因。

三、孝宗朝君臣重视法制建设的意义

孝宗朝政治可说是对高宗朝政治的一个全面的拨乱反正。为矫正高宗朝权相秦桧把持朝政、一手遮天和皇权低落、政治腐败的状况，恢复宋初太祖、太宗时的理想政治局面，也就是重建北宋以来的"皇帝与士大夫共治天下"的士大夫政治，孝宗为之付出了极大的努力。而加强国家的法制建设，便是其中一项重要的内容。宋代士大夫政治体制，不同于前代的皇权绝对专制，也不同于五代时的武夫悍将以武力决定政局的情况。在士大夫政治体制下，能维护该体制最为有力的法宝便是法制。孝宗朝君臣对于法制的重视和加强，既是对皇权与相权的维护，也是对二者权力的监督和约束，使国家政治沿着士大夫政治的道路顺利前行。诚如淳熙四年时为吏部侍郎的周必大所言："臣闻古者治天下，有要道，所以陶成风俗者，礼义廉耻也，所以维持纪纲者，法令赏罚也，二者相须，阙一不可。固未有风俗不正，而能立纪纲者也。及至后世，谓礼义廉耻为迂而难行，谓法令赏罚为切而易见，是徒采其名耳，未究其实也。"[③] 陈亮也说："本朝以儒道治天下，以格律守天下，而天下之人，知经义之为常程，科举之为正路，法不得自议其私，人不得自用其智，而二百年之太平，繇此而出也。"[④] 法制的日渐完善，才真正控制了权相乱政的局面，使孝宗朝社会走

---

① 《宋会要辑稿》帝系 11 之 6 ~ 7。

② 《皇宋中兴两朝圣政》卷 53，淳熙元年十二月。

③ 《历代名臣奏议》卷 117《周必大奏议》。

④ 《陈亮集》卷 1《戊申再上孝宗皇帝书》。

向和平、稳定与发展，创立了南宋立国百年之根基。

对于皇帝而言，法制是防止相权坐大、对以宰相为首的大臣们进行监督和约束的一个重要方法。乾道中，孝宗改变宰相称呼时就曾下诏说：“且丞相者，道揆之任也，三省者，法守所自出也。今舍其大而举其细，岂责实之谊乎？肆朕稽古厘而正之，盖名正则言顺，言顺则事成，为政之先务也。”①而对于宰相等官员士大夫而言，法制又是制约皇权、防止皇帝独裁的一个重要依据。

由此可知，任何一个国家，要想长治久安，关键是要健全法制，依法办事，这样才能保证国家机构的正常运行，从而促进社会经济的稳步发展，实现国家的繁荣昌盛。赵宋王朝自建立以后，便把健全法制当作头等大事来抓，用法律化、制度化的改革，终结了中唐以来两百多年的混乱局面，重建了中央集权式的统一国家。时代使然，赵宋王朝在以法治国的基础上，形成了“皇帝与士大夫共治天下”的成规，充分发挥与利用了广大士大夫的智慧，使宋代国家机器循制运行、有条不紊，稳定程度在中国古代社会中是少见的。而孝宗朝君臣对法制建设的重视，堪称典范，也是“乾淳之治”局面得以出现的关键所在。

第二节　孝宗朝宰相群体与朋党

一、宰相群体与孝宗朝朋党状况

（一）孝宗朝的朋党状况

在中国古代政治中，朋党现象十分常见。大臣们因政见不同而结成不同党派，相互之间争辩不已，甚至党同伐异，不再以孰是孰非为依据，变成了彼此的意气之争，给国家政治带来了极大的危害，甚至造成了如汉朝时的“党锢之祸”。在宋代“皇帝与士大夫共治天下”的士大夫政治体制

---

① 《文忠集》卷104《改左右丞相诏》。

下，或者说在宋代的“文官政治”下，朋党现象便更容易出现，可以说是“文官政治”的一大特点。北宋时期，朋党之争屡屡出现，甚至有人将北宋末年政治的腐败，以及北宋的灭亡归罪于熙丰变法以来不断升级的党争。可见，党争的确是对政治，尤其是士大夫政治（文官政治）造成极大危害的一种现象。

然而在孝宗朝，朋党之争的现象却并不显著，其影响和危害可说是微乎其微。这在整个宋代堪称绝无仅有。孝宗与他的宰相、大臣们在着力矫正前朝权相当政之失，努力恢复祖宗以来的士大夫政治体制的同时，对杜绝朋党现象的出现，也付出了很大的努力。首先，孝宗对朋党现象持坚决反对的态度，并能以适当的观点和方式来对待，以避免朋党现象的出现。对唐朝的“牛李党争”，孝宗总是嗤之以鼻。他说：“朝廷所用，正论其人如何，不可有党，如唐牛、李之党，相攻四十年，缘主听不明至此。文宗曰：‘去河北贼易，去朝中朋党难。’朕尝笑之。”宰相叶衡应和道：“陛下英明圣武，诚非难事。”[①] 淳熙五年，大臣们将孝宗“论朋党事”的“圣语”公开宣谕。其中，孝宗言道：“唐文宗有言去河北患易，去朋党难，朕常嗤其言，何至于此。朋党本不难去，若人主灼知贤否所在，惟贤是进、不肖是退，弗问其他，则党论自消。汉、唐末世，朋党皆数十年不能解，以至祸乱。朕常叹之，其患尽在人君之无学，所以听纳之不明也。若能公是公非，惟理适从，何朋党之有哉！使胸中有诗书有古今，则党论何从而起。”孝宗认为：“前世朋党之兴，尽由人主偏听，及党论既成，亦堕其中，混而为一，朕故推究源流，以立此论。”孝宗主张“君子群而不党，和而不同，贤者自然以类聚，虽曰群、曰和，然自有不党不同之处，岂可皆指以为朋党邪”，因此，孝宗认为只有“朋党之论不立，则士大夫可以安心营职，无他顾虑”[②]。

孝宗经常警戒大臣：“朝廷所行事，或是或非，自有公议。近来士大夫又好倡为清议之说，不宜有此。此语一出，恐相煽成风，便以趋事赴功者为猥俗，以矫激沽誉者为清高，浸浸不已，如东汉杜乔之徒，激成党锢之风，殆皆由此，可不痛为之戒。”当孝宗与宰辅大臣谈论治理朝政的取

---

① 《宋史》卷384《叶衡传》。

② 《皇宋中兴两朝圣政》卷56，淳熙五年五月甲辰。

舍标准时，龚茂良说："惟大中至正之道，可以常行。"孝宗赞成道："朕常日所行，乃执其两端，用其中于民。"对此，"叶萝锡丞相（叶衡）以下皆拜谢"并"乞发为明诏，布之海内。上从之。"后来，侍讲周必大对大臣发布的文告加以纠正，"奏论执政听闻不审，误以杜密为杜乔。又所引唐末清流浊流之说不相类，乞从中删改行出。寻命删改报行"①。

为防范大臣结党，孝宗在用人和对待大臣方面都采取了较为适当的方法。孝宗"谕宰执曰：'朕进用人才，初不因其荐引之人而为之去留，唯其当而已，若荐者偶以罪去，被荐者相与为奸，则当并逐。若初不阿附，而有才能，当依旧用之。'"② 当"孝宗闻林机、施元之二人握手私语，乃大怒之。左相陈俊卿奏，元祐中有独试故事，机为所使，因极论二人之奸。后二日，诏：'林机、施元之身居出纳言责之地，朋比相通，可并放罢。'"③ 孝宗即位后，超擢曾觌、龙大渊两位近习，为公议所不容，大臣群起反对，加以阻止。可见，孝宗在愤怒之余，亦十分提防朋党局面的出现。"胡周伯时为殿中侍御史，亦论二人市权招士，望屏远之，以防其微。奏入不出。十三日甲辰，给舍金彦行、周子充必大，再封还录黄。……十四日乙巳，上命二相陈鲁公（康伯）、史魏公（浩）召给舍至都堂宣示御札，大略谓安节等为人扇动，议论群起。又谓在太上时，小事不敢如此"。其后，周必大贬官入谢时，"上曰：'朕察卿举职，但朕欲破朋党、明纪纲耳。'"④ 由于孝宗对朋党采取了严加防范的态度，群臣之间亦对此颇为留意。陆游曾记载道："予与尹少稷（尹穑）同作枢密院编修官时，陈鲁公、史魏公为左右相，一日过堂见鲁公，语少款，少稷忽曰：'穑便难活相公面上人。'又云：'穑是右相荐，右相面上人。'又云：'穑是相公乡人，处处为人关防！'"⑤ 在反对朋党的同时，孝宗大力表彰那些秉公无党的大臣。周必大宽宏大度、公正无私，因而受到孝宗的推崇：

盖隆兴元年春，公（周必大）与时宰迕，以歎学知当涂，……公与王

---

① 《建炎以来朝野杂记》乙集卷3《孝宗论不宜有清议之说》。
② 《皇宋中兴两朝圣政》卷53，淳熙元年八月壬午。
③ 《建炎以来朝野杂记》甲集卷13《乾道制科恩数（李仲信本末）》。
④ 《建炎以来朝野杂记》乙集卷6《台谏给舍论龙曾事始末》。
⑤ 《老学庵笔记》卷6。

瞻叔（王之望）为代，虽知时论弗合，而于瞻叔盖未始隙也，公又尝荐之于上前。未几，（王之望）乃与叶审言共挤公。及公召还，王又疑公必相仇报，凡所以毁公者日至于朝，后又与王珏以公差皇甫倜知信阳军中，公后又力主弃地奉雠之说，合䟦以轧公及张忠献公，至是，所谓大而有理之约亦不复然矣，某尝阅公奏疏，有之望怨臣不已，不知臣实未尝于陛下之前，朝廷之上，百僚之间，出一言一字以短之望者。①

当周必大除敷文阁待制兼侍读兼权兵部侍郎兼直学士院时，“上劳之曰：‘卿不迎合，无附丽，朕所倚重！’”② 可见，孝宗反对朋党的态度是十分鲜明的。孝宗朝的许多宰相也身体力行地反对朋党。如，陈康伯与秦桧为太学同学，在秦桧当政时，陈康伯却“泊然无求，不偷合”，他说：“大臣事当尽公，若依阿植党，此鄙夫患失者，臣非惟不敢，亦素不能。”③ 陈俊卿为人公正无私，亦曾“急论朋党之弊”④。

由上可知，孝宗朝总体上对朋党的防范是比较成功的，但这并非说孝宗朝就没有存在过朋党的现象。正如淳熙四年，殿侍谢廓然所言：“陛下临御以来，动鉴家法，而治效犹未进，岂朋比之习容有未革？望敕臣下合谋辅治，毋党同以来异，毋阿比以害公，使忠良蹇谔之士尽言而不疑，奸险倾巧之徒知退而有惧，如此则治效可驯致矣。”对此孝宗“从之”⑤。如果说孝宗朝尚存在一定的朋党之争的话，那就主要存在于两个阶段：一是孝宗朝初期，围绕战、守、和的问题而形成的主战派、主守派与主和派三派间的斗争；二是孝宗朝末期，朝野道学与反道学的斗争加剧，从而促成了道学党与反道学党的形成。在这两个阶段之外，也星星点点地存在着朋党的迹象，但都被及时地予以防止而平息。而孝宗朝的所有这些朋党现象，无不与孝宗朝的宰相们存在着密切的关系。

（二）宰相群体与朋党

第一阶段，以张浚、虞允文等为代表的主战派，以汤思退、王之望等

---

① 《鹤山集》卷59《跋虞丞相帖》。
② 《历代名臣奏议》卷143《周必大奏议》。
③ 《宋史》卷384《陈康伯传》。
④ 《宋史》卷383《陈俊卿传》。
⑤ 《皇宋中兴两朝圣政》卷55，淳熙四年六月己卯。

为首的主和派，以及以史浩等为代表的主守派之间关于战、和、守问题的斗争，已经在前文的军事、外交部分充分表现出来，此不赘述。这一时期的党争是高宗朝关于战、和问题党争的继续，所不同的是，这一时期很大一部分人从主战派阵营中分化出来，与原来的主张“守”的官员形成了新的主守派阵营，并逐渐成长、壮大，成为影响孝宗朝中后期的重要政治力量。这个阶段的党争，以主和派与主守派联合势力的胜出而决定了“和”的时局，但这绝非主要的，或者说绝非决定性的因素。宋金和局的形成更有其深层次的军事、经济（财力）、政治等方面的决定因素，党争只不过是宋朝内部不同势力和持不同政见者相互争论和斗争的一个表现形式而已。但这次党争对孝宗朝初期政坛的影响是十分巨大的，它决定了孝宗朝的政局，奠定了宋金关系的模式。

在其后长期的政治发展中，朋党的迹象亦曾起起伏伏。尤其是与宰相相关的朋党事件在孝宗朝政治中掀起了层层波澜。近习势力在孝宗朝甚为猖獗，近习之间相互盘结、扩大权势，已经形成了一个盘根错节的近习集团，或曰近习党。为此，当孝宗于淳熙六年夏大旱，“诏监司郡守条具民间利病”时，知南康军朱熹上疏，对近习党羽势力的危害进行了淋漓尽致的痛斥：“今宰相、台省、师傅、宾友、谏诤之臣皆失其职，而陛下所与亲密谋议者，不过一二近习之臣，上以蛊惑陛下之心志，……下则招集天下士大夫之无耻者，文武汇分，各入其门，……陛下所谓宰相、师傅、宾友、谏诤之臣，或反出其门墙，承望其风旨，其幸能自立者，亦不过龊龊自守，而未尝敢出一言以斥之，其甚畏公论者，乃能略警逐其党之一二，既不能深有所伤，而终亦不敢正言，以捣其囊橐、窟穴之所在。势成威立，中外靡然向之，使陛下之号令黜陟不复出于朝廷，而出于一二人之门。”① 孝宗对此言虽大为恼火，却在以宰相为首的大臣们的攻击下，终于将近习的势力不断削弱，使其势力始终处于孝宗的掌控之中，为孝宗服务。

此外，在孝宗统治期间，亦有一些关于宰相结党的议论出现，但都得以平息。隆兴初，在是否北伐的争论中，史浩与史正志协力反对张浚等主战派北伐的建议，史浩与张浚在朝中发生激烈争论；此外“浩因城瓜洲，

① 《历代名臣奏议》卷183《朱熹奏议》。

派太府丞史正志往视之”，史正志又与张浚进行了争辩，于是主战派王十朋对史浩加以弹劾：“十朋亦疏史正志朋比，并及浩，遂与祠，自是不召者十三年。”淳熙初，“上问执政：‘久不见史浩，无他否？’遂除少保、观文殿大学士、醴泉观使兼侍读。五年，复为右丞相”。君臣刚见面，孝宗说：“自叶衡罢，虚席以待卿久矣。”而史浩却似乎不忘前事，奏道：“蒙恩再相，唯尽公道，庶无朋党之弊。”孝宗劝慰道：“宰相岂当有党，人主亦不当以朋党名臣下。朕但取贤者用之，否则去之。”① 洪适也曾有党其亲属之嫌。洪述、施元之、张楹等朝中大臣“并放罢，以言者论其皆宰臣洪适亲党故也”②。龚茂良被论劾罢相，其中亦有结党之因素。“臣僚论（龚）茂良擅权植党”，“臣僚复论茂良四罪……具荐察官，则私以妻党林虙为首；拟除后省，则特以乡人林光朝为言，其可诛四也。寻责宁远节副，英州安置，明年卒于贬所”③。

在孝宗朝宰相中引起朋党风波最大的当属赵雄。史载，“赵温叔为相，多引蜀士”④，“时有言雄多私里党者”⑤，于是赵雄被罢相，出知泸州。同时将赵雄所任用的一些朝中蜀籍官员或放外任或贬。由此在朝中引起了很大的骚动，于是陈俊卿、王淮等纷纷劝阻，“陈应求尝告孝宗曰：‘近时宰相罢去，则所用之人，不问贤否，一切屏弃。此钩党之渐，非国家之福。’赵温叔为相，多引蜀士，及罢相，有为飞语以撼蜀士者，王季海言：‘一宰相去，所用者皆去，此唐季党祸之胎也，岂圣世所宜有哉！’蜀士乃安。”⑥ 孝宗虽听取了大臣们的劝阻，却引以为戒，完善了选任官员的制度，“于是，命大臣进拟，皆于姓名下，注本贯封入，遂为故事”⑦，即在大臣推荐的人才名下，注明其籍贯，以防止荐引乡里朋党局面的出现。

整体来看，孝宗朝朋党及朋党相争的情况并不严重，有关情况都得到了及时妥当的处理。

---

① 《宋史》卷396《史浩传》。

② 《宋会要辑稿》职官71之13。

③ 《皇宋中兴两朝圣政》卷55，淳熙四年七月。

④ 《鹤林玉露》甲编卷6《宰相罢》。

⑤ 《皇宋中兴两朝圣政》卷59，淳熙八年八月。

⑥ 《鹤林玉露》甲编卷6《宰相罢》。

⑦ 《宋宰辅编年录校补》卷18，淳熙八年。

二、宰相群体与道学党、反道学党的形成

（一）宰相群体与理学及理学家的关系

学术，尤其是学术思想，历来都对政治产生重要的影响。因为包括皇帝在内的政治主体，都是受过良好教育的文人集团。科举制度实行以来，这种趋势愈加明显。宋代是科举制度迅速发展的重要时期，日益增扩的进士录取名额广开了文人入仕的门径，而这又与宋代奉行的士大夫政治（文官政治）相辅相成。文臣在传统学术思想的教育下成长，同时又对学术进行不断的发展和开拓。更为重要的是，文人官僚的学术思想对国家的治理、内外政治，对一朝的士风、吏风、政风都有着重要的影响。在南宋时期，理学逐渐发展壮大，直至成为国家的统治思想。因此，理学对南宋政治的影响力是十分值得重视的。孝宗朝是理学广泛传播的时期，在朝野都具有一定的影响力。然而，由于孝宗“素疾虚名之士，恶言清浊流”，因此一向对朱熹心存偏见，“上每与大臣言之，辄动容变色”[①]。当龚茂良推荐朱熹时，孝宗加以反对，“手诏付茂良，谓：‘虚名之士，恐坏朝廷。’熹迄不至。”[②] 孝宗认为当务之急是趋事赴功以图恢复，主张做一些实事，而非空谈心性之学。面对理学对官员越来越大的影响力，孝宗不无担心地说：“近来士大夫又好倡为清议之说，不宜有此。此语一出，恐相煽成风，便以趋事赴功者为猥俗，以矫激沽誉者为清高，浸浸不已，如东汉杜乔之徒，激成党锢之风，殆皆由此，可不痛为之戒”[③]，“士大夫好为高论而不务实”，“士大夫微有西晋风”[④]。因此，孝宗朝官方对理学并不采取积极支持的态度，而且对理学的反对往往是伴随着孝宗朝对吏风、士风的整顿。因而理学在孝宗朝并不得势。值得注意的是，与官方所提倡的不同，理学在朝野士大夫中却产生了越来越广泛的影响，在宰相中亦是如此。

孝宗朝许多宰相与理学家都有着密切、友好的关系和交往。张浚本人

---

① 《建炎以来朝野杂记》乙集卷 8《晦庵先生非素隐》。

② 《宋史》卷 385《龚茂良传》。

③ 《建炎以来朝野杂记》乙集卷 3《孝宗论不宜有清议之说》。

④ 《建炎以来朝野杂记》乙集卷 3《孝宗论士大夫微有西晋风》。

与胡安国、尹焞、胡寅等理学家就保持着密切的关系。高宗时，“枢密张浚荐安国可大用”①，“张浚独相，于是召安国，俾以内祠兼侍读，而上章荐焞，言其拒刘豫之节，且谓其所学所养有大过人者，乞令江州守臣疾速津送至国门。”② 此外，张浚与胡安国之子、理学家胡寅（从学于杨时）亦有很好的关系。靖康初，“金人陷京师，议立异姓，寅与张浚、赵鼎逃太学中，不书议状”，“建炎三年，高宗幸金陵，枢密使张浚荐（胡寅）为驾部郎官”③。因此，张浚本人深受理学的影响，当张浚谪居永州时，杜门谢客，杨万里“三往不得见，以书力请始见之。浚勉以正心诚意之学，万里服其教终身，乃名读书之室曰诚斋”④。在张浚家学的影响下，张浚之子张栻才成为孝宗朝乃至南宋时期的一代理学大师。张浚父子一度成为南宋前期理学的宗主。《齐东野语》引何氏《备史》云：“张魏公素轻锐好名，士之稍有虚名者，无不牢笼，……且其子南轩以道学倡名，父子为当时宗主。在朝显官皆其门人，悉自诡为君子，稍有指其非者，则目之为小人。……及符离之败，国家平日所积兵财扫地无余。……符离军溃，公方鼻息如雷，此是心学，虽亦取莱公纪事中意，然方当大军悉溃，亦安在其为心学哉！”⑤ 可见，张浚父子对孝宗朝的学术和政治都产生了重要的影响。

史浩也对包括理学家朱熹、陆九渊等在内的著名学者十分推崇。淳熙五年，史浩再相，首先起用朱熹，“除知南康军，降旨便道之官，熹再辞，不许”⑥。淳熙八年，“史浩荐薛叔似、杨简、陆九渊、陈谦、叶适、袁燮、赵善誉等十六人，诏并赴都堂审察”⑦。后来，史浩入见，又“请收天下人望，乃除熹秘阁修撰，主管南京鸿庆宫。熹再辞，诏：‘论撰之职，以宠名儒。’乃拜命”⑧。也许受史浩的影响，史浩之子史弥远在宁宗朝为相时便大力提倡理学，使理学成为在宁宗朝乃至此后在南宋占统治地位的正统

---

① 《宋史》卷435《胡安国传》。
② 《宋史》卷428《尹焞传》。
③ 《宋史》卷435《胡寅传》。
④ 《宋史》卷433《杨万里传》。
⑤ 《齐东野语》卷2《符离之师》。
⑥ 《宋史》卷429《朱熹传》。
⑦ 《宋史》卷35《孝宗本纪三》。
⑧ 《宋史》卷429《朱熹传》。

思想。

龚茂良与朱熹亦有着很好的关系。他曾专门上奏："近奉诏旨，欲奖用廉退之士，有朱熹者，操行耿介，屡召不起，宜蒙录用。……于是诏除秘书郎。"① 而朱熹"力辞，且以手书遗茂良"，加之孝宗对朱熹有成见，于是不得已"即从其请，主管武夷山冲佑观"②。龚茂良一向反对谈论收复，却于罢相离朝前谈论收复事宜，因而惹怒了孝宗，被贬后死于偏远之地。对此，后来朱熹为龚茂良大鸣不白之冤，"茂良没数年，朱熹从其子得副本读之，则事虽恢复，而其意乃极论不可轻举，犹平生素论也，深为之叹息云"③。

宰相梁克家对朱熹也十分推崇，他刚任相就"申前命，（朱熹）又辞"，"克家奏熹屡召不起，宜蒙褒录，执政俱称之，上曰：'熹安贫守道，廉退可嘉。'特改合入官，主管台州崇道观。熹以求退得进，于义未安，再辞。淳熙元年，始拜命。"④

除上述诸位宰相外，孝宗朝与理学家关系最为密切、对扩大理学影响最有贡献的，当属陈俊卿和周必大。陈俊卿"尤敬朱熹，屡尝论荐"⑤，与朱熹有着密切的往来。乾道三年，陈俊卿、刘珙"荐（朱熹）为枢密院编修官，待次"。后来，陈俊卿以旧相守金陵，"过阙入见，荐熹甚力"⑥。朱熹亦言："熹早蒙公（陈俊卿）知，晚岁尤笃。"⑦ 陈俊卿还请朱熹到家乡莆田白湖仰止堂讲经授学，让家族子弟随朱熹学道。陈俊卿三个儿子"守、定、宓，俱从朱子受学焉"⑧，其中四子陈宓在朱熹教诲下，"信道尤笃"⑨，学者称其为复斋先生。陈俊卿的孙子陈址亦师从朱熹，可见两家关系之密切。朱熹甚至为陈俊卿女儿的再嫁问题写信给陈俊卿及其子陈守，

---

① 《皇宋中兴两朝圣政》卷 54，淳熙三年六月甲午。
② 《宋史》卷 429《朱熹传》。
③ 《宋史》卷 385《龚茂良传》。
④ 《宋史》卷 429《朱熹传》。
⑤ 《宋史》卷 383《陈俊卿传》。
⑥ 《宋史》卷 429《朱熹传》。
⑦ 《晦庵集》卷 96《正献陈公行状》。
⑧ 《闽中理学渊源考》卷 29《莆阳陈氏家世学派》、《正献陈福公先生俊卿》。
⑨ 《宋史》卷 408《陈宓传》。

加以劝说。[①] 朱熹后来还为陈俊卿子孙三代写下了行状或墓志铭。[②]

陈俊卿的同乡好友林光朝（号艾轩）亦是当世理学名家。林光朝“专心圣贤践履之学”，史载“南渡后，以伊、洛之学倡东南者，自光朝始”[③]。陈俊卿曾言：“莆虽小垒，儒风特盛，自绍兴以来四五十年，士知洛学，而以行义修饬闻于乡里者，艾轩先生实作成之也。”[④] 林光朝与陈俊卿年龄相仿，志趣相投，友谊甚笃。陈俊卿曾说：“艾轩，吾友也”[⑤]，并赞其学识，“今艾轩之学行文章为吾里宗师”[⑥]。林光朝死后，陈俊卿作诗《哭林艾轩》[⑦] 以悼念之，又亲自为其撰写祭文[⑧]。

陈俊卿与理学家张栻的交往也是十分密切的，在隆兴北伐中，他们曾并肩辅佐张浚指挥战事，并共同往返于前线与朝廷之间。此外，陈俊卿与其他理学学者也有交往，他与理学名臣赵汝愚之父赵善应有交游之谊，赵善应“既卒，丞相陈俊卿题其墓碣曰：‘宋笃行赵公彦远之墓。’”[⑨] 对隐逸的理学著名学者，陈俊卿也大力推举，“时宰相陈俊卿，闽人也，雅知（魏）掞之，招之甚力。乃以布衣入见，极陈当时之务，大要劝上以修德业、正人心、养士气为恢复之本。上嘉纳之，赐同进士出身，守太学录。”[⑩] 物以类聚，人以群分。由于志同道合，于是在陈俊卿周围形成了一个理学氛围很浓的官员群体。刘珙去世前还不忘向孝宗建议：“陈俊卿忠良确实，可以任重致远，张栻学问醇正，可以拾遗补阙，愿亟召用之。”然后，“又手书诀栻与朱熹，其言皆以未能为国报雪仇耻为恨。”[⑪] 陈俊卿对理学的扶植，对理学势力在朝中的发展起了重要作用。

---

① 《晦庵集》卷 26《与陈师中书》、《与陈丞相别纸》。

② 《宋史》卷 383《陈俊卿传》；《闽中理学渊源考》卷 29《莆阳陈氏家世学派》之《承奉陈师德先生定》、《承事郎陈廉夫先生址》。

③ 《宋史》卷 433《林光朝传》。

④ 《八闽通志》卷 84《词翰》之《艾轩祠堂记》。

⑤ 《艾轩先生文集》卷 10。

⑥ 《八闽通志》卷 84《词翰》之《艾轩祠堂记》。

⑦ 《全宋诗》卷 2050，第 37 册，第 23047 页。

⑧ 《艾轩集》卷 10《祭文》。

⑨ 《宋史》卷 392《赵汝愚传》。

⑩ 《宋史》卷 459《魏掞之传》。

⑪ 《宋史》卷 386《刘珙传》。

周必大是对孝宗朝理学发展最具推动力的宰相，对孝宗朝中后期理学势力的壮大起了巨大的作用。周必大与理学大师朱熹、张栻都有交往。当朱熹极论时事，令孝宗大怒，“谕雄令分析”时，情形对朱熹非常不利，除赵雄劝说解救外，“会周必大亦力言之”，于是孝宗“乃止”①。淳熙十四年，周必大任相，又对朱熹加以升擢，“除（朱）熹提点江西刑狱公事，以疾辞，不许，遂行”。当朱熹论劾近习而被除兵部郎官时，“以足疾丐祠”，却遭到反对理学的大臣的指摘，“本部侍郎林栗尝与熹论易、西铭不合，劾熹：‘本无学术，徒窃张载、程颐绪余，谓之“道学”。所至辄携门生数十人，妄希孔、孟历聘之风，邀索高价，不肯供职，其伪不可掩。’上曰：‘林栗言似过。’”面对如此的侮蔑，周必大与薛叔似、叶适、胡晋臣等大臣都为朱熹加以辩解和保护，周必大“言：‘熹上殿之日，足疾未瘳，勉强登对。’上曰：‘朕亦见其跛曳。’”左补阙薛叔似“亦奏援熹，乃令依旧职江西提刑”。太常博士叶适上疏与林栗辩论，“谓其言无一实者，‘谓之道学’一语，无实尤甚，往日王淮表里台谏，阴废正人，盖用此术”。听了这番辩解，孝宗下诏：“熹昨入对，所论皆新任职事，朕谅其诚，复从所请，可疾速之任。”而胡晋臣仍不放过侮蔑朱熹的林栗，“会胡晋臣除侍御史，首论栗执拗不通，喜同恶异，无事而指学者为党，乃黜栗知泉州。熹再辞免，除直宝文阁，主管西京嵩山崇福宫。未逾月再召，熹又辞”②。周必大与张栻也有来往，他们曾通过书信来探讨学术等问题，如《张南轩回周益公书》。③

周必大是文人气息十足的宰相，他喜欢与大学问家，尤其是理学家、文人雅士交往，并积极向朝廷推举他们。谢谔，“人称艮斋先生，周必大荐士，及谔姓名，孝宗曰：‘是谓艮斋者耶？朕见其性学渊源五卷而得之。’”④ 詹体仁“颖迈特立，博极群书。少从朱熹学，以存诚慎独为主。为文明畅，悉根诸理。周必大当国，体仁尝疏荐三十余人，皆当世知名士”。詹体仁的同郡人真德秀，“早从其游”，并向他请教学术、为官之道，

① 《宋史》卷396《赵雄传》。
② 《宋史》卷429《朱熹传》。
③ 《巽斋文集》卷20。
④ 《宋史》卷389《谢谔传》。

后来真德秀便成为一位著名的理学家。[①] 赵蕃“年五十，犹问学于朱熹。……丞相周必大与蕃契，屡加引荐，蕃竟不受。宰之言曰：‘文献之家，典刑之彦，岿然独存，犹有以系学者之望者，蕃一人而已。’”[②] 刘清之“病且革，为书以别向浯、彭龟年，赋二诗以别朱熹、杨万里”，周必大亲自“来视疾，谓曰：‘子澄其澄虑。’清之气息已微，云‘无虑可澄’，遂卒。”[③]

由于周必大广结理学家和知名理学学者，其成为了朝廷中理学势力的支持者和代言人。何澹“本周必大所厚，始为学官，二年不迁，留正奏迁之。澹憾必大，及长谏垣，即劾必大，必大遂策免”。当何澹与其友刘光祖谈论弹劾周必大之事时，刘光祖提醒他：“周丞相岂无可论，第其门多佳士，不可并及其所荐者。”但是“澹不听”[④]。可见，周必大周围有个更大的理学势力团体，他已是理学势力的政治代表人物。所以，直到宁宗嘉泰元年，监察御史施康年在弹劾时以少傅、观文殿大学士致仕的周必大时，还说周必大“首倡伪学，私植党羽”，遂“诏降为少保”[⑤]。

孝宗朝大多数宰相对理学采取了支持和同情的态度，然而另一些宰相对理学势力并非一味支持，这些宰相中，除了以王淮为代表的坚决反对理学者外，还有一类介于支持和反对之间的宰相，这一类宰相主要为赵雄和留正。他们既对理学势力起到过一定的积极作用，同时也曾对理学发展有过不利的影响。

赵雄对朱熹可谓恩义有加。淳熙五年，史浩再相，屡召朱熹而不起，而史浩“必欲起之”，赵雄知其难起，便“谓史公曰：不若姑以外郡处之”，朱熹此次果然应召，“乃除知南康军”，从而缓解了双方的尴尬局面。孝宗“素疾虚名之士，恶言清浊流”，因此一向对朱熹心存偏见。朱熹除知南康军时，应诏上书，“极论时事”[⑥]，“其言尤力”[⑦]，令孝宗勃然大怒，

---

① 《宋史》卷393《詹体仁传》。
② 《宋史》卷445《赵蕃传》。
③ 《宋史》卷437《刘清之传》。
④ 《宋史》卷394《何澹传》。
⑤ 《宋史》卷38《宁宗本纪二》。
⑥ 《宋史》卷396《赵雄传》。
⑦ 《宋史》卷470《曾觌传》。

谕令分析，形势对朱熹十分不利。此时赵雄婉言劝谏：“熹狂生，词穷理短，罪之适成其名。若天涵地育，置而不问可也”①，“欺世盗名陛下恶之是也。虽然，上疾之愈甚，则下誉之愈众。以天子之贵而切切焉反与之角，若惟恐不能胜者，无乃适所以高之乎？不若因其长而用之，彼渐当事任，则能否自露，谬伪自乖，虚名败矣，何必仰劳圣虑。若摈而不用，则徒令以不遇藉口耳”，赵雄以其“能回人主”的出色口辩，终于使“上以为然”②，平息了此事，保全了朱熹。由此可见，赵雄不但保护了朱熹，而且更重要的是，由于他的建议和主张，孝宗对朱熹等理学家深恶痛绝的态度有所改变，从而采取了一种对理学较为宽容的政策和策略。这使得理学虽然得不到孝宗朝官方的支持，却给了理学在民间，乃至朝廷官员中逐渐发展和扩大影响力的机会和可能。在这个方面，赵雄可谓功不可没。

然而，赵雄与张栻这位有重要影响的理学大师却几乎誓不两立。张栻在乾、淳时期已转变成为主守派的代表人物。赵雄与张栻的结怨源于张栻与虞允文的不和。赵雄乃虞允文的门人，因此对张栻亦不会有好感。两人矛盾的公开始于乾道七年论谏近习曾觌一事，自此“温叔与南轩始有隙”③，并开始了力排南轩的斗争。“张栻再被召，论恢复固当，第其计非是，即奏疏。孝宗大喜，翌日以疏宣示，且手诏云：‘恢复当如栻所陈方是。’即除侍讲，云：‘且得直宿时与卿论事。’虞允文与雄之徒不乐，遂沮抑之。广西横山买马，诸蛮感悦，争以善马至。上知栻治行，甚向栻，众皆忌嫉。洎栻复出荆南，雄事事沮之。时司天奏相星在楚地，上曰：‘张栻当之。’人愈忌之。”④ 从赵、张二人的分歧与纷争中，可以看出他们的分歧主要是围绕国家的军事与政治问题，与学术并没有很大关系。就学术而言，赵雄并不反对理学，他的儿子赵昱便崇尚理学，“少苦学，以司马、周、程氏为师”⑤，赵雄为相，虽与张栻不协，而赵昱却成为张栻思想学术上的朋友，在学术界占有一席之地。《宋元学案》卷50《南轩学案·南轩私淑》中“郡守赵中川先生昱”一条载著“赵昱，字希光，卫文定公

---

① 《宋史》卷396《赵雄传》。
② 《建炎以来朝野杂记》乙集卷8《晦庵先生非素隐》。
③ 《建炎以来朝野杂记》乙集卷6《孝宗黜龙曾本末》。
④ 《宋史》卷396《赵雄传》。
⑤ 《程史》卷3《赵希光节概》。

雄子也……当是时，南轩之教盛行蜀中，黄兼山、范文叔皆导其绪。文定故与南轩不咸，以是两家子弟其初不甚往还，而先生独与其高弟议论多合。说者以为吕正献公之于范、欧诸老为亲炙，而先生之于南轩为私淑，然其善于亲师。取友则同也”。赵昱还积极传授理学，“读鹤山魏公集，称沧江虞氏之向道，审由先生”。其后，赵昱于开禧中殉节蜀难。《宋元学案》的作者赞誉道：“要其舍生取义，不愧先人，则真儒者也。”所以，从总体上看，赵雄对理学产生的积极影响大于消极影响。

而留正在后来的庆元党禁中亦被指为道学或伪学之党，如宁宗庆元二年“右谏议大夫刘德秀劾留正引用伪学之党”[1]；“刘德秀仕长沙，不为张栻之徒所礼，及为谏官，首论留正引伪学之罪。‘伪学’之称，盖自此始”[2]，留正被称伪学党。然而，在孝宗朝末的道学与反道学的斗争中，留正却扮演了反对周必大等道学党的角色。也许学术分歧与政治斗争相比，政治斗争的因素更大些。

孝宗朝坚决反对理学、成为反道学党的代表人物的当属王淮。起初，王淮对朱熹等理学者并无成见，“王淮为相，一日问（杨万里）曰：‘宰相先务者何事?’曰：‘人才。’又问：‘孰为才?’疏朱熹、袁枢以下六十人以献，淮次第擢用之”[3]。王淮与朱熹的不协，源于朱、唐交奏事件。王淮与唐仲友交情甚厚，“知台州唐仲友与王淮同里为姻家，吏部尚书郑丙、侍御史张大经交荐之”[4]。而朱熹却与唐仲友发生了一场震动朝廷的大官司，“朱熹行部至台州，奏台守唐仲友不法事”，宰相王淮“芘之，熹章十上”。而郑丙雅厚仲友，且为迎合宰相意，于是“奏：‘近世士大夫有所谓“道学”者，欺世盗名，不宜信用。’盖指熹也。于是监察御史陈贾奏：‘道学之徒，假名以济其伪，乞摈斥勿用。’道学之目，丙倡贾和，其后为庆元学禁，善类被厄，丙罪为多”[5]。从此，王淮就开始了力排道学党的斗争。王淮周围聚集了一些反道学的大臣，如林栗、郑丙、陈贾等。正如大臣所论，“侍郎林栗劾熹慢命，熹乞奉祠。太常博士叶适论栗袭王淮、郑

① 《宋史》卷37《宁宗本纪一》。
② 《宋史》卷429《朱熹传》。
③ 《宋史》卷433《杨万里传》。
④ 《宋史》卷429《朱熹传》。
⑤ 《宋史》卷394《郑丙传》。

丙、陈贾之说，为‘道学’之目，妄废正人”[①]。林大中上章论劾，“陈贾以静江守臣入奏，大中极论其‘庸回亡识，尝表里王淮，创为道学之目，阴废正人。傥许入奏，必再留中，善类闻之，纷然引去，非所以靖国’。命遂寝”[②]。太常博士叶适也“独上封事辩之：‘……郑丙唱之，陈贾和之。居要路者密相付授，见士大夫有稍务洁修，粗能操守，辄以道学之名归之，殆如吃菜事魔、影迹犯败之类。往日王淮表里台谏，阴废正人，盖用此术。栗为侍从，无以达陛下之德意志虑，而更袭郑丙、陈贾密相传授之说，以道学为大罪。文致言语，逐去一熹，固未甚害，第恐自此游辞无实，谗言横生，善良受害，无所不有！愿陛下正纪纲之所在，绝欺罔于既形，摧抑暴横以扶善类，奋发刚断以慰公言。’”于是侍御史胡晋臣将林栗劾罢。[③] 在周必大、薛叔似等同情理学的大臣的弹劾下，为相长达七年的王淮也被罢相，“上自除叔似左补阙。叔似论事，遂劾首相王淮去位”[④]。“五月己亥，王淮罢。乙巳，帝既用薛叔似言，罢王淮。”[⑤] 王淮虽罢，但道学与反道学的斗争仍在进行。

（二）道学与反道学党派的形成及其斗争

孝宗朝淳熙末年是道学与反道学斗争逐渐加剧的时期，并终于导致了道学朋党与党争的形成。发生在淳熙九年的朱熹、唐仲友交奏事件是南宋道学斗争史上的一件大事。以这一事件的发生为标志，道学与反道学势力的政治分野开始日益明朗化。一部分士大夫，如郑丙、陈贾、蒋继周等攻击道学，形成了以宰相王淮为首的反道学势力集团；另一部分士大夫则支持朱熹，形成了以道学人士为主的道学势力集团，如楼钥、尤袤、彭仲刚等道学中人，其主张道学者自不待言。开创了道学内部心学一派的陆九渊也站在朱熹一边，称朱熹“朱元晦在浙东，大节殊伟，劾唐与正一事，尤大快众人之心”[⑥]，另有一部分本非道学之士者，也日渐倾向于支持道学，

---

① 《宋史》卷35《孝宗本纪三》。
② 《宋史》卷393《林大中传》。
③ 《宋史》卷394《林栗传》。
④ 《宋史》卷397《薛叔似传》。
⑤ 《宋史》卷35《孝宗本纪三》。
⑥ 《象山集》卷7《与陈倅书》。

如杨万里曾“言朱熹不当与唐仲友同罢”[①]，成为道学势力的有力声援者。不过这时道学势力因缺乏朝廷权要的汲引和支持，还远远不能与以王淮为首的反道学势力相抗衡。直到淳熙十四年倾向道学的周必大拜相之后，道学派才得以在朝廷之上结成一股独立的政治势力。

周必大本非道学之士，他最初只是以辞臣见用于孝宗，掌制诰之命多年，然后才梯阶而进，并于淳熙十四年二月进拜右丞相。不过由于他与道学派关系较好，又深受孝宗的器重，不免成为王淮的潜在威胁，因而在其拜相伊始，就遭到了王淮之党的攻击。周必大自己在淳熙十五年十月所写的日记中说：“去春为陈贾迎头论到王谦，意在逐臣。”[②] 但周必大为人较为孱懦，虽然在拜相伊始即遭受王淮之党的当头一棒，起初似乎仍想委曲隐忍，不欲与王淮之党为敌。据李心传《道命录》所说：“王丞相秉政日久，士多失职。周益公既相，拱嘿无所预。詹体仁元善为太学博士，率同志者请于益公，反复极论，责以变通之理，因疏纳知名士废不用陈傅良君举而下三十三人。益公虽不能用，然其后亦多所收擢。”[③] 可见周必大最初似乎并无主张支持道学、与王淮立异之意。

不过在当时道学与反道学势力冲突日益激烈之际，周必大要么附和王淮与道学为敌，要么支持道学与王淮对立，除此之外似难再有第三种选择。而道学派既为王淮等反道学势力所沮抑，也亟须在朝廷之上寻找靠山以与之抗衡，即使周必大无意于支持道学，那些为王淮等反道学派所沮抑、迫害的道学人士也会主动来投靠和求助于他。身为朱熹弟子的詹体仁等劝导他进用那些为王淮所废弃不用的知名之士，其目的无非是要周必大以身为道学当羽翼，代表的正是广大道学人士急欲借重周氏以求进用的共同心声。在此情况下，朝廷士大夫便迅速分裂为以王淮为首的反道学派和以周必大为首的道学派两大阵营，自乾道以来长期存在的道学与反道学的矛盾，至此开始演变为道学之党与非道学之党的朋党交攻了。正如傅伯成在庆元年间奏疏所云：“淳熙之末，并任两相，引用人材，各有向背，至于今日，彼此相攻，不极不已。”[④] 后来庆元党禁的发生，虽可远溯至乾道

---

① 《鹤林玉露》甲编卷1《诚斋谒紫岩》。

② 《文忠集》卷152《奉诏录七》。

③ 《道命录》卷6《刘德修论道学非程氏之私言》。

④ 《后村先生大全集》卷49《傅伯成行状》。

之初，而其朋党交攻之形，实则肇始于淳熙末周必大与王淮并相之时。

周必大因汲引道学之士而与王淮之党相矛盾，其互相倾轧的具体情况如何，因史载阙如，已无法详考。但据周必大《思陵录》记载，周、王二人至少在淳熙十四年十月宋高宗驾崩德寿宫以后，围绕着高宗丧事及对金国外交礼仪等问题，便已开始互有违言、意见相左了。而其中议卜山陵之事，又成为二人斗争的焦点。周必大于淳熙十年十月戊寅，记其事云：

又理会五使事，予初检太祖改卜安陵例，差山陵等五使，并具绍兴元年孟后攒宫差枢密李回，徽宗显肃、懿节差枢密使孟忠厚，显仁差戚里吴益充总护使、桥道顿递使各一员。今太上事体至重，恐合差五使，取圣裁。二人传旨云："累朝如何?"予曰："皆或去，……"遂厉声云："祖宗全盛，营陵西洛，乃至五使。今权卜会稽，只当差总护使，且岁旱，民力何以堪之。"予见其词色如此，本欲争竞，……

又，同书淳熙十五年三月丁未记事云：

初，予连日语左相，今若卤莽，后必噬脐。左深以为疑。五更漏舍，再示以典故，怫然曰："须是两相都往。"又密语刘参云云。刘遂云："左相疑逼其去则不可复归，不如已之。"予曰："然而予当自请去。"刘云："如此方可。"……王相见议定，然后云："陛下属臣亦可。"上曰："不须。"①

按照周必大的记载，他与王淮之所以因议山陵而发生矛盾，完全是由于王淮贪恋权位、怀疑周有排挤自己之意。而据李心传载："淳熙末营思陵，左相王淮以母老恶凶事，不欲行，乃用右相周必大为攒宫总护使。"②则又从另一个方面揭示了王淮不欲为山陵使的原因。但不管怎样，山陵之议不过是周与王矛盾冲突的表现而已。在当时道学派与反道学派的政治分野日益明朗的背景下，很难说王淮的怀疑没有根据，也很难断定周必大一定没有挤排王淮之意。而王淮既坚持不肯出护山陵，便给了依附周必大的

① 《文忠集》卷172，卷173《思陵录》上、下。
② 《建炎以来朝野杂记》甲集卷2《山陵非宰相护送》。

道学人士以攻击的口实。淳熙十五年五月，刚刚被任命为拾遗、补阙之职的许及之，薛叔似便不顾自己“不任纠弹”的职务限制，越职奏劾王淮，[①]同时又有沈清臣挺身而出，历诋时相。[②] 许、沈之章已不可见，薛叔似弹章所列王淮罪状虽非一端，而山陵之事正在其间，其言曰：

国朝山陵皆用首相充使，……未闻其即命次官也。近日中外矫首，咸谓当备五使，不谓淮用秦桧自尊之例，凡累朝山陵典故，皆抑不陈。朝士有请命五使者，乃对曰：“南渡自有故事。……察其为计，本由固位，惮于一行，岂知几误陛下之大事哉?”……已而陛下觉悟，申谕大臣，乃具吕端故事以闻。漏舍同议，勃然变色曰：“如此则两相皆当去。”市井之态，一至于此。[③]

薛叔似等人攻弹王淮，固然达到了目的，不过孝宗在罢免王淮的同时，对于薛、许二人的越职言事也大为不满，因而亦戒谕之云：“卿等官以拾遗、补阙为名，不任纠纷。今所奏乃类弹击，甚非设官命名之意，宜思自警。”[④] 尽管如此，王淮的罢相毕竟是道学派的一大胜利，使他们欢欣鼓舞。陆九渊在这年冬天写给罗点的信中即一面对其进迁太常少卿一事表示祝贺：“适闻晋贰奉常，向于柄用，深为吾道庆。”一面评论王淮之罢说：“大蠹之去，四方属目。”[⑤] 的确，王淮的罢相，不仅使长期受其排抑的道学人士们大出了一口恶气，尤其重要的是，它改变了南宋朝廷上道学与反道学两种政治势力的力量对比，成为道学派由在野向当权转变的转折点。一方面，反道学派因失去了朝廷权要的庇护而顿时陷入不利局面，如王淮罢相后不久，与其关系密切的另一个反道学人士给事中王信，便被指为王淮党羽而被罢官，狼狈出朝。[⑥] 另一方面，道学人士的仕进之途则因王淮的去国而比以前通畅了许多，道学的发展也因此进入一个崭新的局

---

① 《宋史》卷394《许及之传》，卷397《薛叔似传》。
② 《宋史全文续资治通鉴》卷28，绍熙元年三月。
③ 《弘治温州府志》卷21之《（薛叔似）劾丞相王淮疏》。
④ 《宋史》卷35《孝宗本纪三》。
⑤ 《象山集》卷13《与罗春伯书》。
⑥ 《括苍金石志》卷6《宋给事中□□□□□宣奉大□王公墓志铭》。

面。大约就在王淮罢相后不久，朝廷便下令素与道学人士往来密切的宗臣赵汝愚自四川制置使任上入朝觐见，准备委以重任。而礼部侍郎尤袤则在为赵汝愚延誉的同时，又不失时机地将另一位支持道学的臣僚王蔺举荐给孝宗："近召赵汝愚，中外皆喜，如王蔺亦望收召。"① 虽然赵汝愚后因遭到台官范仪义的论劾而未能入朝，王蔺却很快被召为礼部尚书，并于淳熙十六年正月顺利升任朝廷执政官。② 在王淮罢去仅一个月，就出现了林栗奏劾朱熹的事件，但林栗旋即在叶适、胡晋臣等人的论劾下狼狈而去。③ 像这样因攻击道学而被逐的情况，在孝宗朝历史上还是第一次，表明道学派的势力已不容忽视。

王淮的罢相和道学派的得势，无疑给一向处于优势地位的反道学派士大夫们带来极大的刺激。失去了政治核心的他们自然不甘于失败，更不会轻易放过周必大。而叶适等人对王淮之党的攻击，则更使双方本已激化的矛盾进一步加剧。叶适在论劾林栗的上书中，即痛诉王淮之党排抑道学之罪，以为"往日王淮表里台谏，阴废正人"，郑丙、陈贾辈"创为'道学'之目"，"见士大夫有稍务洁修、粗能操守，辄以道学之名归之"，林栗"更袭陈贾、郑丙密相付授之说，以道学为大罪，文致语言"、"无实最甚"等，④ 表面上像是为林栗而发，实际上却将矛头直指王淮、郑丙、陈贾等整个反道学阵营，这些都不能不激起他们的忿竞之心。因而在王淮罢相之后，双方的斗争不但未见减弱，反而呈现出愈演愈烈之势。

淳熙十五年七月，即在王淮罢相三个月、林栗去国一个月后，身为太常少卿的叶适又上了陆九渊、沈焕、王谦、丰谊、章颖、陈损之、郑伯英、黄艾、王叔简、马大同、吕祖谦、石宗昭、范仲黼、徐谊、杨简、潘景宪、徐元德、戴溪、蔡戡、岳甫、王楠、游九言、吴镒、项安世、刘爚、舒璘、林鼐、袁謇、廖德明等三十四人名单，"伏候采择"。⑤ 很明显，叶适所推荐的这三十四人，和詹体仁在淳熙十四年举荐的三十多人一样，

---

① 《宋史》卷389《尤袤传》。

② 据《宋史》卷35《孝宗本纪三》。

③ 据《建炎以来朝野杂记》乙集卷7《叶正则论林黄中袭伪道学之目以废正人》；《宋史》卷434《叶适传》、卷391《胡晋臣传》。

④ 《建炎以来朝野杂记》乙集卷7《叶正则论林黄中袭伪道学之目以废正人》。

⑤ 《水心文集》卷27《上执政荐士书》。

绝大多数都是道学之徒，其中不少人还曾受到陈贾等人的排挤。因此这纸荐书很快成为反道学派攻击的口实，在他们看来，这当然就是周必大等人假道学以结朋党的最好证据。经过他们的传播，消息很快便传到了孝宗耳中。淳熙十五年十月，即将退位的孝宗下达了一道御笔说："近日臣僚多说有朝士荐三十余人在庙堂，如果有之，可缴进来。"周必大在接到这道御笔后，自然不能不诚惶诚恐，力加辨析：

蒙圣谕朝士荐三十余人在庙堂，此乃数月前事，当时并已峻拒，元不曾进拟一名。……此事本是谩作人情，朝廷何尝听信。自王淮去国，凡所迁除，多是婺人。其间如范嗣蠡两为（王）谦攻击，臣不免竭力救解，正欲消弭争端耳。其余在外人才并不曾敢荐进一名。所有五月以后差除，臣续当一一开具来历。盖缘去春为陈贾迎头论列王谦，意在逐臣，所以未敢力求去者，正以授任之初，适会旱歉，继以高宗服药，遂至因循累月。暨至春末，自攒宫回，已办丐外文字，留正或稍未通彻，即便拣退，伏料奏对之间，陛下必已洞见。臣若弥逢上下，苟度岁月，固可安身，若遇缓急，不如滑辈肯任责否？

十月二十六日周必大回奏孝宗后，二十七日周必大再上奏说：

臣昨晚既具回奏，连夜翻阅旧书，方见元荐士札子，乃是七月初众人面纳，……当时臣与二参说了，各自收起。直至八、九月间，好事者方知，以告葛郯，因而转相传说，敬达睿听，其于用意，自有曲折。幸因圣问，方表不曾进拟一名，少杜谗者之口。内范仲黼、王叔简并川人，系是近日圣选，无待臣言。其徐元德、黄艾、袁謇，各有贴说，伏乞睿照。

贴黄：

只如张均顷露章力荐沈焕，或者虑其收用，即为飞语以中之，风波可畏如此。……

再贴黄：

袁枢久被圣知，偶与陈贾有仇，近复因冷世光事，所以不乐多荐。罗点蒙亲擢右史，未免人之忌嫉，詹体仁乃梁克家所荐，叶适是王淮用为学官，冯震武则留正幕属。五人皆主张朱熹，遂致议论，似未必专为荐士，伏乞睿照。①

在这两次回奏文字中，周必大一再强调他对于叶适所荐士人当时即已峻拒、未曾进拟一名，又说叶适荐士只是漫应人情等，当然都是为了力避朋党的嫌疑，并非全是实情。不过这两段文字所反映的道学派与反道学派的矛盾斗争，却值得我们注意，尤其是它提到了周必大与参知政事留正的矛盾。在后来的庆元党禁中，留正和周必大一起被打入学逆党籍。何澹是主持党禁的中坚人物，而在此，我们却看到了留正同何澹等反道学势力联手与周必大等道学派为敌的端倪。据《两朝纲目备要》卷 1 淳熙十六年五月周必大罢相条载：

必大与留正并相，议论素不相合。上受禅之初，必大已有罢意。时罗点以奉常兼修注，上密访可为言事官者，点荐朝士叶适等八人，皆意向周必大类者，由是不果用。于是谢谔自左谏议迁中丞，何澹自权兵部侍郎除右谏议。澹初与必大厚，为司业二年不迁，殊怏怏，正既执政，白用为祭酒，故德之，至是首上疏攻必大。②

李心传在《道命录》卷 6《刘德修论道学非程氏之私言》和卷 7《何澹论专门之学短拙奸诈宜录真去伪》两节的按语中也说：

王丞相罢，留丞相为次辅，与益公不合，擢何澹为谏长，攻益公（周必大）罢之。

光宗登极，仲至（留正）以官府旧僚为上所厚，而益公适忤上旨。仲至引兵部侍郎何澹为右谏议大夫，攻益公罢之。

---

① 《文忠集》卷 152《奉诏录七》。

② 《建炎以来朝野杂记》之《附录一》，《丞相周益公求去》。

在《宋史·周必大传》及中华书局点校本《建炎以来朝野杂记》附录一所加佚文的《丞相周益公求去》条中，亦有关于留正擢用何澹以攻周必大的类似记载。将这些记载与周必大的奏疏合起来看，可知在王淮罢相之后，周必大与留正的冲突即随之而起。周必大之党多道学知名之士，留正则汲引何澹等反道学派人士与之为敌，但由于周必大的孱懦性格，看来倒是作为参知政事的留正在斗争中占据了上风。到了淳熙十六年春天，随着留正进拜右相和孝宗退位，留正的优势就更加明显了，因为从上面所引资料可以看出，新天子宋光宗的态度很明显是倾向于留正一方的。光宗之所以不喜欢周必大，不仅因为周必大是孝宗忠心耿耿的亲信大臣，亦可能是认为周必大是孝宗退位后仍用以控制朝政乃至光宗的凭借，甚至有可能是因为周必大曾在光宗即位前怠慢了光宗的亲信，① 所以在即位之初光宗便有了将他罢黜之意。

由于光宗不喜欢周必大，自然难免要累及那些依附于周必大的道学人士。《两朝纲目备要》说光宗之所以不用罗点推荐的八人，是因为他们都是“意向与周必大类者”，都是支持朱熹、与反道学派相乖违的道学朋党中人。②

既然宋光宗的天平是倾斜于留正等反道学派一边的，且因恶周必大而并恶道学之党，那么道学派的失势便不能不成为势之必然。于是我们看到，在光宗即位伊始，朝廷之上的人事纷争便呈现出两种截然不同的图景：一方面是在留正的支持下，何澹、范处义、黄抡等反道学人士纷纷被擢置风宪之位；另一方面则是随着周必大的被劾去国，曾经攻击过王淮的

① 据《文忠集》卷46《光宗御书跋》，参考《建炎以来朝野杂记》乙集卷2《己酉传位录》可知：宋孝宗本来自淳熙十四年十月高宗驾崩之后，就已有禅位太子之意。淳熙十五年末，孝宗与周必大讨论禅位典礼，“初议贺正旦北使出门，即择日传授”，后因第二年二月初一日蚀，对新君不利，遂又将时间推迟到二月二日。而当时内外宣传，都以为正月中旬必将举行禅代之礼，到了十六年正月十五日仍不见动静，太子府的姜特立便问周必大：“宫中人人知上元后举行典礼，今悄然，何也?”周必大冷冷地说：“此非外庭所敢与闻。”姜特立碰了个钉子，悻悻而退。周必大后来自记此事说：“意间言或自此人。”看来光宗大概是听受了姜特立的谗言，怀疑周必大不欲孝宗禅位于己，才对周必大怀有成见。

② 据《宋史·光宗纪》记载，这八人的姓名依次为叶适、吴镒、孙逢吉、张体仁（即詹体仁)、冯震武、郑湜、刘崇之、沈清臣。

薛叔似、许及之以及周必大所引荐的尤袤等人也纷纷被排摈出朝，甚至刚刚被擢为御史中丞的谢谔，也因不肯论列周必大而去官①。一时之间，一度失势的反道学派重又春风得意，而朝廷之上攻击道学朋党之论也甚嚣尘上，莫可遏止。这从杨万里在淳熙十六年十月的奏札中便可看出：

臣窃见近日以来，朋党之论何其纷如也。有所谓甲宰相之党，有所谓乙宰相之党，有所谓甲州之党，有所谓乙州之党，有所谓道学之党，有所谓非道学之党，是何朋党之多欤？……党论一兴，臣恐其端发于士大夫而其祸及于天下国家。……臣愿陛下建皇极于圣心，酌大公于天下，公听并观，坏植散群，曰贤者曰忠正者曰君子者从而用之，勿问其党某党也。曰不肖者曰不才者曰邪佞者曰小人者从而废之，勿问其某党某党也。②

杨万里并非道学中人，他对于当时朝廷上朋党交攻的描述，都是从旁观者的角度出发的。不过无论如何，朋党相轧对于国家来说毕竟不是好事，而杨万里又与张栻、朱熹等道学派关系密切，因此他在描绘朝廷上朋党交攻的形势之后，即力劝光宗，希望他能够公听并观，不以朋党罪人。这可以算作当时一般士大夫对反道学派攻击道学朋党的委婉批评。相比之下，受到何澹等反道学派攻击的道学中人的抗议之声就激烈多了。绍熙元年春科举考试，朱熹、吕祖谦的弟子王介即在廷对策中“极言小人倡道学之名以祸君子，非国家福”，“又言人主而不遵道学，士大夫而不明道学，天下为讳，则何以立国”③。另一个道学士子周南也在廷对策中极论道学朋党之祸，其言曰：

今日纳忠补过者日以疏斥，结舌不言者相继登用，臣诚恐陛下聪明未免为小人而蒙蔽之也。今之蒙蔽之甚者，……其说有三而已：一曰道学，二曰朋党，三曰皇极。……道学者天下之所共知而夫人之所共有也，然元祐诸贤未尝立此号名，近世儒先岂曾以此标榜？中间忽有排摈异己之人，

---

① 《建炎以来朝野杂记》之《附录一》，《丞相周益公求去》。

② 《诚斋集》卷69《上殿第一札子》。

③ 《宋史》卷400《王介传》；《西山集》卷46《王介墓志铭》，参考《敬乡录》卷13《王介》。

谋为一网尽去之计，遂以此名题品善士。士大夫学不同师，生不同里，据所见以仁人主，若以为讲习正心诚意之学，致知格物之事，其于国家果何负哉？彼谮人者漫不知道学为何事，意以为凡不与人同流合污者皆是也。于是取凡不与己合者，皆被之以此名，故朴直而自信者谓之道学，廉洁而好修者亦谓之道学，博通故实者谓之道学，而研玩经籍者亦谓之道学，而道学之名立矣。彼为道学之论者曰：心术暗也，才具偏也，恶静而喜生事也。于是陛下入其说，凡天下抱才负术之士，欲为陛下图事揆策立谋建功者，陛下类以此疑之，以为纷纷徒乱人意，而以道学废之矣。自道学之名既立，无志者自贬以迁就，畏祸者迎合以自污，而中立不倚之人者则又曰：吾方绝道学，而彼则与之交通；吾方以道学为邪佞，而彼则颂言其无过行，是党道学之人也。于是朋党之论又立矣。……于是陛下入其说，凡昔所谓中立不倚之士，欲为无心之论以解释道学之疑者，陛下又以挟私好名待之，而其人又以朋党而不用矣。举国中之士，不陷于道学则困于朋党十九矣。惟天下之庸人以无所可否为智，以无所执守为贤者，既不入于道学，复不俪于朋党，于是借皇极公平正直之说以为佞庸自售之计，而皇极之论遂出于两者之后矣。……若以实而论，则今之所谓朋党外视之若无过而其中实奸罔者而用之，而谓之皇极哉？自今以往，阘茸尊显，平凡得志，异日天下之大祸，臣恐始于道学而终于皇极矣。①

王介、周南的对策都把道学派与反道学派的斗争描绘为君子、小人之争，这当然是站在道学立场上的一偏之论，正和反道学派对于道学之党的攻击一样，都未足全信。但周南对策中所提到的反道学派由攻击道学到攻排道学之党的变化，则反映了在淳熙末至绍熙初道学与反道学斗争日益激化的情况下，朝廷士大夫因对待道学态度的不同而日益分化为两大阵营的事实。的确，道学与道学之党是两个不尽相同的概念，前者的对象仅限于从习道学者，后者则包括了虽非道学系统但在政治上倾向和主张道学的士大夫在内；前者只是一个学术流派，后者则是一个以此学派为核心的政治集团。因此，无论从外延还是内涵来看，后者都比前者要宽泛和丰富得多。在周南等道学人士看来，道学朋党的形成，完全是反对派将那些不肯

① 《山房集》卷7《庚戌廷对策》。

与自己“同流合污”一齐攻诋道学的中立不倚之士视为“党道学之人”而一并加以排挤的结果。其实不然，在当时道学势力与反道学势力激烈斗争的背景下，那些所谓的“中立不倚”之士，不肯与道学派绝交，反而“诵其无过行”的行为，显然并不是什么“中立不倚”之举，而是公然站在道学派一方，与反道学派唱反调了，这怎么能不是道学朋党呢？又从当时被反道学派视为道学之党的许多士大夫来看，他们的朋党道学之迹也确是昭然若揭的。如，蜀士刘光祖与何澹的关系由友好转为敌对，就充分反映了这种情况。而且何澹、刘光祖之隙就成为光宗朝之初反道学派与道学之党矛盾斗争的缩影。而何的胜利与刘的失败，则表明了反道学派的得势和道学之党的暂时失利。

处于困境中的道学派在光宗朝不屈不挠，以抱道自守的方式继续进行抗争，此外，他们还努力争取庙堂之上当权派的支持。淳熙十六年三月，史浩入朝后，以四说献于光宗，后二说为“收天下之人望，伸天下之直气”①，所谓“人望”、“直气”，主要就是指道学之士。留正攻排道学，本出于与周必大倾权相轧的目的，因而在周必大罢相之后，他一面利用何澹继续攻击周党，一面又听从沈有开的劝谏，转而提拔道学知名之士，像赵汝愚吏部尚书之除、黄裳嘉王府翊善之命，便都出于留正之手。因此不久之后，朝廷上重又呈现出“一时善类多聚于朝”的局面。② 道学党与反道学党之间的斗争仍在继续和加剧，直至宁宗朝上演了南宋历史上最大的党禁——庆元党禁。

由上述可见，孝宗朝末期的宰相王淮、周必大、留正对于道学党派与反道学党派的形成，及其相互斗争的逐步深化都产生了极为重大的影响。这对孝宗朝后期政治乃至其后的南宋政治都产生了深远的影响。

---

① 《宋宰辅编年录校补》卷19，淳熙十六年三月甲寅。

② 据《道命录》卷6《刘德修论道学非程氏之私言》；《宋史》卷391《留正传》。

第三节 孝宗朝宰相群体与近习

孝宗朝近习势力之大，堪称宋代之最，近习政治或曰佞幸政治实乃孝宗朝政治的一大因素。因此，宰相群体与近习的关系便成为影响孝宗朝政治面貌的一个重要因素。孝宗之所以如此宠信近习，是鉴于前朝宰相专权的教训，对宰相不予信任，同时也是为了提高皇权威望，加强皇权对朝政的控制力，而用近习作为自己的耳目，以明察秋毫，因此，“近习得以乘间而议政”①。近习对孝宗朝时期的政治活动也起了一定的作用。早在高宗朝时期，近习就成为皇帝的亲信耳目，为监督、牵制秦桧起到了一定的作用。“上（高宗）有所闻于张说，以质于秦桧。”② 孝宗即位后，王抃于“乾道中，积官至知阁门事，帝亲信之。金使至，议国书礼，不合，抃以宰执虞允文命，给其使曰：‘两朝通好自有常礼，使人何得妄生事，已牒知对境。’翌日，金使乃进书”。由于王抃在外交中的表现，“帝以为可任，遣诣荆襄点阅军马”③。孝宗对近习的重用更是为了制约宰相的权势。孝宗朝的十七位宰相对近习采取了不同的态度。

有的宰相正是依靠近习的支持才由小官逐渐登上宰相的官位，如叶衡。史载：“觌始与龙大渊相朋，及大渊死，则与王抃、甘昪相蟠结，文武要职多出三人之门。叶衡自小官十年至宰相。……是二人者，皆觌所进也。”④ 此外，汤思退在隆兴和议期间，也曾伙同尹穑与近习龙大渊等相交结，但影响并不是十分明显。

另外，有些宰相对近习采取了时而反对，时而支持的折衷态度，如虞允文、赵雄。在有些时候，他们不愿违反孝宗的意愿，因此对近习势力采取了姑息和宽容的态度。当宰相虞允文支持孝宗提拔身为知阁门事的近习张说除签书枢密院事时，张栻连夜草疏极谏其不可，“旦诣朝堂，质责宰

---

① 《历代名臣奏议》卷 49《刘兴祖奏议》。
② 《四朝闻见录》乙集《普安》。
③ 《宋史》卷 470《王抃传》。
④ 《宋史》卷 470《曾觌传》、《龙大渊传》。

相虞允文曰：‘宦官执政，自京、黼始，近习执政，自相公始。’允文惭愤不堪。[①]”虞允文自我开释道：“先丞相亦有隐忍就功名处，何相非之深也。”张栻反驳说：“先公固有隐忍处，何尝用此等狎邪小人？”虞允文无奈，“拱手曰：‘某服矣，某服矣。’”[②] 其后，张栻复奏：“文武诚不可偏，然今欲右武以均二柄，而所用乃得如此之人，非惟不足以服文吏之心，正恐反激武臣之怒。”孝宗感悟，命得中寝。但是，“宰相（虞允文）实阴附说，明年出栻知袁州，申说前命，中外喧哗。[③]”时人蔡幼学对此评价说：“是时外戚张说用事，宰相虞允文、梁克家皆阴附之。”“陛下耻名相之不正，更制近古，二相并进，以为美谈。然或以虚誉惑听，自许立功；或以缄默容身，不能持正”即指虞允文、梁克家用事，“弘苟合取容，相业无有。……今陛下使姨子预兵柄，其人无一才可取。宰相忍与同列，曾不羞耻。按其罪名，宜在公孙弘上，盖指张说也”[④]。而另一主战派宰相赵雄对近习的态度与虞允文一脉相承，亦采取一定的苟容态度。当孝宗欲升曾觌官职，身为舍人的赵雄“留黄，见并甫（虞允文）谋其可否。并甫曰：‘此舍人职也。’”于是，赵雄最终遵从了孝宗的诏旨。第二年春，立皇太子时，曾觌又以伴读之功劳，特迁承宣使。权舍人黄仲秉引故事缴黄，加以反对，乞求将其移镇别郡。而此时，“会温叔（赵雄）使北还行在，温叔见上自诉曰：‘臣不行词则获谴，行词则得罪清议。’上谕以众皆转行，而觌独否，为有颇焉。温叔承命而退”。对此，张栻批评道：“温叔若入文字争辩，庶几可回。若只面奏，决无可回之理。”随后真如张栻所料，“于是温叔与南轩始有隙”[⑤]。由此可见，虞允文、赵雄对近习亦有姑息、宽容的态度。

然而虞允文与赵雄亦有反对近习的态度与行动。乾道初，当虞允文刚使蜀还朝，便“与俊卿同奏觌不可留”。使孝宗回心转意，说：“然，留则累朕。”于是将曾觌“卒除浙东副总管”[⑥]。乾道八年二月，孝宗“手诏付

---

① 《宋史》卷429《张栻传》。

② 《鹤林玉露》甲编卷6《南轩谏虞丞相》。

③ 《宋史》卷429《张栻传》。

④ 《宋史》卷434《蔡幼学传》。

⑤ 《建炎以来朝野杂记》乙集卷6《孝宗黜龙曾本末》。

⑥ 《宋史》卷470《曾觌传》、《龙大渊传》。

允文曰：'朕方欲武臣为枢密，曹勋如何？'允文谓勋人品卑凡，不可用。既而以张说签书枢密院事，右正言王希吕与台官交劾之。上怒希吕甚，手诏'与远恶监当'。允文缴回，上益怒。"多亏右相梁克家劝解道："希吕论张说，台纲也，左相救希吕，国体也"。如此，孝宗才"怒稍解，卒薄希吕之罚"[①]。而当朱熹因论谏近习，以其"陛下所谓宰相、师傅、宾友、谏诤之臣，或反出入其门墙，承望其风旨，……势成威立，中外靡然向之，使陛下之号令黜陟，不复出于朝廷，而出于此一二人之门"的激烈言词惹怒孝宗时，多亏宰相赵雄"诡辞救解乃已"[②]。另有一事亦可反映出赵雄反对近习的态度。"一日，后殿奏事毕，阜陵从容曰：'卿见近日有作四六者乎？'时学士院阙官，上不访之赵丞相而访季海……阜陵然之……他日，赵丞相进拟，上曰：'朕自有人。'赵问：'何人？'上曰：'熊克。'（赵雄）又曰：'陛下何以知之？'曰：'朕尝见其文字。'又问：'陛下何从得其文字，此必有近习为道地者。'上曰：'不然。'季海虽知由己所荐，以上既不言，亦不敢泄。而赵终疑之。未几召试。故时，学士院发策，率先示大略，试者得为之备。赵乃以喻周子充（周必大）云：'此非佳士也。'（熊）克屡造请求问目，子充不答，及对策殊略，克大以为恨。"[③]由此可见，虞允文与赵雄亦能站在广大反对近习的士大夫的立场上，对近习势力加以必要的抑制和否定。从中亦可知，交结近习为公议所反对，为正直士大夫所不耻。

以上交结近习以及对近习采取折衷态度的宰相，几乎都是主战派大臣。这些主战派大臣之所以对近习采取了较为亲近和宽容的态度，究其原因，可归纳为以下几点：首先，这些主战派大臣与孝宗有着共同的恢复愿望，为了实现这个目标，他们不得不对孝宗的主张采取求同存异的态度，因而对孝宗所重用的近习势力进行一定的让步。此即上文中所谓"隐忍就功名处"、"阴附说"、"苟合取容"、"臣不行词则获谴"的缘由。其次，这些近习都是孝宗的心腹耳目，他们的政治态度与主张在很大程度上都代表着孝宗的意愿，因此与主战派大臣的主张亦在一定程度上有着共同点。

---

① 《宋史》卷383《虞允文传》。

② 《朱子年谱》卷1。

③ 《齐东野语》卷8《熊子复》。

因此，这些主战派大臣对近习势力采取了较为宽容的态度。然而，这些主战派大臣又不能脱离广大士大夫的道德标准，不能与士大夫的公议公然对抗，因此，他们也不时对近习势力加以抵制，而他们支持近习的态度亦不敢过于公开化。

然而，近习干政如同外戚、宦官干政一样，历来为士大夫所反对，所以对待近习这股政治势力，孝宗朝大部分宰相采取了反对、抵制的态度，并与其展开了积极的斗争，引致了孝宗朝长期的“宫府相争”的局面，该斗争几乎贯穿于孝宗朝的始终。孝宗朝的大多数宰相都与近习势力展开了顽强而艰苦的斗争，这正代表了以宰相为首的政府的合法权力与近习的不合法度的内府权力的斗争。在众多宰相中，陈俊卿、周必大、龚茂良堪称与近习斗争的典范人物。

在孝宗朝，陈俊卿堪为约束皇权、反对近习、维护“与士大夫共治天下”的士大夫政治的代表人物。陈俊卿为抵制近习干政、限制近习势力作出了突出的贡献。乾道中，“时曾觌、龙大渊怙旧恩，窃威福，士大夫颇出其门”。一天，洪迈对陈俊卿说，某人当会为某官，陈俊卿“诘所从，迈以渊、觌告”[1]，于是，“应求（陈俊卿）至漏舍，语叶、魏二相及同列蒋子礼（蒋芾），曰：‘外议久指此两人漏泄省中语，而未得其实状，故前此言者虽多而不能入，今幸得此，不可不以闻。’诸公皆以为然。”其后，陈俊卿“入奏事毕，应求独近，且以景庐（洪迈）语质于上前，曰：‘臣不知平日此等除目，两人实与闻乎？抑其密伺圣意而播之于外，以窃弄陛下威福之权也。’上曰：‘朕何当谋及此辈，必窃听而得之。卿言甚忠，当为卿逐之。’应求归未及门，已有旨出二人于外，中外快之。盖上之英哲无私如此，汉、唐所未见也”[2]。当曾觌在外任职期满，而“龙大渊既死，上怜曾觌，欲招之，陈俊卿曰：‘自陛下出此两人，中外无不称诵圣德，今若复召，必大失天下望，臣愿先罢去。’”上感其言，遂止不召[3]。结果使“觌怏怏而去”。当张说为亲戚求官，知道陈俊卿平素反对近习，于是绕开左相陈俊卿，“求之允文”，方获得官位。可见，陈俊卿对于抵制近习

---

① 《宋史》卷383《陈俊卿传》。

② 《建炎以来朝野杂记》乙集卷《孝宗黜龙曾本末》。

③ 《皇宋中兴两朝圣政》卷47，乾道四年七月。

的态度是非常坚定和鲜明的。由于陈俊卿与虞允文在对外策略以及对近习的态度等方面都产生了分歧，而虞允文的见解更契合孝宗的愿望，于是陈俊卿罢相后，虞允文最终遣使，而曾觌亦被召还，"士大夫莫敢言"①。陈俊卿外任几年后，一次还朝"入对，时曾觌以使相领京祠，王抃知阁门事，枢密都承旨甘昪为入内押班，三人相与盘结，士大夫无耻者争附之。于是，郑鉴为馆职，袁枢为宗正簿，因转对，数为上言之，俊卿判建康，因过阙入对，宣出赐茶，论觌、抃招权纳赂，荐近人材，而皆以中批行之，此非宗社之福，且曰：'陛下信任此曹，坏朝廷之纪纲，废有司之法令，败天下之风俗，累陛下之圣德。'上感其言，因是稍疏觌，于是觌亦觉为上所疏，七年，疽发背死"②。《宋史》卷383本传亦载："朝辞，奏曰：'去国十年，见都城谷贱人安，惟士大夫风俗大变。'上曰：'何也?'俊卿曰：'向士大夫奔觌、抃之门，十才一二，尚畏人知，今则公然趋附已七八，不复顾忌矣。人材进退由私门，大非朝廷美事。'上曰：'抃则不敢。觌虽时或有请，朕多抑之，自今不复从矣。'俊卿曰：'此曹声势既长，侍从台谏多出其门，毋敢为陛下言，臣恐坏朝廷纪纲，废有司法度，败天下风俗，累陛下圣德。'"孝宗对陈俊卿的建议表示尊重，"命二府饮饯浙江亭"。陈俊卿为人严正、清廉，可以说是孝宗一向敬重的大臣，对于他的建议，孝宗一般都会听取和采纳，甚至在非常敏感的近习问题上，孝宗也会认真对待陈俊卿的建议，并多加采纳。诚如《大事记》所说："曾觌、龙大渊、王抃、甘昪四人恃恩宠招权纳贿，然四凶之寡不能以胜元凯之众，故曾觌、龙大渊之始用事，虽刘度、张震、胡沂、周必大、金安节诸公争之而未胜，而终以陈应求一言而去，曾觌再至，与王抃、甘昪为奸，虽刘珙、张栻、龚茂良、郑鉴、袁枢争之未胜，而曾觌复以俊卿一言而去。"③

周必大可谓陈俊卿之外又一反对近习的代表人物。孝宗朝之初，曾觌、龙大渊得宠，"台谏交弹之，并迁知阁门事，必大与金安节不书黄"④。《建炎以来朝野杂记》亦载："胡周伯沂时为殿中侍御史，亦论二人市权招

① 《宋史》卷383《陈俊卿传》。

② 《皇宋中兴两朝圣政》卷56，淳熙五年九月。

③ 《皇宋中兴两朝圣政》卷56，淳熙五年九月。

④ 《宋史》卷391《周必大传》。

士，望屏远之，以防其微。奏入不出。十三日甲辰，给舍金彦行安节、周子充必大，再封还录黄。大略言：‘二人功过能否，臣等初不详知，但见缙绅士民指目者多，今论其职事，或舍剧而就间，论班次则皆迁矣。陛下即位以来，凡台谏所弹奏，虽两府如叶义问，大将如成闵，欲罢则罢，欲贬则贬，一付公议，独于二人乃为之迁就讳避，殆非舍己从人之义也。况二人者，攀附惟旧，过此以往，事君之日甚长，傥其谨畏有加，何患身不富贵。’十四日乙巳，上命二相陈鲁公、史魏公召给舍至都堂宣示御札，大略谓安节等为人扇动，议论群起。又谓在太上时，小事不敢如此。”后来周必大“入谢，上曰：‘朕察卿举职，但朕欲破朋党、明纪纲耳。’”[①]此事过后不久，孝宗重提此事，“旬日，申前命，必大格不行，遂请祠去”。可见周必大始终坚持抵制近习的原则，态度十分坚决。后来，当张说再除签书枢密院时，给事中莫济封还录黄，周必大不草诏，并上奏：“贵戚预政，公私两失，臣不敢具草。”孝宗大怒，马上批示道：“王曮疾速撰入，济、必大予宫观，日下出国门。”其后，张说又假意荐举、挽留莫济与周必大，周必大坚决不与其苟合，不为所屈，称疾而归，“三请祠，以此名益重”[②]。可见，周必大为反对近习的士大夫树立了一面旗帜。

然而，周必大为人文懦，似显柔弱、迂阔，因此他并没有如陈俊卿那样受到孝宗的敬重，他反对近习的举措屡屡受到孝宗的反感和抵制。所以周必大反对近习的行动并没有取得实际的效果，但却鼓舞了广大士大夫反对近习势力的斗志和士气。

由于孝宗坚持重用近习，近习势力日益绵延而壮大。在这种强大的政治气候下，周必大随着政治阅历的增长，反对近习的锐气也在逐渐减弱。淳熙六年，“加觌少保、醴泉观使。时周必大当草制，人谓其必不肯从，及制出，乃有‘敬故在尊贤之上’之语，士论惜之”[③]。这时，周必大已经失去了反对近习的勇气，而趋于迎合孝宗与权贵。对于周必大这一态度的转变，朱熹不无讥讽地加以评论：“周益公参大政，朱文公与刘子澄书云‘如今是大承气证，渠却下四君子汤，虽不为害，恐无益于病尔。’呜呼！

① 《建炎以来朝野杂记》乙集卷 6《台谏给舍论龙曾事始末》。
② 《宋史》卷 391《周必大传》。
③ 《宋史》卷 470《曾觌传》、《龙大渊传》。

以乾淳之盛，文公犹恨当国者不用大承气汤，况下于乾淳者乎！然历考往圣，如孔子相鲁，而下大承气汤，固是对证。大舜继尧，亦不免下大承气汤。信矣，文公之为名言也。益公初在后省，龙大渊、曾觌除阁门，格其制不下，奏祠而去，十年不用，天下高之。后入直翰林，觌以使事还，除节钺，人谓公必不草制，而公竟草之。其词云：‘八统驭民，敬故在尊贤之上。’宜其不敢用大承气汤也。”①

龚茂良则与近习进行了更为艰苦的斗争，并最终在与近习的斗争中失败，以致退出了政治舞台，身败名裂。龚茂良尚未为参知政事时，就上章反对近习。曾觌、龙大渊、梁珂“三人表里用事。及珂以罪出，右正言龚茂良入对，首论：‘二人害政甚珂百倍，陛下罢行一政事，进退一人才，必掠美自归，谓为己力。或时有少过，昌言于外，谓尝争之而不见听。臣章疏留中未出，间得窥见，出以语人。有司条陈利害，示以副封，公然可否。若夫交通贿赂，干求差遣，特其小者耳。愿特出威断，并行罢去。’”②其后又上章论：“今大渊、觌所为，行道之人类能言之，而陛下尚未之觉，更颂其贤，此臣所以深忧屡叹，百倍于未言之前者也。疏入不报，实之即家居待罪。章再上，乃诏茂良。”龚茂良与陈俊卿相交好，“会陈正献公自吏部侍郎请外，除漳州改建宁”。陈公言：“茂良前以言事补郡，且臣故交，今往夺之，于义有不安者。不许。……逾年，擢知广州。六年夏，召还得见，因论发运司庭谩等事。左相欲留之，右相不欲。左相旋亦罢，乃以实之为江西副漕。”③ 可以说，他们二人在反对近习上是志同道合。龚茂良为参知政事后更是加大了对近习的打击力度。当龚茂良看到袁枢所上之书后，认为袁枢也是反对近习之人，于是将其书向孝宗奏上，“他日，上问袁枢今何官，茂良以实对。上曰：‘可与寺监簿。’于是以大宗正簿召”。袁枢登对，“遂历陈往事自汉武而下至唐文宗偏听奸佞致于祸乱，且曰：‘固有诈伪而似诚实险佞而似忠鲠者，苟陛下日与图事于帷幄中，进退天下士，臣恐必为朝廷累。’上顾谓曰：‘朕不至与此曹图事帷幄中。’”④ 龚茂良以此提醒孝宗不要为近习所误。淳熙初年，曾觌权倾天下，被除开府

① 《鹤林玉露》甲编卷2《大承气汤》。

② 《宋史》卷470《曾觌传》、《龙大渊传》。

③ 《建炎以来朝野杂记》乙集《逸文》。

④ 《宋史》卷389《袁枢传》；《宋人年谱丛刊》之《袁枢年谱》。

仪同三司。淳熙四年，“觌欲以文资官其子孙，帝遣中使至省中具使相奏补法，龚茂良时以参政行丞相事，遽以文武官各随本色荫补法缴进，觌大怒”。为泄对龚茂良的私愤，“茂良退朝，觌从骑不避，茂良执而挞之，待罪乞出，不许”。然而在曾觌的安排下，“户部员外郎谢廓然忽赐出身，除侍御史。廓然首论茂良，以资政殿学士知镇江；章再上，镌罢；言之不已，贬英州：皆觌所使也”。此事的影响是非常重大的，使近习的势力愈发肆无忌惮，“觌前虽预事，未敢肆，至是责逐大臣，士始侧目重足矣。廓然既以擅权罪茂良，从班有韩彦古者，觌之姻，廓然之党，遂献议助之，使人主疑大臣而信近习，至是益甚”①。而与近习势力不懈斗争的龚茂良却与其子逝于贬所，为正直的士大夫所痛惜不已。

除上述三位宰相之外，其他宰相也与近习势力展开了不屈不挠的斗争。史浩身为孝宗东宫旧傅，与曾觌等近习有较多的接触，但是也与他们格格不入，不相苟合。史浩辞相时，不无感慨地说：“近习积憾而臣不去，尚何待乎？”② 可见史浩与近习们存在着矛盾和斗争。梁克家与近习张说也进行了斗争。史载乾道九年十月甲子，遣留正等使金贺正旦，张说“与右相梁克家议使事不合，克家罢去而说留，其窃政权、倾大臣类如此”③。《宋史》亦载：“张说自合门入西府，士论鼎沸，从臣因执奏而去者数十人，袤率三馆上书谏，且不往见。后说留身密奏，于是梁克家罢相，袤与秘书少监陈骙各与郡。”④ 可见，梁克家在与近习的斗争中也败下阵来。洪适则因得罪了交结近习、“出入史浩、龙大渊门，盗弄威福”⑤ 的林安宅，而被弹劾罢相而去。叶颙也曾对近习干政加以抵制，并取得了一定的效果。“孝宗时，近习梁俊彦请税两淮沙田，以助军饷。上大喜，付外施行。叶子昂为相，奏曰：‘沙田者，乃江滨出没之地，水激于东，则沙涨于西，水激于西，则沙复涨于东。百姓随沙涨之东西而田焉，是未可以为常也。且辛巳兵兴，两淮之田租并复，至今未征，况沙田乎？’上大悟，即诏罢之”。之后，叶颙仍不放过梁俊彦，“子昂退至吕书，令人逮俊彦至。叱责

① 《宋史》卷470《曾觌传》、《龙大渊传》。
② 《宋宰辅编年录校补》卷17，隆兴元年。
③ 《宋史》卷470《张说传》。
④ 《宋史》卷389《尤袤传》。
⑤ 《宋史》卷387《王十朋传》。

之曰‘汝言利求进，万一淮民……’”。叶颙对近习的强硬态度使宋人备感振奋，“大率近习畏宰相，则为盛世；宰相畏近习，则为衰世”[①]。魏杞亦是因为不容于近习而被罢相，“其薨且葬也，故相陈申公作诗挽之，有说论见排奸之句，则知当时邪佞小人见沮于公者不少矣，正直如是……”[②]蒋芾任起居郎兼直学士院时，也支持了反对近习的斗争，“时宦者梁珂事上潜邸，挠权，尹穑论珂，与祠，芾缴奏罢之”[③]。

除宰相外，当时闻名士林的学者张栻、朱熹也加入了抵制近习势力的行列。张栻反对近习的情况从前文便可见一斑，而朱熹更堪称反对近习的典范。淳熙六年夏，大旱，孝宗下诏，令监司郡守条具民间利病，当时知南康军的朱熹上疏言道：

天下之务，莫大于恤民，而恤民之本，在人君正心术以立纪纲。盖天下之纪纲，不能以自立，必人主之心术公平正大，无偏党反侧之私，然后有所系立。君心不能以自正，必亲贤臣远小人，讲明义理之归，闭塞私邪之路，然后乃可得而正。今宰相、台、省、师傅、宾友、谏诤之臣，皆失其职，而陛下所与亲密谋议者，不过一二近习之臣。上以蛊惑陛下之心志，使陛下不信先王之大道，而说于功利之卑说，不乐庄士之谠言，而安于私亵之鄙态；下则招集天下士大夫之无耻者，文武汇分，各入其门。所喜则阴为引援，擢置清显；所恶则密行訾毁，公肆挤排。交通货赂，所盗者皆陛下之财，所窃者皆陛下之柄。陛下所谓宰相、师傅、宾友、谏诤之臣，或反出其门墙，承望其风旨。其幸能自立者，亦不过龊龊自守，而未尝敢出一言以斥之；其甚畏公论者，乃能略警逐其党之一二，既不能深有所伤，而终亦不敢正言以捣其囊橐、窟穴之所在。势成威立，中外靡然向之，使陛下之号令、黜陟不复出于朝廷，而出于一二人之门。名为陛下独断，而实此一二人阴执其柄，莫大之祸必至之忧近在朝夕，而陛下独未之知也。[④]

---

① 《鹤林玉露》甲编卷6《税沙田》。

② 《絜斋集》卷8《题魏丞相诗》。

③ 《宋史》卷384《蒋芾传》。

④ 《历代名臣奏议》卷183《朱熹奏议》。

其言词之尖锐，虽令孝宗勃然大怒，但却为正直的士大夫树立了榜样，壮大了同近习势力作斗争的宰相们的声势。

在以宰相为首的士大夫与近习势力的艰苦斗争下，孝宗亦对近习的势力有所制约和限制，使近习势力始终没有达到尾大不掉的程度，近习势力始终都是孝宗皇权的延伸。皇权对近习势力有着绝对的监控力。史载："淳熙中，张说颇用事，为都承旨，一日奏欲置酒筵众侍从，上许之，且曰：'当致酒肴为汝助。'说拜谢。退而约客，客至期毕集，独兵部侍郎陈良佑不至，说殊不平，已而中使以上樽珍膳至，说为表谢，因附奏：'臣尝奉旨而后敢集客，陈良佑独不至，是违圣意也。'既奏，上忽顾小黄门言：'张说会未散否？'对曰：'彼既取旨召客，当必卜夜。'乃命再赐，说大喜，复附奏：'臣再三速良佑，迄不肯来。'夜漏将止，忽报中批，陈良佑除谏议大夫。坐客方尽欢，闻之怃然而罢。其用人也又如此。"① 后来，张说终因臣僚论劾其"欺君之罪"，而"降充明州观察使抚州居住"②。这足见孝宗对近习采取态度之灵活。继龙大渊被孝宗贬谪而死、曾觌在弹劾声中被孝宗疏远之后，其他近习也不断被贬逐。"（淳熙）八年，赵汝愚为吏部侍郎，上章力诋王抃之罪，会抃擅许北使以起立问起居，上悔悟，汝愚因请对，论抃，逐之。抃去，独有昪在，朱熹尝因过阙奏事，力为上言之，上曰：'昪乃德寿所荐，谓有材行。'熹曰：'奸人若无材，何以动人主？'其后，上察其奸，竟抵昪罪"。对此，史臣留正等赞誉道："王抃以赵汝愚一言而去，甘昪以朱熹一言而去，于此见孝宗之英明尘翳终不能以滓太清也，于此见乾淳君子之多稂莠，终不能以害嘉禾也。"③

尽管孝宗朝几位权势大的近习都在众大臣的论劾下被放外任、疏远，然而孝宗并未放弃任用近习的做法，因此直至孝宗朝之后，近习强大的势力仍然存在，使新即位的光宗十分担忧。"会光宗即位，大恶近习，忽手批付内侍省，取其尤黠者首级（或谓即陈源），其党亟奔诉于重华，急有教曰：'吾儿息怒。'光皇虽即奉旨，而词色加怒，意欲他日尽诛此曹，由是宦者相惧而谋所以间三宫者。"④ 可以说对近习势力并不妥善的解决，也

---

① 《齐东野语》卷1《孝宗圣政》。

② 《宋宰辅编年录校补》卷18，淳熙元年。

③ 《皇宋中兴两朝圣政》卷56，淳熙五年九月。

④ 《四朝闻见录》乙集《皇甫真人》。

是导致日后孝宗、光宗父子不和的原因之一。

第四节　孝宗朝宰相群体与皇权运作

综观南宋政治史，可知权臣政治为其最大特点，几乎各朝均有权相（或权臣）专权，而唯独孝宗朝在二十七年的统治中未出现一位权相，其皇权之盛可谓南宋之最。以往学者如王德忠、王德毅、王曾瑜、张邦炜、柳立言、方如金、陈国灿、朱学山及陈晓莹等多以宋孝宗为主体，述及其如何加强皇权而防范宰相专权之弊，如调整用相方略①、重用近习及重视通过多种奏对形式加强中下层官员直接参议朝政之权等。而从日常行政运作角度出发，论述孝宗在政令文书的颁行过程中如何加强皇权而弱化相权以及由此而形成何种君相关系的研究则尚未见到。本节即从行政运作层面上探讨宋孝宗为加强皇权所作出的种种努力，以及宰相群体所采取之应对，通过研究孝宗朝加强专制君权与限制君权两种机制和力量的矛盾互动，从而展现出南宋孝宗朝独特之君相关系及权力格局，并进而阐明孝宗朝皇权虽盛但终未发展为专制独裁的原因，以及宰相群体为维护中书相权和士大夫政治所起到的积极作用。

---

① 方如金、陈国灿：《宋帝列传·宋孝宗》，吉林文史出版社 1997 年 12 月版；王德毅：《宋孝宗及其时代》，《台湾宋史研究集》第 10 辑；王德忠：《孝宗加强专制集权浅论》，《东北师范大学学报》1989 年第 1 期；张邦炜：《宋孝宗简论》，《天府新论》1991 年第 3 期，与《论宋代的皇权和相权》，《四川师范大学学报》1994 年第 2 期；王曾瑜：《宋孝宗时的佞幸政治》，《中国宋史研究会第十届年会论文》；柳立言：《南宋政治初探——高宗阴影下的孝宗》，台湾原刊《中央研究院历史语言研究所集刊》第 57 本，第 3 分，1986 年版；方如金：《试评宋孝宗的统治》，《浙江师范大学学报》2000 年第 6 期；朱学山：《宋孝宗的内政建设》，暨南大学古籍所刊《历史文献与传统文化》第 2 集；陈晓莹：《宋孝宗治国政策与成效之评析》，《甘肃社会科学》2001 年第 3 期；Nap-Yin Lau, *The Absolutist Reign of Sung Hsiao-tsung*（*r.* 1163—1189），Ph. D. diss，Princeton University，1986，pp. 92 - 106，133 - 141；王瑞来：《论宋代皇权》，《历史研究》1989 年第 1 期，与《论宋代相权》，《历史研究》1985 年 2 期；程民生：《论宋代士大夫政治对皇权的限制》，《河南大学学报》1999 年第 3 期；诸葛忆兵：《宋代相权强化原因探析》，《江海学刊》1999 年第 3 期等。

一、三省制与宋代的中枢权力运作

自隋唐三省六部制确立及完备以来，皇权的运作越来越趋于审慎、理性和制度化，其独断专制的色彩大为减少，可以说三省六部制既维护了皇权之稳固，又加强了宰相集体及机构对皇权的审核与监督。该制度削弱的是宰相个人之权势，而同时却充实、加强了其集体及机构的权力。有学者认为，“唐宋时期的皇帝制度中，专制君权与限制君权的制衡程序都在持续强化，两者之间形成一种张力，使得当时的皇权政治并未发展到明清时期的状态”[①]。较之以前的制度，该制度总体上是有利于巩固皇权的，同时以三省宰相机构为代表的政府在国家权力运作中所起的作用亦越来越重要。

宋代重用文臣，科举出身的文人士大夫成为宰相机构乃至政府的主体，因此政权运作更富于理性化与法制化。北宋时逐渐形成的“皇帝与士大夫共治天下”的局面，往往被称为士大夫政治，或曰文官政治，这显示了宋代政权运行机制相当程度的开明性与法制性，也是宋代文人以天下为己任，充满“先忧后乐”的时代责任感与自豪感的根源所在。

宋代自元丰改制后，宰辅体制虽历经数次变革：哲宗朝合并中书和门下两省，三省公事合班进呈取旨，退殿后分省治事；高宗南渡初年合三省为一，尚书左右仆射皆同中书门下平章事，三省长官共同议决朝廷要事并合班进呈取旨；孝宗乾道八年（1172）釐正宰相之名，将尚书左右仆射、同中书门下平章事改为左右丞相，然中枢行政运作之特点和机制仍保持了连贯性。至南宋，中枢行政运作特点仍如孝宗朝林栗所言：“人主莅权，大臣审权，争臣议权。”[②] 具体运行机制大致如陈亮所说：“军国大事，三省议定面奏，获旨差除，即以熟状进入，获可，始下中书造命，门下审读。有未当者，在中书则舍人封缴之，在门下则给事封驳之，始过尚书奉行。有未当者，侍从论思之，台谏劾举之。此所以立政之大体，总权之大

① 参见姚大力：《论蒙元王朝的皇权》，收入王元化主编《学术集林》卷 15，上海：上海远东出版社，1999 年，第 327～328 页。

② 《宋史》卷 394《林栗传》。

纲，端拱于上而天下自治，用此道也。”[①] 这应是宋代元丰改制后中枢权力运行的法定程序。

从皇权的角度来看，皇帝若有何施政意旨当先召宰相与之商议，之后宰相依商议结果归中书省拟成“熟状”，再呈入禁中请皇帝印画降出，之后便依次进入中书造命、门下审读、尚书奉行的环节。这其中又可拆分为三大环节，即君相之审议、中书门下之政令形成、尚书六部之遣使至承受处奉行政令。从中可知宰相及其机构作用之重大，以及中书省在三省中之主导地位。

另外，各种文书形式之运行亦是反映一个时期权力关系状况的重要指标。依据宋代制度，宰辅机构协助皇帝治理天下，朝中之政令及对各部门请示之批复裁决，最后都以宰辅机构颁出之“札子”予以发布，从而体现宰相在政令文书运行环节的参与及把关作用[②]，这也是宋代士大夫政治所表达出的国家大事当由宰执任责的理念。然而在“家天下”的君主专制之下，皇帝以御批、内批、内降、御笔、御札（御前札子）、手札和手诏等文书形式亲决庶务，跨越宰相甚至跨越宰辅机构而直接指挥有司的情形也时有出现，并引起宰辅等官员士大夫的争议和劝谏。“按制度办事”似乎成为“皇帝与士大夫共治天下”的政治准则，为宋代士大夫所认同。

北宋自仁宗朝以降，“共治”原则便屡遭破坏。至神宗朝，各种御札、手诏、内批、御批等文书名目不断出现，愈演愈烈，臣僚虽反复上奏劝谏，神宗也有正面表态，但实际情形却是积重难返。徽宗时，权相蔡京依托皇帝御笔越过宰辅机构直接指挥政事，更以御笔行事，要求令出即行，对于阻格、迁延的罪罚从以违制论罪发展到后来的“以大不恭论”[③]，由此，中枢权力结构的分权制衡关系，即原有的皇帝和朝廷正常的决策程序被破坏，从而降低了最高决策的正确性，成为徽宗朝政局败乱的制度根源。钦宗即位后改弦更张，着力限制御笔的使用并纠正御笔行事的危害，但为时已晚，终不免国破家亡之结局。关于北宋的皇权运作已有许多学者

---

① 陈亮：《陈亮集》卷2《中兴论》之《论执要之道》。

② 参见张祎：《宋代的中书札子（省札）》，中国宋史研究会第十四届年会参会论文。

③ 《宝真斋法书赞》卷2《历代帝王帖·徽宗皇帝诸阁支降御笔》，引蔡絛《国史后补》。

进行了深入研究[①]，而对于南宋时期的研究则相对较少，诚如青年学者王化雨认为，关于南宋皇权运行方式及相关的权力格局、君臣关系问题，值得进一步讨论[②]。

二、南宋高宗朝之皇权运作

在南宋高宗在位的三十五年时间里，皇权运作与君相关系呈现出两种迥然不同的态势。在秦桧专权之前及秦桧死后的共约二十年当中，高宗都能较为规范地维护着皇帝与朝廷正常的决策程序，充分发挥着宰执机构对决策的审核机制，实现了高宗与宰执们的集体领导。南渡之初，高宗出于应对激烈的抗金战争的需要，对宰辅体制进行了改革，三省合一、省并机构、减少冗员，使中央决策机构和决策程序得到改善，提高了决策的时效性。这一改革使相权得到了加强，同时皇帝的最终裁决权也没有受到削弱，凡重大军事行动和将帅的任免仍由高宗作出最终决定。另外，高宗吸取北宋亡国之教训，加强了皇权的自我约束能力。高宗鼓励宰辅成员及相关机构对"御笔处分"进行缴驳和申审。对于内侍传达的圣旨，允许大臣"执奏"，且规定圣旨皆须经二府下达。高宗建炎元年（1127），下诏今后承受内侍"传宣"者，皆要"当时密具所得旨实封以闻"，如果"事有未便者，许执奏"。又下诏凡宣旨和官司奏请之事，原无条贯规定的，皆由中书、枢密院取旨；未经三省、枢密院者，官司不得接受[③]。绍兴二年（1132），再次下诏说，最近所颁降的"御笔处分事"，"多系宽恤及军期等事"，与以前的指挥"事体不同"，皆经由三省、枢密院；如或不当，"自合奏禀"，仍准许给、舍缴驳和台、谏论列以及"有司申审"；如"奉行违慢，止依违圣旨科罪"[④]。同样是"御笔"，但已与神宗后的情况大不相同，

---

① 参见张祎：《制诏敕札与北宋的政令颁行》，北京大学博士学位论文，2009 年；方诚峰：《论北宋徽宗朝的"御笔"与"御笔手诏"》，中国宋史研究会第十四届年会参会论文。

② 参见王化雨：《南宋宫廷的建筑布局与皇权运作：以选德殿为中心》，中国宋史研究会第十四届年会参会论文。

③ 李心传：《建炎以来系年要录》卷 10，台北：文海出版社，1980 年，第 498 页。

④ 《建炎以来系年要录》卷 58，第 1961 页。

新的“御笔”必须经过三省、枢密院的一套程序，才能付外执行。即便如此，高宗的“御笔”、“内降”也时常受到宰相的抵制。高宗绍兴七年(1137)，殿中侍御史石公揆等弹劾右仆射张浚“轻脱寡谋，失机败事”，导致郦琼率数万人叛变降金。高宗“内降中丞周秘等弹章，后批：（张浚）散官安置岭表”。宰相赵鼎“特留未行”，次日退朝留身，恳求高宗从轻发落张浚，高宗乃下令张浚“分司居永州”①；秦桧死后高宗亲政，针对秦桧专权时架空皇权且使宰辅成员不预政事、丧失对政令的审核权的情况，高宗努力纠正秦桧时代之弊政，“其间，通下情，正纪纲，修正事，皆出于上”②，尤其是“复命令经两省之制，复给舍分制敕之法，而三省之纪纲正矣”③。可以说高宗恢复了朝廷出令的正常程序，重建了皇帝与宰执们的集体领导体制。

然而在秦桧独相专权的十五年中，皇帝与朝廷法定的、正常的决策程序几乎被全然颠覆。绍兴和议后，宋金战争基本停息。此后，秦桧长期独相，且兼枢密使之职，独掌二府。所用之人上自执政、台谏，下至守令，均秦桧私人亲党，可以说他统制了朝廷百官、控制了朝政，全然无视宰执间藉协议、合议以调整政策的固有机能，破坏了宰辅群体的领导机制。故吕中说：“而政府之权在桧矣。”执政“不使预事，备员、书姓名而已”④。更为严重的是，秦桧“干脆遮断了皇帝与官僚机构的关连，直接指挥、驱使、统制尚书省长官辖下的六部尚书、侍郎”⑤，从而架空了皇权，隔断了高宗对朝政的参与及最高决策权。直到秦桧死后，才有官员告诉高宗：“近来诸路监司、郡守以事达朝廷，止云‘申尚书省取指挥’殊失经意。”高宗答道：“此乃大臣（秦桧）任意所为，不欲朕知天下事耳。”⑥ 本来应

---

① 徐自明：《宋宰辅编年录》卷15，台北：文海出版社，1967年，第1336、1339页。

② 吕中：《皇朝中兴大事记》卷1，桧死后擢用参政宰相条，明蓝格抄本，台北国家图书馆藏。

③ 《皇朝中兴大事记》卷1，再除给舍条。

④ 《建炎以来系年要录》卷152，绍兴十四年十二月丁酉条引《吕中大事记》，第4818页。

⑤ ［日］寺地遵著，刘静贞、李今芸译：《南宋初期政治史研究》，台北：稻禾出版社，1995年，第329页。

⑥ 《建炎以来系年要录》卷170，第5439页。

上奏皇帝，由皇帝裁可的事情，却只送到尚书省，由尚书省长官即秦桧来处理。秦桧专政后“率用都堂批状、指挥行事”①，使皇帝的制敕权形同虚设，“讲和之后，用事者专任私意废弃成法，诏旨重颁，敕札随降，但书押已行之事。故舍人不除者十年，给事中不除者七年，甚非祖宗分省设官之意”②。高宗已很难直接统制并运用官僚机构，权相秦桧成为南宋政权的实际支配者。因此在高宗朝近一半的时间里，相权强势而皇权弱化，皇帝与政府之间的权力运行几乎处于隔绝与停顿状态，宰辅集团的集体领导亦被破坏，可以说国家的决策程序被全部破坏。

三、孝宗朝皇权运作之特点及宰相群体之应对

（一）孝宗朝皇权运作之特点

综观高宗朝，其皇权运作呈现两种态势：一为在秩序、纲纪混乱之后重建纲纪，恢复中枢权力运作之正常机制，皇权尚能自我约束，维护皇帝与宰辅机构的集体领导体制；另一为纲纪名存实亡，权相霸政使皇权架空、宰辅机构的集体领导机制遭到破坏。总体来看，高宗朝皇权运作基本没有超越宰辅机构，甚至长期大权旁落于宰相，无所施作。孝宗即位，其皇权运作却显示出与高宗朝截然不同的面貌与特点：皇权强化且长期倾轧相权，弱化甚至架空宰相及其机构职能而凸显皇权在中枢权力运作中之作用。孝宗为惩权相专权之弊，亦为实现其恢复图治之志而亲决庶政，以强势和独断著称，他频繁运用御笔、御批、内批、内降、御前札子等文书形式发号施令，以种种形式侵夺宰相及其机构的参与决策权和对政令的审核权，由此引发宰执群体的激烈争议和反对。这一特点不但与高宗朝形成鲜明对比，即便在整个南宋时期亦属仅有。

考察孝宗朝皇权运作之特点，具体表现为以下诸方面：

首先，孝宗屡出独断，略去君相商议之环节，即超越先召宰相商议，宰相拟“熟状”呈入，皇帝再印画降出于中书的程序，直接向中书等宰辅机构下达御笔政令。对此，当时大臣陈亮批评道：“发一政，用一人，无非

---

① 《宋史》卷199《刑法志一》，第4965页。

② 《皇朝中兴大事记》卷1，再除给舍条。

出于独断;”“今朝廷有一政事而多出于御批，有一委任而多出于特旨。”[①]有一次，宰执刘珙因进对时“语切，遂忤上意”，于是孝宗降出御笔将其“除珙端明殿学士，在外宫观”。此决定孝宗既未与宰相商议，又惩处过重，于是宰执陈俊卿得此御笔“即藏去”，并马上向孝宗“密具奏”进行劝谏，且言：“珙之除命，臣未敢奉诏也。”在陈俊卿的劝谏下，终使孝宗改先前之命，授刘珙大藩之职，“以全进退之礼”。陈俊卿之谏诤最终还是让孝宗补上了与宰执商议的环节。事后陈俊卿以“被命稽留之罪”自劾，请辞其职，孝宗出“手札留之，俊卿请益坚，上不许，且曰：‘卿虽百请，朕必不从’”，而且还“有意相俊卿矣”，不久就下达了拜相之命。陈俊卿为相之后仍不忘与孝宗相约：“臣自叨执政之列，每见三省院被内降旨挥，苟有愚见，必皆密奏，多蒙开纳，为之中止。然比及如此，已为后时，今以参预首员奉行政令，欲乞自今内降恩泽，有未允公议者，容臣卷藏，不示同列，即时缴奏，或次日面纳。”孝宗表示赞同：“卿能如是，朕复何忧。”[②] 可见孝宗在某些时候是会容忍宰执对其御笔、内降进行“执奏”的。然而宰相反对御笔的过程并非总是如此和风细雨，而经常是异常激烈和针锋相对。如，在处置宪臣折知常事件中，宰相赵雄便与给舍、台谏们一起同孝宗展开了激烈的争辩。折知常对庚子沈黎西兵之变负有责任，但其“有奥援”，宰相赵雄奏其罪，孝宗开始同意“姑徒之”，但中途悔改，突降出“御笔改除湖北提刑”。如此轻判，舍人不草制，封还词头，台谏交章论谏，宰相赵雄“每进呈，必力言其不可违者”，而“上犹欲宥之”。后来赵雄留班再奏：“如折虮虱小人，罪大如此，台谏给舍尽力为陛下言之，而行遣止此，人皆怪之……今乖方败绩，可不重斥乎?”孝宗无可奈何，问道：“卿欲如何?”赵雄针锋相对：“必重施行。”最终孝宗让步，折知常被“追三官，勒停，送汀州安置”[③]。这一事件不啻是以宰相为首的政府向不合理御笔决策的一次挑战，并获得了胜利。

其次，孝宗越过宰相及宰辅机构，直接以御笔、白札（劄）子等文书

---

① 《陈亮集》卷2《中兴论》之《论执要之道》，第27页。

② 留正：《皇宋中兴两朝圣政》卷47，乾道四年七月，台北：文海出版社，1967年，第1771～1772页、第1757～1758页。

③ 李心传：《建炎以来朝野杂记》乙集卷19《庚子沈黎西兵之变》，北京：中华书局，2000年，第861～862页。

形式指挥有司，略去了中枢权力运行的所有环节，几乎将士大夫政治所认同的行政运作程序全部打破，引起了宰执等大臣激烈的争议与反对。乾道初，“禁中密旨直下诸州者，朝廷多不与闻”，而后恰“有某官张方者，以某事发觉”，陈俊卿方得知孝宗常以御笔越宰辅机构而直接发号施令之状况，于是马上与同列奏请，“自今百司承受御笔处分事宜并须申朝廷奏审，方得施行”，即希望承受御笔政令之各司须再向朝廷宰辅机构申报，待朝廷经奏审通过后方许施行。这是对御笔运行程序的补充和限制，将皇帝御笔施政的非常态机制再度纳入宰辅机构的常态与规范的运行机制之下，凸显宰相对政令的审核与把关作用。然而结果依旧是“未报”，孝宗欲凸显皇权的决心未变。陈俊卿并不气馁，其后“因（王）琪事复以为言，上乃悦而从之”，鉴于王琪假传圣旨之事，孝宗一时同意了这个方案，然而不久即反悔，“事下两日，则又有旨收还前命”。陈俊卿愤然对同列大臣说：“反汗如此，必关牒至内诸司，有不乐者相与为之耳。”陈俊卿料定是禁中之内诸司从中作梗，方使孝宗改变主意，他随即上奏：

三省密院所以行陛下诏命也，百司庶府所以行朝廷号令也。诏命一出于陛下，号令必由于朝廷，所以谨出纳，而杜奸欺也。祖宗成宪，著在令申，比但以来，渐至堕紊，臣等昨以张方之事，辄有奏闻及此，逾月又因王琪奸妄之故，陛下赫然震怒，然后降出圣虑，亦已审矣。圣断亦已明矣。中外传闻莫不服。而昨日陛下谕臣等曰：“禁中欲取一饮一食必待申审，岂不留滞?”而复又有此指挥，夫臣等所虑者，命令之大如令三衙发兵，则密院不可不知，令户部取财，则三省不可不知耳，岂为此宫禁细微之事哉。况朝廷乃陛下之朝廷，臣等偶得备数其间，出内陛下之命令耳，凡事奏审，乃欲取决于陛下，臣等非敢欲专之也，况此特申严旧制，亦非创立新条而已，行复收中外惶惑，且将因循观望，并旧法而废之为后日无穷之害，则臣等之罪大矣，或恐小人因此疑似，阴以微言上激雷霆之怒，更望圣明深赐体察。

陈俊卿此番奏言可谓十分中肯，将皇帝与朝廷（即宰辅机构）之权责与号令运作进行了精辟的分析与概括，并开释孝宗对相权之疑虑，“朝廷乃陛下之朝廷”，“凡事奏审，乃欲取决于陛下，臣等非敢欲专之也”，说明维护相权终是为了维护皇权，二者关系应是和而为一的。且言这是申严早已有之的制度，并非标新立异。翌日，陈俊卿又面奏此事，孝宗“色甚温”[①]，说明在维护国家制度问题上，孝宗仍愿予以正面回应。但实际上，御笔行事的状况仍难以限制，皇权与相权之间的矛盾斗争仍然存在。

淳熙中，皇权运作又出新状况，“是时御前多行白札（劄）子，率用左右私人赍送”。白札子指御前批降的不署名之方便文书。同御笔一样，白札子也常常越过宰相或宰辅机构。当时，陈俊卿已离相，任职于建康，但对此种现象仍心存忧虑，于是上奏：

号令出于人主，行于朝廷，布于中外，古今之所同也。间有军国机密文字或御前批降，则用施行下，此所以示信防伪也，今乃直以白札传旨，处分事宜于数百里之外，其间亦有初非甚密之事，自可付之省部。今白札既信于天下，则他时缓急或有支降钱物，调发军马，处置边防，干国家大利害事，其间岂能保其无伪？若严重知体之人，必须奏审，则往来之间，或失事机，若庸懦无职之人，即便施行，则真伪不分，岂不误事？况只禀文字只付差来人或令回申，元承受处到之与否，不可得知。此于事体，尤为非便。

此番奏言亦可谓语重心长，从几方面晓之以利害。孝宗终于有所悔悟，“上降手札奖谕愧谢之言”[②]。孝宗开始慢慢反思并有所收敛。

再次，孝宗在传递政令文书中也越来越多地不经过制度所规定的机构——通进司，而多由宦官、内臣等“左右私人”直接降出于朝廷或官员，甚至是越过朝廷而直接传达至数百里外的承受处。如此虽避免了通进司运作过程中的种种弊端，减少了中间环节，提高了文书运转的效率和保密性[③]，但是这种强化了皇帝控制权的文书流传方式却存在很大的缺陷和危害，并招致宰执等大臣的反对及谏诤。淳熙中，陈俊卿针对御前白札子的谏诤中已经提出“用左右私人赍送”文书诏令的危害，如“处分事宜于

① 《皇宋中兴两朝圣政》卷47，乾道四年七月，第1769～1771页。
② 《皇宋中兴两朝圣政》卷56，淳熙五年九月，第2122～2123页。
③ 参见王化雨：《南宋宫廷的建筑布局与皇权运作：以选德殿为中心》。

数百里之外……其间岂能保其无伪”、“况祇禀文字只付差来人或令回申，元承受处到之与否，不可得知”。陈俊卿主张“号令出于人主，行于朝廷，布于中外”，即文书政令应由朝廷负责传达公布于中外承受处，即使是“军国机密文字或御前批降”，也应通过朝廷“施行下，此所以示信防伪也”。其实这种现象在孝宗朝由来已久，且非常多见。乾道四年就出现过殿前指挥使王琪假传圣旨之事，“会扬州奏昨（王）琪传旨增筑州城，今已讫事，俊卿请于上，则初未尝有是命也”。陈俊卿召问王琪，王琪叩头汗下。陈俊卿马上草奏：“王琪妄传圣训，移檄边臣，增修城壁，此事系国家大利害，朝廷大纪纲，而陛下之大号令也，人主所恃者纪纲号令赏罚耳，今琪所犯如此，此而不诛，则亦何所不为也哉。谨按律文，诈为制书者绞，惟陛下奋发英断，早赐处分。”于是孝宗醒悟，削王琪之官而罢之①。此事恰恰印证了淳熙中陈俊卿所奏之言，“白札子等御前批降用左右私人赍送，其间岂能保其无伪”。正是孝宗这种超越宰辅机构、超越制度的皇权运作太频繁，存在太多疏漏，才导致王琪敢于诈为制书，且私自向地方假传圣旨之事端。王琪之事先出在前，而孝宗似乎并未从中吸取多少教训，至淳熙时皇权运作的超制度现象依然存在，并再次引起大臣的争议。

（二）宰相群体之应对

由上述可见，宰相对孝宗皇权运作的争议与斗争围绕两方面问题展开：一是针对出于孝宗私意的不合理、不正确的决策和委任；二是针对孝宗不符合法定程序的决策，即对御笔、内降、白札子等出令方式的批评和谏诤。宰相抵制不合理的皇帝决策及超制度皇权运作的斗争体现为以下几种形式：

首先是以中书、门下的缴奏和封驳之权相抗争。这种形式主要用于上述第一种皇权运作形式。当皇帝越过与宰相商议的环节屡出独断时，宰相所掌之三省机构，尤其是中书、门下二省便加强了对皇权的审核。除宰相陈俊卿、赵雄之外，其他宰相如洪适、虞允文、梁克家、蒋芾、留正、史浩等在位时都进行了抗争，都曾对皇帝之手诏、内批执而不行、不草制，进行缴奏或封还词头，予以封驳。乾道元年，孝宗将久废的秦埙“忽予

---

① 《皇宋中兴两朝圣政》卷47，乾道四年十月，第1768～1769页。

祠”时，身为中书舍人的洪适加以缴奏，并说服孝宗，“其命遂寝”①；当孝宗欲“以张说签书枢密院事，右正言王希吕与台官交劾之。上怒希吕甚，手诏‘与远恶监当’”时，“允文缴回，上益怒”。右相梁克家连忙劝解，使“上怒稍解，卒薄希吕之罚”②；尹穑论劾近习梁珂挠权，梁珂便被孝宗贬黜“与祠”，对此，蒋芾仍为不满，“缴奏罢之”③；当近习张说的儿子张荐“往视镇江战舰，挟势游观，沉舟溺卒”后，却被除为知阁门事、枢密副承旨，时为给事中的留正予以“封还词头”④。

其次是宰相卷藏皇帝之御笔、内降。这应是一种秘而不宣的“执奏”做法，即对“内降恩泽，有未允公议者”，宰相可以“卷藏，不示同列，即时缴奏，或次日面纳”。这也只针对上述第一种皇权运作形式，体现了宰相陈俊卿所主张的“古之命大臣，使之朝夕纳诲以辅德，绳衍纠缪，以格非欲，其有以正君之过于未形”⑤ 的思想，凸显相权对皇权的规范和制约作用。

再次是宰臣在面奏或奏折中以进言、谏诤的形式使孝宗悔悟，开纳贤言，自觉维护国家制度。这是最普遍的一种抗争方式，针对上述各种皇权运作形式。很多情况下是宰执个人进言上书，但也有在宰辅机构内宰执与同列取得共识，交相论谏甚至联手抵制的情况发生，有时台谏官也加入其中。这种情况给孝宗的压力是较大的，也是孝宗所防范的。如孝宗即位之初，御笔委任近习曾觌、龙大渊官职，“台谏交弹之，并迁知阁门事，(周）必大与金安节不书黄”⑥，却被孝宗怀疑是“为人扇动，议论群起”，有结朋党之嫌，于是将相关大臣一律降黜，以“破朋党，明纪纲耳”⑦。其实，这只是官员们为维护士大夫政治制度而取得了共识而已，并非因私利而结成朋党。

---

① 《宋史》卷373《洪适传》。
② 《宋史》卷383《虞允文传》。
③ 《宋史》卷384《蒋芾传》。
④ 《宋史》卷391《留正传》。
⑤ 《皇宋中兴两朝圣政》卷47，乾道四年六月戊戌，第1783页。
⑥ 《宋史》卷391《周必大传》，第11966页。
⑦ 《建炎以来朝野杂记》乙集卷6《台谏给舍论龙曾事始末》，第604~605页。

四、孝宗朝中枢权力运作之政治影响

“从宋初到南宋，宰相的事权包括兵权、财权、司法权，出现了由分割到集中的过程。这一过程反映出一种历史的必然，即相权的分割不利于抵御周邻族国的侵扰，不利于提高国家机构的效能，不利于宰辅集团的团结。”[①] 南宋孝宗朝的相权发展也在这一趋势当中。高宗朝自秦桧死后，宰相就不再兼枢密使之职，而孝宗即位后，再度恢复宰相兼带枢密使之职[②]。另外，孝宗还认为现有宰相名称不当，是“以仆臣而长百僚”[③]，决定为宰相正名，改尚书左右仆射、同中书门下平章事为左、右丞相，进行了宋朝宰辅体制的第四次变革。可见孝宗在集中、增强宰相之事权，而这似乎与其弱化相权之努力背道而驰。其实这并不矛盾，孝宗即位于金主完颜亮侵宋战争之后，而孝宗亦怀有北伐恢复之计划，因此如前所述，只有集中宰相事权、简化决策程序、增强内部协调统一才能提高办事效率，这在客观上有利于发动对金的北伐战争或抵御金的侵扰。而宰相事权的集中又对皇权构成了威胁，于是孝宗竭力防范权相的再次出现，以种种方式限制相权而凸显皇权的主导作用。其中最基本、最常见的方式就体现在中枢权力运作中。孝宗常常以上述皇权运作方式侵夺宰相个人乃至整个宰辅机构之参与决策权与对皇帝政令的审核权，使拥有强势皇权的孝宗得以强有力地按其意旨施政，以实现其恢复之志。

孝宗独运于上的皇权运作方式虽遭到宰执群体的抵制，但仍在很大程度上达到了目的。孝宗一朝杜绝了宰相专权之局面，皇权强势而稳固。北伐恢复虽未实现，但孝宗朝之军事态势较之前振奋了许多，内政建设也颇有成就，出现了“乾淳之治”的局面，这也使孝宗朝成为南宋历史上政治最为稳定的一个时期。然而这种皇权运作方式毕竟是对国家制度的破坏，虽然孝宗本人励精图治，未对国家造成大的危害，但在恢复方面却造成了

---

① 白钢主编：《中国政治制度通史》第六卷（宋代），北京：人民出版社，1996年，第217页。

② 《宋史》卷213《宰辅表四》，第5564～5577、5583页。

③ 《皇宋中兴两朝圣政》卷51，乾道八年二月乙巳，第1902页。

一定的弊端。正是由于孝宗皇权独运、不信任大臣，才限制了士人施展抱负的空间和热情，以致孝宗难觅“恢复之臣”①。正如叶适所认为，孝宗“夙兴夜寐，精实求治”，而“迄未有尺寸之效”，是由于“独运于上而未得其人以自辅也”②。陈亮亦言：“臣愿陛下立政之大体，总权之大纲，辨邪正，专委任以幸天下，得操要之实而鉴好详之弊，则天下雄伟英豪之士，必有能奋然出力以办今日之事者矣。”③ 这应是孝宗始料未及的。

宰执群体对孝宗超制度皇权运作的抵制是艰难的。尽管孝宗以御笔、内批施政仍是孝宗朝非常突出而常见的现象，但效果还是逐渐显现出来了。孝宗有时能够对大臣的批评予以正面回应，有时亦能反省、有所纠正。洪适任宰相时将“枢密院事并过门下省”的旧制加以改变，通过了“言者请自今枢密院已被旨文书，并关中书、门下，依三省式画黄、书读，以示钦重出命之意”④ 的建议。这无疑有助于加强三省机构对皇帝政令的审核。乾道五年孝宗重申：“自今诏令未经两省书读者毋辄行。”⑤ 终于，在宰执群体的努力下，“大抵政事复归中书矣”⑥。一次，孝宗的一位幸臣请求法外开恩授予某官职，孝宗的答复竟是：“降旨不妨，恐外庭不肯放行。”要他去央求中书宰执。可是宰执“坚执不从”，并说：“纵降旨来，定当缴了。”孝宗得知后，不禁浩叹：“秀才难与他说话!”宰执群体在一定程度上捍卫了相权，维护了宰辅机构在中枢权力运作中的作用，从而基本维持了士大夫政治体制。另外，引起宰执群体激烈抵制的御笔、内降很多是关于对近习的委任。重用近习是孝宗皇权独运的重要手段，关于这种御笔委任的斗争往往非常激烈，孝宗常以强硬态度处理，对反对者接连予以降黜，但是宰执群体仍然不屈不挠地坚持斗争，导致在孝宗朝出现了“宫府相争”的局面。在宰执群体的长期努力下，孝宗重用近习的做法有

① 刘一清：《钱塘遗事》卷2《孝宗恢复》，文津阁四库全书第140册，第1122页。

② 叶适：《水心先生别集》（清抄本）卷9，《宋集珍本丛刊》第66册，北京：线装书局，2004年，第783页。

③ 《陈亮集》卷2《中兴论》之《论执要之道》，第27页。

④ 《建炎以来朝野杂记》甲集卷9《密白》，第186页。

⑤ 《宋史》卷33《孝宗一》，第633、645页。

⑥ 《皇宋中兴两朝圣政》卷47，乾道四年七月，第1758页。

所收敛，几位权势大的近习都在众大臣的论劾下被放外任或被疏远。这些斗争在当时产生了重要影响，成为孝宗朝政治的一大特点。孝宗的御笔施政中亦有很多关于军事方面的。在此斗争中，以宰相陈俊卿为首的主守派大臣付出很大努力，因而在浓厚的主守气氛的牵制与影响下，孝宗的恢复之志终于搁浅，可以说这亦是对孝宗朝政治的一种影响。

第五节　孝宗朝皇权与相权状况及君相关系

一、强势却不乏理性的皇权

孝宗皇帝和他的十七位宰相是孝宗朝的政治中枢，他们彼此之间的配合、制约与抗衡不但对当朝的政局意义重大，对于恢复和维护“皇帝与士大夫共治天下”的士大夫政治格局更是起到了关键的作用。可以说，士大夫政治格局在孝宗朝得以确立和维护，并被其后的南宋朝所赞誉、传颂，奉为典范，这与孝宗朝君臣的互动与努力分不开。本节试对孝宗朝宰相被罢免的原因加以分析和归类，并探讨宰相对皇权的制衡方式，来剖析孝宗朝皇权与相权的状况及其相互关系。

孝宗朝宰相被罢免的情况可以分为四类（除周必大、留正任相至光宗朝外）：

其一，因年老体病而自求辞相的。如，陈康伯和再次任相的梁克家。陈康伯为人“静重明敏，一语不妄发”，高宗亦“叹其长者”。他是孝宗即位之初最为信赖和倚重，并在动荡政局下主持政务的宰相。孝宗对这位受命于危难之时的元老大臣深信不疑，而“康伯自建康扈从回，即以病祈去位，不允”。孝宗即位不久后“改元隆兴，请益坚”，孝宗无奈，才同意他辞相，判信州。孝宗还不放心地嘱咐：“有宣召，慎勿辞！”其后宋金和谈之际，“时北兵再犯淮甸，人情惊骇，皆望康伯复相”，于是孝宗亲出手札，“遣使即家居召之。未出里门，拜尚书左仆射、同中书门下平章事，兼枢密使，进封鲁国公”。陈康伯不顾家人劝阻，“舆疾就道”，后敌退师，朝廷“有事南郊，康伯起陪祠，已即丐归，章屡上，不许”。陈康伯竟薨于位。[①]

梁克家于淳熙九年九月再次拜相，与王淮并相。但“逾月而疾”，由于身体状况实在难以坚持，孝宗便于淳熙十三年将其免相，“命以内祠兼侍读，赐第，在所存问不绝”。但免相半年后，梁克家便去世，令“上为之垂涕”[②]。因这种情况而被罢相的宰相在孝宗朝是为数很少的。

其二，因才能不足以任相，或不合孝宗心愿而被罢相的。这类宰相有张浚、洪适、叶颙、魏杞、曾怀。张浚虽为主战派元老，亦曾于前朝为相，且孝宗在即位之初对他寄予恢复的厚望，但符离师溃后，主和派趁机添油加醋污蔑张浚，加之太上皇早在北伐前就曾警告孝宗不要被张浚的虚誉所迷惑，这些都使孝宗对张浚的军事才能有所认识并大为失望。然而在当时多变的时局下，孝宗仍不愿放弃继续北伐的计划，于是为了再次弘扬主战派的声势，振奋主战派的士气，孝宗再次起用张浚，并委以右相的重任。但在主和派的强力攻势下，孝宗终于对当时的北伐失去了信心，对唯一可以倚赖的主战派代表张浚的军事才能失去了信心，于是张浚任相不久便在弹劾声中被罢相。孝宗评价张浚“志广才疏”[③]，还叮嘱虞允文筹措军事：“凡事不宜效张浚迂阔，军前事，卿一一亲临之。”[④] 后来孝宗还评价道：“张浚首失五路，符离败师，疏脱不少，又且昧于知人，初到阙时荐引蜀士，及至召对，专事谄谀，殊无可采。如吕祉覆师，亦皆不知人之过，却是有志。”[⑤] 洪适是孝宗朝任期最短的一位宰相，任相三月即被罢。他虽在政务、调度方面颇有才干，但却缺乏辅相之才，“无大建明，以究其学”。因而“未几，春霖，适引咎乞退”，加上台谏的论奏，迅速罢相[⑥]。叶颙、魏杞二相同时拜、罢。为相不到一年，无甚功过，因得罪近习，而

---

① 《宋史》卷384《陈康伯传》。
② 《宋史》卷384《梁克家传》。
③ 《建炎以来朝野杂记》乙集卷12《刘李二忠定得谥本末》。
④ 《宋史》卷383《虞允文传》。
⑤ 《宋宰辅编年录校补》卷17，隆兴二年。
⑥ 《宋史》卷373《洪适传》。

以“会郊祀冬雷，用汉制灾异策免”[①]的借口予以罢免。“以财利进”[②]的宰相曾怀，身为前朝宰相曾肇（曾巩之弟）之孙，《宋史》却无传，足见其缺漏。其他关于他的资料就更为缺少。他为相期间，因被弹劾触犯法律，一度被罢相，一个月后澄清事实，而再拜为相，前后共一年时间。他辅佐孝宗参与了改元淳熙的年号，之后便默默无闻了。这类宰相一般任期很短，无甚相业，除张浚外，也多以灾异等借口平静地实现了罢相，相对来讲未对孝宗朝的政治产生很大的影响。他们在孝宗朝宰相中占有一定的比例。

其三，因忤孝宗之意而被罢相的。这类宰相有史浩、汤思退、蒋芾、陈俊卿、梁克家、叶衡、赵雄。史浩为人“纯诚厚德”[③]，耿直、稳妥而深谋远虑。作为孝宗登基之前的老师、“建王府教授”、“太子右庶子”，是他将孝宗由高宗的养子一步一步小心翼翼地扶上了皇帝的宝座。可以说他是孝宗最为亲信的东宫旧人。因此，孝宗即位后不久就将他超擢为宰辅大臣。他与孝宗的关系既情同父子又既师且友，但正是因为这种关系使得他在孝宗面前敢于直言不讳，尽心竭力。虽是出于一片真心，但往往与孝宗的意愿相抵触而产生矛盾。史浩第一次为宰辅，在施政方面除了为岳飞平反等一些大快人心的好事之外，亦做了几件令孝宗十分不满的事。其一，绍兴三十二年末川陕德顺撤军一事，虽遭虞允文等主战派大臣反对，但由于史浩在朝中主持甚坚，终于使吴璘军功败垂成，损失惨重，转攻为守，后来孝宗连声悔叹道：“此史浩误朕！”[④]其二，陈康伯力主招纳北方的归正人，而史浩连篇累牍地上章加以反对。其三，在关于北伐之事上，孝宗锐意北伐，起用张浚，而史浩坚决反对北伐，凡张浚所为“浩必沮之”；并与张浚发生激烈辩论，“诘难于天子，凡五日”。孝宗对史浩大为不满，为实行北伐，便绕过宰相所直接领导的三省，直接向诸将下达出师的命令，这使宰相史浩大失颜面，“浩语陈康伯曰：‘吾属俱兼右府，而出兵不

---

① 《宋史》卷385《魏杞传》。
② 《晦庵先生朱文公文集》卷89《中奉大夫直焕章阁王公神道碑铭》。
③ 《宋史》卷396《史浩传》。
④ 《宋史》卷383《虞允文传》。

与闻，焉用相哉！不去尚何待乎？'"① "遂力请罢归"②。加上御史王十朋的论劾，史浩任相仅四个月就被孝宗罢免，"自是不召者十三年"。

淳熙五年，孝宗出于思念故人之情，召回史浩，并复任右相。史浩一登上相位，又不顾龙颜，直言恳切。因殿前司招兵扰民之事，史浩反对孝宗对违法兵民各打五十大板的惩处办法，而主张严惩军而轻罚民，史浩言辞激烈，以"夫民不得其平，言亦可畏，'等死，死国可乎？'是岂军人语"警戒孝宗，对此，爱惜名节的孝宗勃然大怒，"是比朕为秦二世也"。史浩还不依不饶地进谏："自古民怨其上者多矣，'时日曷丧，予与汝偕亡'岂二世事。"③ 并求去，于是，史浩再相八个月后又被孝宗罢相。两次任相时间累计方一年。究其原因，还是由于史浩屡次违背孝宗的意愿而被罢相。

汤思退为人狡黠而善于伪装，显得温文尔雅、中和而不偏激，是继秦桧之后的主和派代表人物。孝宗对汤思退的任相纯属迫不得已，张浚北伐失败后，朝野一片惊慌，为给宋金和谈做准备，孝宗起用汤思退为相。其后孝宗又对继续北伐念念不忘，徘徊于"战"与"和"之间，甚至倾向于张浚，准备临幸建康，"图进兵"，这时汤思退"奏请以宗社大计，奏禀上皇而后从事"，这无疑是对孝宗权威的一种藐视。孝宗愤怒地批示三省道："金无礼如此，卿犹欲言和，今日敌势，非秦桧时比，卿议论，秦桧不若。"然而，国内外形势终使孝宗不得已"命思退作书，许金四郡"。由于汤思退急于求和，自毁边备，金人便肆无忌惮，又引兵侵宋，孝宗"首除汤思退都督"，令他率兵抵御金军，而汤思退作计迁延，屡行屡止。当孝宗下诏督促进发时，他"度不能辞，力于奏对之际佯为战灼畏惧之状，以幸终免"。孝宗"知其不能任事"，许其解职，"思退不得已即乞罢政"。于是在台谏和太学生们的论劾下，汤思退被罢相④。汤思退无疑是忤逆了孝宗的意志而被罢免的，直到淳熙十二年，孝宗还以"思退退缩"为由，坚持"其弟（汤思谦）不可与在内差遣"。同时还不允许汤思退的亲属在

---

① 《宋史》卷396《史浩传》。

② 《四朝闻见录》丙集《张史和战异议》。

③ 《宋史》卷396《史浩传》。

④ 《宋宰辅编年录校补》卷17，隆兴二年。

朝中任官，他下令“编修官汤硕亦可与外任”[①]，足见孝宗对汤思退的成见之深。

蒋芾以善于言论边事而被孝宗任相，当孝宗意欲大举北伐，并“手诏廷臣议，或主和，或主恢复，使芾决之”，可见在关键时刻，孝宗是很信赖蒋芾的。然而蒋芾却以“天时人事未至”回绝了孝宗，遂“拂上意”，而罢相“服阙”，直至“落职，建昌军居住”，正如史家所论：“（蒋芾）始以言边事结上知，不十年间致相位，终以不能任兵事受责，岂优于论议而劣于事功欤？”[②]

陈俊卿为人忠直公正，敢于直言极谏，深得孝宗敬重，然而在遣使求陵寝地，进而图谋恢复上，左相陈俊卿与孝宗和右相虞允文之间产生了矛盾。促使陈俊卿忤逆孝宗的直接事件是乾道六年，“陈俊卿以奏留龚茂良，忤上意，上震怒甚”，以致当左相陈俊卿“待命浙江亭”时，孝宗竟搁置不理，“两日不报”，极损宰相之体面，为挽回这种尴尬局面，平息孝宗之怒，右相虞允文出面请对，“极论体貌之道”，以致“叠拜榻前”，孝宗才稍平愤怒之气，将陈俊卿罢相，“遂命判福州”，成全了君臣之礼[③]。

梁克家第一次拜相是在乾道八年二月，与虞允文并相。次年十月，因在派遣留正等使金贺正旦的问题上，“右丞相梁克家与同知枢密院张说，议使事不合，乃求去”，而张说是孝宗一手提拔上来的亲信近习，与张说不合即是与孝宗的意见不合，于是当月梁克家就被罢相，“罢为观文殿大学士、知建宁府”[④]。

而曾被孝宗誉为“真宰相才也”的叶衡，更是因为汤邦彦“闻衡对客有讪上语，奏之”，这一言就令“上大怒”，即日罢相，并一贬到底，落到“责授安德军节度副使，郴州安置”的下场。

赵雄是孝宗朝主战派的最后一位代表人物，“阜陵素喜之”，让他独相近三年，这在孝宗朝是绝无仅有的。赵雄之罢相虽然还有结乡党、业绩等方面的原因，但导致他罢相的直接原因却是他不遵照孝宗的意愿办事，从而引起孝宗对他的不满。史载淳熙八年二月“己亥，进呈太府卿苏岘拟除

① 《皇宋中兴两朝圣政》卷 62，淳熙十二年正月癸巳。
② 《宋史》卷 384《蒋芾传》。
③ 《宋史》卷 383《虞允文传》。
④ 《宋史》卷 34《孝宗本纪二》。

闽漕，上曰：'师揆来乞此阙，乃是师垂为淮东提举，坏官钱二十余万缗，兼闻其下尚有三弟，他日皆作郡，则近地州府都占了，莫若以高爵厚禄使之就闲，卿等更议之。'”即作为皇帝的至亲，孝宗不好直接拒绝皇亲的要求，而希望宰辅大臣能够出面予以否决，改除他官，但结果却是“既而，雄等奏：陛下方务广恩，既难批出，臣等日侍左右，若作勘会，亦涉商量，须因人言，乃可议此”。使孝宗的愿望落空，正如大臣留正等后来修史时所评：“此寿皇圣帝本意也，优之以爵禄，而不责以事权。亲亲之义，恩莫厚焉，而雄等乃以广恩为辞，何哉，君唱而臣不和，二三执政于是乎有罪矣。”① 于是半年后，赵雄果真被罢相。

从上述可见，这类宰相为数较多，在孝宗朝宰相群体中占了很大的比例。他们一般都较有作为，对孝宗朝政治产生了重要的影响。然而即便如此，当他们不能很好地与孝宗配合、实现孝宗的愿望时，便被孝宗毅然罢免。由此足见孝宗维护皇权的决心，亦可见孝宗朝皇权之强大。

其四，因宰相权势或威望提高，有威胁皇权的可能而被孝宗罢免。这类宰相有虞允文、赵雄、王淮。虞允文是南宋中兴十三处战功之一的采石大捷的勋臣，可谓战功卓著，誉满当代，被高宗赞为“朕之裴度”②。作为孝宗朝主战派的主要代表人物，他始终尽心竭力地进行军政等方面的整顿，以为恢复大业做准备。为此，孝宗十分重用他，虞允文任相长达三年多，其中独相近两年，可见孝宗对他寄予了厚望。既然君臣志同道合，何以后来导致了虞允文的罢相呢？功高盖主历来为君王所忌讳和防范，孝宗亦不例外。任相前，虞允文一直在地方整顿军政，影响尚且有限，而当虞允文入朝为相后，辅助孝宗，大力整顿军政要务，以恢复自任。随着任相时间的长久，虞允文的威望与权势与日俱增，加之虞允文傲岸而“讳缺失”③ 的个性，以及在恢复问题上树立“门户”之争的做法，不能不引起一贯防范权相的孝宗的警惕。淳熙八年，当虞允文缴回因弹劾近习张说而被“与远恶监当”的孝宗的手诏时，“上益怒”，多亏梁克家劝导，孝宗才“怒稍解”④。孝宗罢免威望甚高的虞允文的相位是较为慎重的。早在淳熙

① 《皇宋中兴两朝圣政》卷59，淳熙八年二月己亥。

② 《宋史》卷383《虞允文传》。

③ 《宋史》卷434《薛季宣传》。

④ 《宋史》卷383《虞允文传》。

七年七月，孝宗明知“（王）炎与宰相虞允文不相能，屡乞罢归”，而虞允文也毫不客气地“荐权吏部侍郎王之奇为代”，孝宗却反而将王炎升擢为枢密使，还“令谕褒用炎之意”，这是虞允文等大臣始料未及的，“暨宣炎（除枢密使）制，宰相以下皆莫测云”①。这无疑是孝宗排斥虞允文、削弱虞允文权势之举，是孝宗开始向虞允文，也是向朝臣表明自己用人取向的一个信号。淳熙八年二月，孝宗认为宰相“尚书左右仆射同中书门下平正章事”的称号名不正、言不顺，于是改为“左右丞相”，这是孝宗朝官制的一项重要改革，虽然在名分上提高了宰相的地位，但同时也给了孝宗分散虞允文相权的机会。为配合这项改革，“八年二月，授允文特进、左丞相兼枢密使，梁克家为右丞相”。其实虞允文已感到圣眷已衰，于是在此前就“尝举克家自代，上不许。是月，（虞允文）以病乞解机政，又荐克家靖重有宰相器，至是始同相”②。这便是孝宗分散虞允文相权、降低虞允文权威的另一项举措。于是台谏便望风而动，同年四月“己酉，殿中侍御史萧之敏劾虞允文擅权不公，允文请罢政”，孝宗竟无挽留，“许之”。次日，孝宗过德寿宫与太上皇谈起此事，“太上皇曰：‘采石之功，之敏在何许？毋听其去。’”有了太上皇的吩咐，孝宗才“翼日复留，出之敏提点江东刑狱”③。虞允文的确是想使多年的努力有所成就，不欲半途而废，于是便留了下来。可是不久，“上命选谏官，允文以李彦颖、林光朝、王质对，三人皆鲠亮，又以文学推重于时，故荐之，久不报”。而近习曾觌荐一人，便马上“赐第，擢谏议大夫”。这无疑是对虞允文权威的很大打击，“允文、克家争之，不从”。于是，虞允文只好“力求去”，孝宗便顺水推舟，将其罢相。虽然在虞允文罢相后，孝宗给予他很大的恩誉，并委以再次北伐的重任，“上谕以进取之方，期以某日会河南”④。虽然这亦是孝宗想要将虞允文罢相的原因之一，但主要原因还在于要限制相权，降低虞允文的权威，防止他成为一代权相。

赵雄独相近三年，权势日盛，便越发自以为是，有损皇权的威望。对在庚子沈黎西兵之变中负有责任的宪臣折知常，“上犹欲宥之”。赵雄屡奏

① 《省斋文稿》卷 14《王炎除枢密使御笔跋》。

② 《宋史》卷 383《虞允文传》。

③ 《宋史》卷 34《孝宗本纪二》。

④ 《宋史》卷 383《虞允文传》。

其罪，“每进呈，必力言其不可违者”。后来，赵雄再次论奏，孝宗无奈地问：“卿欲如何?”赵雄毫不留情地说：“必重施行。”“于是追三官，勒停，送汀州安置”①。而同样当“言者谓黎州边衅，实兆于买马诛求之故，及官军失利，（吴）揔又急于成功，乃以十兵易十酋，邀功辱国”时，“时相赵温叔颇佑之，章杳上，六月甲寅，始降（吴）揔一官，夺待制，罢茶马司职事”。对此人的责词中，有“内结宰司”之语②。可见，赵雄虽为孝宗朝的法制建设作出了一些贡献，但自己也有执法不一之处，也可见其权威的壮大。因此，当“有言其私里党者，上疑之”时，他不久就被罢相。可以说，孝宗为防止宰相结朋党、危及皇权的事情发生，是导致赵雄罢相下台的一个重要原因。

王淮为相近七年。他为相一向循谨，深得孝宗信任，即便如此，孝宗仍是不放心，防微杜渐。在王淮近七年的任相期中，大部分时间都是并相。先是与梁克家，后来是与周必大。王淮独相的时间仅为一年零四个月。这也是孝宗制约相权的一种方法。王淮的罢相与理学和反理学的斗争有关，以王淮为代表的反理学党成为势力强大的一派。为防止相权的坐大，也是孝宗决定将王淮罢相的一个原因。薛叔似乃周必大所推荐，而“上自除（薛）叔似左补阙，叔似论事，遂劾首相王淮去位”③。

这类宰相虽为数不多，但都任期长，并且很有作为或影响力，对孝宗朝政治发展产生了重要作用。而孝宗对他们的罢相则正体现了皇权对相权的防范和制约。

通过对以上四类宰相群体罢相情况的分析，可知第三类和第四类是孝宗朝宰相被罢的主要原因，即大部分宰相是因为违背了孝宗的意旨，或因权势、威望较为强大而对皇权构成威胁而被罢相的。这是孝宗为防范权相专政局面而作出的不懈努力。从中可见孝宗朝皇权的强大和相权的收敛。

南宋之初，权相秦桧专权乱政，破坏了北宋以来的士大夫政治。这给孝宗留下了深刻的教训。首先，权相专权的局面使皇权弱化，皇权不能充分发挥它应有的功能，实现它应有的权力，对过度的相权显得隐忍而收

---

① 《建炎以来朝野杂记》乙集卷 19《庚子沈黎西兵之变》。

② 《建炎以来朝野杂记》乙集卷 19《庚子五部落之变》。

③ 《宋史》卷 397《薛叔似传》。

敛。其次，在这种局面下，台谏等广大士大夫的参政议政，以及监督制约皇权与相权的功能在很大程度上被压制，或被权相利用而变得扭曲。孝宗引前朝之失为鉴，极力扭转这种状况，因此他在内政上首先要不断强化皇权，并严防权相的出现。通过上述多种方法和措施，孝宗的确加强了皇权，使孝宗朝成为南宋历史上皇权最盛的时期。孝宗虽然强化皇权，严防权相，使孝宗朝的相权有所减弱，但孝宗终没破坏士大夫政治体制下宰相应有的权责，他努力削弱的是宰相的权势，但对于宰相的事权和应起的作用还是很重视的。因为宰相是孝宗意志的体现者，是皇帝的助手，有时也是皇帝可与之商议、探讨、规谏朝政得失的智囊团。

其实，孝宗对宰相的要求是很高的，须才干、道德与学识兼具。如乾道六年，周必大与孝宗论汉儒，"上言曰：'……春秋战国之际，以诈谋相高，以功利相倾，此小人儒也。虽然二者是非黑白犹易辨也，至西汉则不然，所谓社稷臣者，乃在乎周勃之鄙朴，汲黯之少文，霍光之不学。'"① 孝宗曾称赞周必大"朕未曾宣谕卿以国书之意，而卿能道朕心中事，可谓大才"②。即希望宰相对皇帝的意旨能心知肚明，且依照行事。此外，孝宗还经常将太上皇的宸翰以及孝宗御笔亲书的文章或文字赐予宰臣，亲书宰相陈康伯等的神道碑额，以示褒崇之意。当宰相赵雄等奏"近日雨颇沾足，皆圣德所致"时，孝宗谦虚地说："朕何德，惟赖二三大臣扶持公道，上承天心……"③ 君相之间相鼓励如此！

孝宗对宰相权力的尊重还体现在对制度的改革上。如前所述，孝宗即位后，再度恢复宰相兼带枢密使之职；此外"（宰相）制国用使，旧未有。隆兴初，言者请法有唐之制，命秘书省讨论来上。乾道二年冬，遂命宰相兼制国用使，参知政事同知国用事。五年二月戊申，罢国用司。八年，正丞相官名，夏四月，诏：'丞相事无不统，所有兼制国用事，与参政更不入衔云。'"④ 可见孝宗对宰相权责之重视。此外，孝宗还从对宰相的称呼上表示对宰相的尊重，"庚子九月，上宣谕宰执云：'已指挥阁门令，今后常朝，宰臣免宣名，他朝会则否。'且云：'朕记得老苏议论，赞仪之臣，

① 《历代名臣奏议》卷157《周必大奏议》。
② 《文忠集》卷14《孝宗皇帝撰国书御笔跋》。
③ 《皇宋中兴两朝圣政》卷58，淳熙七年六月乙未。
④ 《建炎以来朝野杂记》甲集卷10《制国用使》。

呼名如胥吏，非礼貌之意也。'"[①] 可见孝宗对宰相还是非常礼遇的。

孝宗对宰相的重视，使得孝宗朝宰相在史家的记录上成为非常引人瞩目的一笔。南宋人李心传在《建炎以来朝野杂记》中记载："中兴宰相二十九人，自秦申王外，在位逾三年者八人而已。王鲁公（王淮）淳熙八年相，十五年罢，凡七年。留卫公（留正）淳熙十六年相，绍熙五年罢。京魏公庆元二年相，六年薨，皆五年。陈鲁公（陈康伯）绍兴二十九年相，隆兴元年罢，凡四年。虞雍公（虞允文）乾道五年相，八年罢。赵卫公（赵雄）淳熙五年相，八年罢。周益公（周必大）淳熙十四年相，绍熙元年罢，皆三年。谢鲁公庆元六年相，至今亦近三年。"其中，孝宗朝宰相就占了大多数。另载："孝宗宰相十五人，生至公、少者五人而已。史文惠太傅（史浩）、张忠献（张浚）、陈正献（陈俊卿）皆少师，陈文恭（康伯）、虞忠肃（虞允文）皆少保，然封国者已十人。"[②]"中兴宰相，追封王爵者二人。秦申王以久任，史会稽王（史浩）以旧恩，皆异数也。"[③]"国朝自建隆至绍、淳，宰臣生拜太师者五人尔。赵韩王普，文潞公彦博，蔡鲁公京，秦申王桧，史会稽王浩。惟蔡、秦二人以相臣特拜，其他皆还政加恩云"[④]。可见孝宗给予宰相们的地位和荣誉，在南宋历史上还是非常突出的。

二、受制却不低迷、势弱却又责重的相权

孝宗强化皇权，其实是高宗朝后期对皇权的继续和强化。在孝宗加强皇权，限制和监督相权，防止权相专权局面出现的过程中，必然使正当的相权受到威胁和侵渔，从而使相权显得薄弱而收敛。侍御史刘汉弼曾密奏："自古未有一日无宰相之朝，今虚相位已三月，尚可狐疑而不断乎？"而蒋芾之起复，亦"止于三请"[⑤]。虞允文为相，威望甚隆，尚且诉苦道："政令之发，曾未见于端绪，而群议论者已纷然四起，凡所以为德仁之害

---

① 《齐东野语》卷1《孝宗圣政》。

② 《建炎以来朝野杂记》甲集卷9《宰相位公孤封国》。

③ 《建炎以来朝野杂记》甲集卷9《宰相追封王爵》。

④ 《建炎以来朝野杂记》甲集卷9《宰臣生拜太师》。

⑤ 《宋史》卷406《刘汉弼传》。

功利之贼者。”“如臣幺微方漂流，出没于惊风怒浪中，其欲自勉、自策，以一力而障百川，臣之愚亦自知其必不可也。盖尝究观实之论，乃归之以人主”，又不堪诸方压力，请求辞相，“选稷契为佐，伊周为辅，不然则多为累而已，臣久妨贤路，亦惟陛下旁求而更图之，不胜大愿”[①]。可见孝宗朝为相之难、相权之轻。赵雄为相时，孝宗更是针对赵雄的观点，大发议论：“国朝以来，过于忠厚，宰相而误国者，大将而败军师者，皆未尝诛戮之。要在人君必审择相，相必为官择人，懋赏立乎前，严诛设乎后，人才不出，吾不信也。”孝宗如此对待宰相和官员的态度使“中外大耸”，史浩连忙劝谏：“我太祖皇帝深以行一不义、杀一不辜为戒，而得天下，制治以仁，待臣下以礼，列圣傅心，至仁宗而德化隆洽。”[②] 这说明众相希望孝宗能如太祖和仁宗等皇帝那样礼遇宰相和官员士大夫。对此，孝宗只好表示悔过。孝宗朝宰相还常常被污谤而倾覆相位。如参政姚宪与台臣詹亢宗等通谋诬陷曾怀，“以求倾夺其相位”，“怀遂求退，且乞辨明诬谤，续棘寺根究无实，乃贬责亢宗及棠，而复相怀”[③]。由此足见，既为宰相也如履薄冰！淳熙初，叶衡罢相后，一直空虚相位，以参政“龚茂良行相事近三年，亦创见也”[④]。宰相似乎成为可有可无的设置。孝宗还采纳大臣“今给舍列衔同奏，则是中书、门下混而为一，非神宗所以明职分、防阙失之意”的建议，“诏复从旧例”[⑤]。这亦是对相权的制约。为此，以宰相为首的士大夫为防止皇权的过度膨胀、维护相权以及维护朝政所从出的中书权力，与皇权据理力争，使中书相权得到应有的维护和尊重，从而使孝宗朝士大夫的政治格局得以维护。

孝宗朝宰相们用以限制皇权膨胀的方式主要有以下几种：其一，用国家法度来约束皇权，这是最为有力的，也是最有效的一种方法；其二，用台谏的力量来制约不合理的皇权运用；其三，在孝宗朝的士大夫政治体制下，更多的士大夫得以参政、议政，他们也对皇权有一定的规谏作用；其四，便是宰相亲自对皇帝加以劝谏，对过度的皇权运用予以阻止。前三者

---

① 《历代名臣奏议》卷 51《虞允文奏议》。
② 《建炎以来朝野杂记》乙集卷 3《孝宗论用人择相》。
③ 《皇宋中兴两朝圣政》卷 53，淳熙元年七月。
④ 《宋史》卷 161《职官志一》。
⑤ 《建炎以来朝野杂记》甲集卷 9《给舍不许列衔奏事》。

是孝宗朝皇相之间相互约束的双刃剑，既是孝宗用以约束相权膨胀的有力方式，也可作为宰相们制约皇权的方法。同时，孝宗朝宰相们除依靠国家法制的力量来直接制约皇权外，还通过积极争取台谏和调动广大官员士大夫的谏诤，来约束不合理的或过度膨胀的皇权。

赵雄曾力主加强台谏的职能，严格依法行事，“朝廷行事与台谏不同，朝廷须稍从宽，台谏当截然守法，不可放过乃为称职，上以为然”①。这其中当然包括对皇帝的进谏。周必大也上言说：“陛下忧勤十年，作成甚切，凡侍左右，无非亲擢，其能否贤不肖岂逃睿鉴，臣愿陛下更赐留神每进一人，不徒取一时之长，须可备他日之用，则人才见矣，二曰，增台谏以广耳目，臣闻人主深居九重，所赖以周知中外之利害，别白臣下之邪正者，台谏也。”即要求孝宗多多借鉴台谏大臣的建议。周必大还劝谏孝宗“愿陛下以农功为准，以越语为念”②。即希望孝宗能够广开言路，不次纳谏。史浩曾向孝宗上《论褒赏谏官札子》说：“……以其聪明知前代帝王之高致，在于从谏降意屈志以来言者……今谏官有意为陛下开辟公道，无所阿私。”③

隆兴初，汤思退升任右相，谏官王大宝上章论列，孝宗不从，王大宝奉祠而去，“自是台、谏多引退者。张忠简阐时为工部尚书，因奏事，面请增台、谏员。上曰：‘士大夫多卖直，故难其选。’忠简曰：‘直言，士之所尚，陛下开纳则有益于国家。’胡忠简铨时为左史，因造朝，以张公之语质之”。对此孝宗连忙解释道：“此语非也。朕以张阐所言，谓台、谏论事当辨曲直，非谓卖直也。”次日，张阐再次请对，“又论台、谏一空”之事，孝宗说：“卿与胡铨，昨日议论一同，得非傅会？朕止欲辨所论曲直，非恶直也。”张阐答道：“陛下当受垢纳污，若校曲直是非，便是拒谏。”④ 史浩也立即上言：“使陛下有轻士之心，其与祖宗开天章阁求直言，岂不甚相戾耶，昔仁宗开天章阁，使大臣条对，奸臣欲困同列，故请一日而毕，其间所说有得其大体者，众不能夺，竟许，退而条具，兹故事也，

① 《皇宋中兴两朝圣政》卷58，淳熙七年十月丙戌。
② 《历代名臣奏议》卷49《周必大奏议》。
③ 《历代名臣奏议》卷206《史浩奏议》。
④ 《建炎以来朝野杂记》甲集卷5《隆兴台谏》。

陛下若不听臣言，驯此而行，则将流于薄，而忠厚之气象不见矣。”① 对此，孝宗亦十分后悔，“上改容纳之”，表明自己不敢轻天下士大夫。史家称颂道“隆兴主圣臣直，盖如此”②。这说明宰相、台谏等广大士大夫对孝宗皇权的约束力也是不可轻视的。当汤思退误国、金军入侵之时，“会太学诸生上书，上怒，欲加罪”，连包括王之望在内的宰辅大臣都上书“救解之”③。可见，越来越多的士人都能对孝宗的决策起到一定的约束力或影响力。

另外，宰辅大臣们还鼓励和利用孝宗皇帝对“天”、“道理”、“名节”、“公论”的信仰和顾忌，来制约皇权。《中兴两朝圣政载》：乾道四年三月，明州州学教授郑耕道进对，奏：“太祖皇帝尝问赵普曰：‘天下何物最大？’对曰：‘道理最大。’太祖皇帝屡称善。夫知道理为大，则必不以私意而失公中。”孝宗听后说：“固不当任私意。”史臣留正评论：“天下惟道理最大，故有以万乘之尊而屈于匹夫一言，以四海之富而不得以私于其亲与故者。”“寿圣皇帝（孝宗）因臣下论道理最大，乃以一言以蔽之：‘固不当任意。’呜呼！尽之矣。”“道理最大”成为维持君臣关系的准则，同时使更多的士大夫参与了对国家大事的决策，进一步保障了“共治天下”的局面。

绍兴三十二年，孝宗即位后发生蝗灾，于是张浚便奏上《飞蝗为灾状》说：“臣今月十一日午后舟行出国门，有飞蝗自北而南，其长数里。臣窃惟灾异之起，必有所因。恭惟陛下即位之初，励精求治，忧劳庶政，岂容有此？臣愚伏望圣慈益加钦畏，以答天心，抑天之爱，陛下殆将有以警勉于初，助成圣德，恢张皇业。更乞延见近臣，赐以清闲，咨问时政，必使泽惠，实及军民。臣愚，不胜拳拳。”④ 即希望孝宗以灾害自警，能有敬畏天之心，严于自律，广开言路，勤于时政，惠泽军民。因此每逢灾害，孝宗朝君臣便“迎请天竺观音入城”，孝宗不但“有旨令吴渊只就寺中祈祷”，甚至亲自虔诚地祈祷，大臣赞道：“陛下之祷久矣！”孝宗便答道：“朕每自修省，唯恐不逮，孽孽为民，未尝敢忽，庶几天心昭格，雨

① 《历代名臣奏议》卷206《史浩奏议》。
② 《建炎以来朝野杂记》甲集卷5《隆兴台谏》。
③ 《宋史》卷372《王之望传》。
④ 《历代名臣奏议》卷305《张浚奏议》。

旸以时。”[①] 当王淮为此而赞誉孝宗时，孝宗也说：“朕自昨日，早晚焚香，默祷于上帝。”[②] 因此，这也是宰辅大臣们借以规谏孝宗，使皇权有所收敛的好时机。宋代学者们所谓的天下之“道理”，也是宰辅大臣们约束皇权的一个因素。“上曰：‘朕于听言之际，是则从之，非则违之，初无容心其间。’梁克家奏：‘天下事惟其是而已，是者当于理之谓也。’上曰：‘然。太祖问赵普云：天下何者最大？普曰：惟道理最大，朕尝三复斯言，以为祖宗时每事必问道理，夫焉得不治！’”[③] 同时，孝宗还是一位非常注重声望、名节的皇帝。淳熙末，“高宗未葬，翰林学士洪迈不俟集议配飨，独以吕颐浩等姓名上。（杨）万里上疏诋之，力言张浚当预，且谓迈无异指鹿为马。孝宗览疏不悦，曰：‘万里以朕为何如主！’”此足见孝宗对名节的重视。此外，公论也是对中央政治颇具影响、对孝宗有一定约束力的因素。如“会陈俊卿、虞允文为相，交荐之（杨万里），召为国子博士。侍讲张栻以论张说出守袁，万里抗疏留栻，又遗允文书，以和同之说规之，栻虽不果留，而公论伟之”[④]。

在宰相等大臣的劝谏和建议下，以及孝宗出于自觉的认识，孝宗朝君相之间能够相互警戒、互相配合。孝宗对中书相权的维护亦十分重视，对自身皇权也有了一定的约束。宰相们制约皇权也是为了辅佐孝宗，共同治理好朝政。如王之望所言：“然贤人君子立人之朝，孰不欲尧舜其君，至于得行其志者，宰相之外独谏官耳。”[⑤] 虞允文曾奏道：“君臣之间，相称誉，相警戒，自有次序，如此所以能致无为之治。”孝宗对此亦表示赞同。[⑥] 孝宗还对梁克家等说，对于皇帝的执政，“至赖卿等补益”。他还嘱咐道：“卿等若只备位，非所望于卿等。”于是，梁克家奏：“容臣等退思，苟有阙失，敢不尽言。”[⑦] 足见君臣相勉的融洽情景。对于朝廷在台谏之外设立察官这一制度，孝宗也非常赞成，“上曰：‘朕令察官察事甚好，迩来

① 《宋会要辑稿》礼18之23。
② 《宋会要辑稿》礼18之34。
③ 《皇宋中兴两朝圣政》卷50，乾道七年四月庚戌。
④ 《宋史》卷433《杨万里传》。
⑤ 《历代名臣奏议》卷157《王之望奏议》。
⑥ 《皇宋中兴两朝圣政》卷51，乾道八年四月己未。
⑦ 《宋会要辑稿》崇儒7之11。

所察，甚有补于事'，赵雄奏：'事之大者言者论之，小者察官察之，则吏治毕举，官邪悉去矣。……抑侥幸，屏谗谀'"①。一日，中书舍人洪适于内殿奏事，孝宗还鼓励他对自己的行为进行监督和约束，"上曰，卿所缴秦埛差遣甚当，向后有合缴事不须劄子，但批敕，将来如有自出朕意事，不可行者，卿但缴来"②。对于孝宗主动限制宗室权势的做法，宰相赵雄赞道："凡好事古所难者，尽出陛下之意，臣等略无万一可以补助。""后秀邸诸子弟悉归班焉。"孝宗在宰辅大臣们的劝谏下，对于自己施政的错误勇于改过。一次，"上默然久之曰：'朕几误矣。'"并立即改正，史家赞道："其改过不吝盖如此云。"③ 淳熙十五年正月，在王淮、周必大并相时，支持兵部侍郎林栗的建议："国家累年以来，宰执百僚，职无虚位，御史三院，亦不乏人，独谏诤之官，尚有阙员，居其位者，往往分行御史之职，至于箴规阙失，寂无闻焉。愿依唐制，置拾遗、补阙，左右各一员，皆三年为任，仍面加训论，官以遗、补为名，不任纠弹之职。"即重新设立废弛已久的拾遗、补阙之职，对此"孝宗从之"④，并马上任命了官员。可见，孝宗已越来越注重对皇权的监督，使皇权在士大夫政治体制内运作。

此外，孝宗用人而存疑，对宰相及其他官员，采取不予久任的做法，而对此，孝宗朝宰相们也进行了不断的谏诤。早在绍兴间，张浚就赞成"昔汉高祖得陈平于亡虏，其信任不疑，……慨然有高天下之气"。"汉高祖所以屡危而复振，不过豁达大度，信任三杰耳，夫汉高祖承亡秦之余，自始及终，以此道平定天下"，因此主张"宽洪任人"⑤。而在孝宗朝宰相中，主张用人、任相久任不疑最具有代表性的，当属虞允文和周必大。

乾道三年，虞允文就奏上《论用人久任利害疏》说："皇帝御选德殿，命臣俊卿、臣允文、臣克家入奏事，已乃赐坐，从容论今日治道。上顾谓臣等，用人必当其才，必久其任，其效乃着，臣等对各有指，臣某昧死奏，诚如陛下圣训，然自古才难知，而用之亦难，惟公其选，则才无不当

---

① 《皇宋中兴两朝圣政》卷 58，淳熙七年二月丙午。

② 《宋会要辑稿》职官 3 之 19。

③ 《齐东野语》卷 1《孝宗圣政》。

④ 《建炎以来朝野杂记》甲集卷 10《拾遗补阙》。

⑤ 《历代名臣奏议》卷 142《张浚奏议》。

久其任。”这样才能“人无躁进之心，官有宿守之业”。同时虞允文针对现况进谏道：“近者除授数月，即迁人，知速去，官无成绩，奔竞之风由此而甚。”虞允文还上言曰：“臣闻论相系之人主，而择相当以天下，故宰相者天下之选也，……陛下登大位今七年，勤于论相，数置而亟免者，已七八辈，岂陛下所乐为哉？意者论相之初，择之不审也。”① 虞允文又奏道：“今日之务，莫急于论相，必择之于未用之前，信之于既用之后，不使议论负荷者岐而为二，则是非自定，利害自明，重轻相扼之势不分，毁誉乱真之祸不作，德仁功利之用，次第而施行之，万事将无不理矣。”② 虞允文希望孝宗能够先审慎择相，然后予以久任，这样才能对朝政有益。虞允文认为，孝宗励精图治多年，却未能在恢复事业上获得进展，就是因为对大臣不够信任，责以专任。虞允文上奏曰：“臣伏蒙圣恩，颁赐御笔，曲示腹心之眷。臣下拜感藏之余。窃惟陛下以天赐之智勇，天授之规摹方略，如臣至愚，何敢望清光之万分。然出入周行，七年于此，仰窥陛下营经四方之远图，终始惟一。……不疑则无间言之可入，不变则无异论之可移。”③

周必大亦在久任问题上对孝宗进行了不断的谏诤。周必大曾上《论任官疏》说：“臣闻尧舜而下，设官分职，未尝不以久任为先，……若乃选择得人，深戒数易，或令因任举增秩赐金之典，则不劳更张，善无以加矣。”④ 周必大向孝宗针砭时弊道：“今练兵以图恢复，而用将之道未尽，择人以守郡国，而责宝之方未至。”接着又指陈“江池大将、二浙郡守数易之弊”。对此，孝宗表示重视，“后四日庚申，上复遣中使持三从官奏牍，以示宰执”⑤，表示要引以为鉴。当孝宗诏权礼部侍郎周必大同王之奇、陈良翰对选德殿时，孝宗“袖出手诏，举唐太宗魏征问对，以在位久，功未有成，治效优劣，苦不自觉，命必大等极陈当否，退而条陈”。于是周必大进言：“陛下练兵以图恢复，而将数易，是用将之道未至，择

---

① 《历代名臣奏议》卷144《虞允文奏议》。
② 《建炎以来朝野杂记》乙集卷3《孝宗与近臣论德仁功利》。
③ 《历代名臣奏议》卷3《虞允文奏议》。
④ 《历代名臣奏议》卷147《周必大奏议》。
⑤ 《建炎以来朝野杂记》乙集卷3《孝宗与近臣论德仁功利》。

人以守郡国，而守数易……”[①] 同时，周必大指出：“陛下忧勤十年，作成甚切，凡侍左右无非亲擢，其能否贤不肖岂逃睿鉴。臣愿陛下更赐留神，每进一人，不徒取一时之长，须可备它日之用，则人才见矣。……四曰，久任监司郡守，责事功之成。”[②] 希望孝宗用人能够有长久之计，予以久任，责成事功。

虽然有这些宰辅大臣的一再谏诤，但孝宗在其统治的大部分时间里都未能采纳久任宰相、大臣的用相、用人方略，只是在其统治后期，其强大的皇权地位已稳固，且不想再有所作为，才对王淮等循谨之人予以了久任，保持了政局的平稳。

从孝宗朝皇权与相权的矛盾互动中可见，孝宗皇权虽强却有制，相权虽弱却并不萎靡。皇权在制约相权的同时，仍重视宰相的事权职责；而宰相亦始终维护皇权的最高利益。因此，孝宗朝皇权和相权最终未打破“皇帝与士大夫共治天下”的格局。

---

① 《历代名臣奏议》卷143《周必大奏议》。

② 《历代名臣奏议》卷49《周必大奏议》。

第六章

结　语

正如宋人吴泳所言："乾淳全盛之时"①，孝宗朝确然出现了南宋历史上最盛的时代。② 国家政治重心实现了由对外转向对内的过渡。这种转变意味着南宋政治史由初期向中期的过渡。

孝宗朝政治重心由对外到内政的转变、乾淳之治都无不与孝宗和他的宰相群体有着密不可分的关系，他们构成了孝宗朝政治的主体。孝宗对高宗朝的政治积弊有着深切不满，概而言之，主要集中于对秦桧对外求和、对内专权主张的不满。祖宗以来逐渐确立的"皇帝与士大夫共治天下"的"士大夫政治"（或曰"文官政治"）被秦桧破坏殆尽，因此孝宗即位后，便致力于对前朝政局的扭转，奉行与高宗朝不同的政治路线，亦可以说是对高宗朝政治的一种全面的"反动"。这体现在两方面：对外方面，改变对金卑屈求和的军事和外交路线，力求主动态势，以重振祖宗时的雄武国威；对内方面，严防相权坐大，杜绝宰相专制局面的出现，重振皇权与恢复士大夫政治格局。

在孝宗朝政治中，大致存在四个方面的矛盾，即战、守、和三派间的矛盾、宫府之争、皇权与相权的斗争、理学与反理学势力的斗争（或道学党与反道学党之争）。战、守、和三派的斗争主要体现在对外军事和外交中。孝宗虽志在恢复，重用主战派宰相、大臣，但随着宋金战局和宋朝国内形势的发展变化，孝宗也相应任用主和派与主守派宰相。虽然孝宗与他的主战、主守派宰相们为恢复事业作了种种努力，但立国未久的南宋王朝的国力、长期以来弱武政策下的军力、将才未备、最好战机的错过，以及始终主和的太上皇高宗的从中牵制，加上金国又是有着"小尧舜"之称的金世宗在位，这些都使孝宗的恢复理想难以实现，终成泡影。然而在孝宗朝君相的努力下，孝宗朝在对金关系上还是取得了一些进展，呈现出一些与以往不同的新局面，使宋朝无论在对外军事，还是在外交的地位上都有所改观和提高。这种对外局面又与孝宗对宰相的选任，以及宰相群体的态度、作为，以及与孝宗之间互动的影响有密切的关系。

在孝宗朝的政治中，主守派阵营的形成是一个重要事件。在孝宗朝特

① 《鹤林集》卷 18《论恢复和议事宜劄子》。

② ［日］日野开三郎著：《东洋中世史（三）》第三章《南宋》，第 79 页。（昭和九年）也提到："孝宗亦南宋第一英主，其治世约三十年（1163—1189），为南宋极盛时期。"转引自［日］寺地遵著：《南宋初期政治史研究》附注 13，第 482 页。

定的历史环境下，即在主战派已难以振作而日趋凋落，主和派亦不得其势而趋于低迷，战不成功，拱手退让又不甘于心的状况下，主守派阵营应运而生。它的出现和日益壮大，实际上是战、和等势力相妥协的产物，是一种无奈而又务实的选择。主守派阵营如同一个庞大的包容体，既包容了主战派整备军事、待机再战的思想，又容纳了主和派实现和平局面的愿望，而重视加强内政建设、实现自治的主张又是主守派最为核心的思想，也是主战派与主和派都不反对的。因此，主守派的要求正符合了当时时代的需求，顺应了历史发展的潮流，成为孝宗朝政治的主体力量。在主守派思潮的影响下，孝宗朝的政治重心逐渐由对外转向了内政建设。也正是由于对内政建设的重视和加强，才成就了乾淳时期的治世局面，也才使孝宗朝成为南宋士大夫政治落实得较好的时期。由于主守派自治的主张成为乾淳时期的主旋律，因而南宋政权也渐失全国性的特质，日益成为地方性的政权。南宋政权的地方化、江南本土化就肇端于孝宗朝时期。这亦可从孝宗朝宰相的籍贯上得到体现（见表1、表7）。孝宗朝后，历仕光、宁、理三朝的名臣崔与之在总结了上百年来宋金和战的经验教训后，也提出了“唯能固守，而后可以战，可以和，权在我也”、“实边而后可以安边，富国而后可以强国”① 等一系列见解，即是对孝宗朝以来主守思想的进一步发展。

理学（或曰道学）至南宋孝宗朝得到迅速发展，而理学便是士大夫政治的思想结果。宋初一系列改革造就了“祖宗家法”，也奠定了有宋一代重文抑武的政治风尚。这种风尚与宋初儒学复兴的潮流交相辉映，开始孕育宋代独特的政治文化。至仁宗、神宗之世终于建立起儒家士大夫体制并超越汉唐，回向“三代”，以士大夫为政治主体，重建社会政治秩序的共同意识。范仲淹的士大夫“以天下为己任”的呼声成为宋代政治文化的基本内涵。皇帝须与士大夫“共定国是”成为君臣间共守的原则，因此“皇帝与士大夫共治天下”的士大夫政治原则已确乎建立。至南宋，出于对王安石变法失败乃至对北宋亡国的反思，理学家们深信“外王”首先必须建立在正确的“内圣”基础上，内圣是外王的绝对先决条件。② 基于以上认识，他们特别致力于儒家“内圣”之学，而南宋前期理学的最终完成正好

---

① 《崔清献公言行录》卷1、卷2。

② 余英时：《朱熹的历史世界》，第413页。

契合了这一时代的需求。注重向内探索真正的“性命之理”，以更好地实现外王之业，成为南宋士大夫政治文化的新特征。理学士人仍致力于“推明治道”，对传统儒家政治思想做一大更改，以建立一种有别于“君为臣纲”的政治原则，使“行道”之责在贤士大夫，他们是维护士大夫政治的中坚力量。至孝宗朝，当理学思潮冲击到占统治地位的传统儒家思想的时候，便出现了道学与反道学势力的斗争，进而推动了两个党派的形成。这亦可归为主守派内部关于不同治国理念的纷争。孝宗重视建立功业，因此提倡事功，主张务实，而反对空谈、清议所谓“性命”之学。因此，理学在孝宗朝并不受官方支持。反道学党主张实事实功地建立功业，为日后的恢复大业做准备。道学党却先讲求“正心”、“诚意”等许多“性命”之学，其后方可谈治国与恢复。孝宗朝之后，随着两派党争加剧，终于酿成了“庆元党禁”。主守派阵营也在逐渐蜕化，转变为新的主和派势力，待机再战的务实目标已被空谈性命所取代。当理宗朝道学党得势、理学成为官学之时，正是主守派彻底蜕化之际。而两党之争对孝宗朝之后的南宋政治产生了深远的影响，而这也肇端于孝宗朝。由此可见，主守派阵营对整个孝宗朝都产生了极为重要的影响。

此外，宫府之争、皇权与相权之斗争则主要体现在内政方面。由于近习势力是孝宗皇帝的耳目和御用工具，是皇权势力的延伸。因此，宫府之争实质上就是皇权与相权斗争的另一种表现形式。这两种斗争都事关孝宗朝士大夫政治体制的恢复与维护的问题。这是本书着重探讨的一个问题。宋代皇帝之所以优礼士大夫，就是为了与其共同治理国家。“艺祖皇帝有言曰：‘设科取士，本欲得贤以共治天下。’”① 文彦博也说：“为与士大夫治天下，非与百姓治天下也。”② 因此，以宰相为首的士大夫阶层便广泛地参与到了国家政治中。宋代之所以被称为“中国封建社会发展的成熟时期”，正是因为它是更广泛的地主阶级专政。南宋后期，杂剧人称：“满朝朱紫贵，尽是读书人。”③ 可以说，宋代确立了世界上最早的而且相当完善的文官政治，意义重大。宋朝内部的稳定，应归功于它拥有一个水平较高

① 《陈亮集》附录，李幼武《皇朝名臣言行外录》卷16《陈亮》。

② 《续资治通鉴长编》卷221，熙宁四年三月戊子。

③ 《贵耳集》卷下。

的文官集团。这不同于贵族、军阀、僧侣政治，他们治理国家、维护自身统治利益，除了思想文化的教化外，亦要依靠国家法度。中国古代封建君主专制的形式从皇帝独裁、军阀专政到宋代士大夫政治下的共治专政，可谓是历史的进步。

在宋代士大夫政治体制中，无论皇权还是相权，都必须坚持国家法度，依法行使权力。皇权既不独裁也不大权旁落，不论强弱，必须拥有对朝政应有的控制力；相权也既不膨胀为权相，独揽朝纲，也不弱化得垂首听命，形同虚设。与此同时，台谏等能够行使独立而又强有力的监察能力。所有这些都是在坚持国家法度的前提下进行的，即皇权是有所制约的，相权是受到尊重的，宋代帝王基本上能在各方面接受群臣的劝谏，君权不能超越法制。在法制的基础上，互相制约的皇权、相权、监察权，通过道理维持平衡，共同控制着宋代国家机器的运转，形成“皇帝与士大夫共治天下”的局面，这也是其不同于前代政治局面的新特征。

值得注意的是，这种体制存在着不稳定性，这便是皇权能否正常运作、具有控制力的问题。人们研讨古代的君主专制，其中固然有制度的因素，但在人治时代，君主的个人能力无疑也是能否集中皇权的重要因素。宋代士大夫政治是在封建的人治社会中，尽可能地实现法制化，尽管人治与法治是两个对立的概念，然而在宋代，这两种政治现象实现了融合，即所谓的对立统一、相辅相成。当两者实现融合与统一时，便成就了人治社会中的理想状态，呈现诸如“乾淳之治”的治世局面。与此同时，两者相对立、相左的因素也依然存在，这就体现在宋代士大夫政治体制中潜在的脆弱性和不稳定性。其关键就在于皇权是否有效。人治社会的弊端在于作为最高决策者的皇帝个人，由于种种客观（如即位情况、国内外政治状况等）、主观（如个人素质、能力、个性、健康状况等）的因素，使其施政存在不稳定性。当皇权理智、有效、强有力时，士大夫政治才能得到保护而趋于完善。孝宗朝就充分体现了这一点。当皇帝因为某种原因失去了皇权的有效性时，士大夫政治体制就会倾斜、损害，甚至倾覆。南宋孝、光两朝之后的诸朝就验证了这一规律。皇权一旦衰落或失控，皇权对台谏系统的监控就会出现失误，此时相权将会颠覆分权制衡的政治构架，而专擅朝政，形成权臣政治。而台谏监察权对君主失误的制约，只有在皇权有效施行的条件下才得以维持和见效。因此，皇权一旦失落，士大夫政治体制便会倾斜、破坏，甚至颠覆。此时，国家法度也会遭到破坏而形同虚设。宋代政治史的演变已经证明了这一点。南宋宁宗、理宗朝之间的魏了翁云："臣闻人主所与共天下者，二三大臣也。"① 此"二三大臣"即指宰相等权贵，这就是权臣政治下的少数权贵专政。理宗时洪天锡也提出："上下穷困，远近怨疾，独贵戚巨庵享有富贵耳。举天下穷且怨，陛下能独与数十人者共天下乎？"② 警告皇帝只依靠、信任少数权贵是难保天下的，暗示天下是皇帝与士大夫共有的，不应破坏"共治"体制。宋代士大夫政治体制的破坏主要在南宋时期。南宋是一个权相辈出的时期，除了孝宗朝，几乎每朝都有权相及相应的权臣政治。究其缘由就在于皇权因种种原因收缩了。元人总结南宋灭亡的原因时，认为宋朝是"主柔臣强"③。可见，一旦士大夫政治被破坏，权臣政治将给国家带来极大的危害。

然而，不管皇权如何衰落，权相如何专权，都不会影响和危及赵宋江山的统治。因为长期以来祖宗家法及忠君思想潜移默化的教化，使包括宰相在内的士大夫对皇权岂止具有向心力，简直是依附，根本不可能危及皇位。有学者称宋代是"看不见篡夺"的时代。即使皇权微弱，无异于傀儡，但也是一尊尊贵的偶像，赵宋的江山是无人敢公然篡夺的。南宋孝、光两朝后，皇权不断衰落，皇帝越来越成为国家、社稷的象征而存在，他们逐渐脱离实际而具体的政治权力（实权），皇权被象征化了。皇帝的地位虽依然稳固，不会动摇，但由于皇权的失控，使其实际的治理权蜕化、弱化。在这种情况下，相权容易侵渔和利用失控、蜕化的皇权，致使相权坐大，出现权臣政治。

宋代士大夫政治的另一特点是广大中下层士大夫对国家政治的参与和监督权增强。南宋叶适说："国初宰相权重，台谏侍从，莫敢议己。至韩琦、范仲淹，始空贤者而争之，天下议论相因而起，朝廷不能主令而势始轻。"④ 即上层士大夫——主要是宰执，失去了昔日的权势，中下层士大夫有了更大的发言权，他们的意见，皇帝与宰辅都不能不重视，并有了实行的可能。孝宗朝相权削弱，使中层士大夫——升朝官权力得以扩大与增

---

① 《历代名臣奏议》卷117《魏了翁奏议》。

② 《宋史》卷424《洪天锡传》。

③ 《续宋宰辅编年录》卷25。

④ 《鹤林玉露》丙编卷2《论事任事》。

长，政府机关发言权增大，也就是说，有更多的士大夫参与了最高决策。这种局面可称得上是典型的“皇帝与士大夫共治天下”。而孝宗皇权的强化，压制了一度坐大的相权，力保中层士大夫的权力。另外，从制度上讲，朝省集议制度使得国家政务的决策透明化、民主化，所谓“国朝以来，凡政事有大更革，必集百官议之，不然由使各条具利害，所以尽人谋而通下情也”①。孝宗广开言路，广泛征求吏人甚至百姓的意见。正如黄履翁所说：“以天下之责任大臣，以天下之平委台谏，以天下之论付士夫，则人主之权重矣。”② 即皇帝重在其权，宰执大臣重在其责，台谏之重在监督检举不合法度之事，以平顺朝政。而天下士大夫之重则在于监督，评论朝政之得失。张端义认为宋孝宗之所以“圣德日新”，是由于他懂得“天下是天下之天下。”③ 士大夫的直言敢谏，造成的强大舆论力量使皇帝感到畏惧，在很多情况下有效地制约着皇权。孝宗朝台谏权盛，士大夫言事成风，这既限制着相权，也制约着皇权，使与皇帝共治天下的士大夫代表面更为宽泛，从而使朝廷决策在更大程度上反映士大夫的意志，因而得到更广大的士大夫的拥护与赞扬。此外，宋代科举的改革不仅使地主阶级中的优秀分子，而且还有劳动大众中的杰出者，均被吸收进士大夫的队伍中，使士大夫的队伍日益壮大。而赵宋皇朝给予官户的种种优待，又使士大夫与土地联系在一起，能够占有土地，成为地主，确保了其阶级地位的可靠。马克思说：“一个统治阶级越能把被统治阶级中最杰出的人物吸收进来，它的统治就越巩固，越险恶。”④ 而孝宗朝广泛吸收士大夫参与到政权与政治中来，就正是如此。

宋仁宗朝被誉为北宋士大夫政治的典范，⑤ 而孝宗朝则是南宋士大夫政治相对稳定的时期，两朝在频繁换相、任相之多等方面确有许多相似之处，难怪杨万里称赞：“盖孝宗之季年，王道至隆之时也，如唐之贞观、

---

① 《却扫编》卷中。
② 《古今源流至论》别集卷2《君权》。
③ 《贵耳集》卷上。
④ 《马克思恩格斯全集》第25卷，第679页。
⑤ 张其凡：《“皇帝与士大夫共治天下”试析——北宋政治架构探微》。

开元，如本朝之庆历、元祐”、“得人之盛，廪廪有庆历、元祐之风。”[①]

然而士大夫政治终究是地主阶级专政，它维护的是士大夫阶层的利益。因此，维护士大夫利益的人，都能成为士大夫称颂的名臣贤相，大受褒扬。宁宗朝的吴泳曾奏言：“盖谓约己者，所以阜安四海，而清罚者，所以照临百官，乾、淳之风高矣哉！臣愿陛下始终以孝宗为法，天下幸甚！”[②] 可见，孝宗对士大夫们的恩惠与关照是不少的。在孝宗朝中后期，主守派之所以日益壮大，且孝宗也终于放弃了北伐，日趋偏安，亦有为士大夫利益着想的因素存在。

随着孝宗朝士大夫政治的日趋完善，宋代社会呈现出和平安定的景象，加之国家机器运转正常，生产得到迅速发展，经济繁荣起来。这是乾淳之治得以出现的一个根本因素。

剖析孝宗朝政治，有助于进一步认识“共治”架构，了解南宋乃至整个宋代士大夫政治的发展趋势。在两宋三百多年的历史中，士大夫政治取代了以往的士族门阀政治或军阀政治，由君主独裁变为君主与士大夫共同专政，是一个进步。程朱理学的产生，便是士大夫政治的思想结果。可以说，士大夫政治与权臣政治是两宋政治最为突出的特征，而权臣政治亦是从士大夫政治体制下衍生出的一种变体而已。这便是封建人治社会中，士大夫政治终究无法避免的趋势。

---

① 《诚斋集》卷76《静庵记》，卷120《宋故左丞相节度使雍国公赠太师谥忠肃虞公神道碑》。

② 《鹤林集》卷17《论郡县人心疏》。

附　录

引用书籍版本目录

1.（元）脱脱：《宋史》，北京：中华书局 1985 年版。

2.（清）王夫之：《宋论》，北京：中华书局 1964 年版。

3.（宋）留正：《皇宋中兴两朝圣政》，台北：文海出版社 1967 年版。

4.（宋）王应麟辑：《玉海》，扬州：广陵书社 2003 年版。

5.（宋）徐自明撰，王瑞来校补：《宋宰辅编年录校补》，北京：中华书局 1986 年版。

6.（宋）李心传：《建炎以来系年要录》，北京：中华书局 1956 年版。

7.（宋）李心传：《建炎以来朝野杂记》，北京：中华书局 2000 年版。

8.（宋）《宋史全文续资治通鉴》，台北：文海出版社 1969 年版。

9.（宋）罗大经：《鹤林玉露》，北京：中华书局 1983 年版。

10.（宋）史浩：《鄮峰真隐漫录》，四库全书本。

11.（宋）叶绍翁：《四朝闻见录》，北京：中华书局 1989 年版。

12.（宋）周密：《齐东野语》，上海：华东师范大学出版社 1984 年版。

13.（宋）朱熹、李幼武：《宋名臣言行录五集》，台北：文海出版社 1967 年版。

14.（宋）岳珂：《桯史》，北京：中华书局 1981 年版。

15.（宋）杜大珪：《名臣碑传琬琰集》，台北：文海出版社 1969 年版。

16.（宋）陈均：《中兴两朝编年纲目》，北京：国家图书馆馆藏清抄本。

17.（宋）佚名：《中兴御侮录》，粤雅堂丛书本。

18.（元）脱脱：《金史》，北京：中华书局 1975 年版。

19. （宋）刘时举：《续宋编年资治通鉴》（第五集），学津讨原，上海：商务印书馆 1922 年版。

20. （宋）魏颂唐：《魏文节公事略》，杭州：杭州古籍书店 1982 年版。

21. （清）施国祁：《金史详校》，广雅丛书 1920 年版。

22. （宋）杨万里：《诚斋集》，四部丛刊初编本。

23. （明）黄淮、杨士奇编：《历代名臣奏议》，上海：上海古籍出版社 1989 年版。

24. （宋）德金、张希清主编：《中华文明史》［第六卷（辽宋夏金）］，石家庄：河北教育出版社 1994 年版。

25. （宋）陈亮：《陈亮集》，北京：中华书局 1987 年版。

26. （宋）黎靖德编：《朱子语类》，北京：中华书局 1986 年版。

27. （清）徐松辑：《宋会要辑稿》，北京：中华书局 1957 年版。

28. （宋）杜范：《杜清献集》，吴县孙氏九峰书院，清同治九年（1870），清光绪六年（1880）重修版。

29. （宋）魏了翁：《鹤山先生大全文集》，四部丛刊初编本。

30. （宋）周必大：《文忠集》，台北：台湾商务印书馆 1983 年版。

31. （宋）李心传：《道命录》，台北：文海出版社 1981 年版。

32. （宋）刘克庄：《后村先生大全集》，四部丛刊初编本。

33. （宋）陆九渊：《象山集》，四部丛刊初编本。

34. （宋）彭百川：《太平治迹统类》，扬州：江苏广陵古籍刻印社 1981 年版。

35. （宋）朱熹：《晦庵先生朱文公文集》，四部丛刊初编本。

36. （元）马端临：《文献通考》，杭州：浙江古籍出版社 2000 年版。

37. （宋）吴泳：《鹤林集》，四库全书珍本初集。

38. （宋）李焘：《续资治通鉴长编》（第十六册、二十四册），北京：中华书局 1986 年版、1990 年版。

39. （宋）张端义：《贵耳集》，北京：中华书局 1958 年版。

40. （宋）叶适：《叶适集》，北京：中华书局 1961 年版。

41. （元）刘一清：《钱塘遗事》，上海：上海古籍出版社 1985 年版。

42. （宋）陈傅良：《永嘉先生八面锋》，湖海楼丛书 1882 年版。

43. （宋）周密：《癸辛杂识》，北京：中华书局 1988 年版。

44.（宋）岳珂编，王曾瑜校注：《鄂国金佗粹编续编校注》，北京：中华书局 1989 年版。

45.（宋）胡矩修、方万里：《宝庆四明志》（宋元地方志丛书），台北：大化书局 1987 年版。

46.（宋）陆游：《老学庵笔记》，北京：中华书局 1979 年版。

47.（清）庄仲方：《南宋文范》，江苏书局 1888 年版。

48.（明）解缙：《永乐大典》，北京：中华书局 1986 年版。

49.（宋）傅增湘：《宋代蜀文辑存》，台北：新文丰出版公司 1974 年版。

50.（宋）王十朋：《梅溪王先生文集》，四部丛刊初编本。

51.（清）潘永因：《宋稗类钞》，北京：书目文献出版社 1985 年版。

52.（宋）崔敦诗：《崔舍人玉堂类稿》，南京：江苏古籍出版社 1988 年版。

53.（宋）戴栩：《浣川集》，敬乡楼丛书。

54.（宋）赵善括：《应斋杂箸》，豫章丛书 1949 年版。

55.（宋）刘才邵：《檆溪居士集》，四库全书珍本初集，上海：商务印书馆 1934—1935 年版。

56.（清）《四库全书》，上海：上海古籍出版社影印文渊阁本 1987 年版。

57. 刘晓东等点校：《二十五别史・大金国志》，济南：齐鲁书社 2000 年版。

58.（宋）楼钥：《攻媿集》，四部丛刊初编本。

59.（宋）胡铨：《澹庵文集》，台北：台湾商务印书馆 1983 年版。

60. 吴洪泽、尹波主编，李文泽、刁忠民主审：《宋人年谱丛刊》，成都：四川大学出版社 2003 年版。

61.（宋）袁燮：《絜斋集》，武英殿聚珍版全书（集部），广州：广雅书局 1899 年版。

62.（宋）欧阳守道：《巽斋文集》，上海：上海古籍出版社影印文渊阁本 1987 年版。

63.（清）李遇孙辑，邹柏森校补：《括苍金石志》，北京：国家图书馆馆藏清刻本 1874 年版。

64.（宋）真德秀：《西山先生真文忠公文集》，四部丛刊初编本。

65. （元）吴师道：《敬乡录》，续金华丛书（史部），扬州：江苏广陵古籍刻印社 1983 年版。

66. （宋）周南：《山房集》，北京：国家图书馆馆藏清抄本。

67. （宋）洪适：《盘洲文集》，四部丛刊初编本。

68. （清）赵翼：《廿二史札记》，北京：商务印书馆 1937 年版。

69. （宋）林駉：《古今源流至论》、《古今源流至论别集》，上海：上海古籍出版社 1992 年版。

70. （宋）朱熹：《四书集注·孟子》，北京：中华书局 1957 年版。

71. （宋）徐度：《却扫编》，宋元笔记小说大观（四），上海：上海古籍出版社 2001 年版。

72. （清）黄宗羲著，全祖望补修：《宋元学案》，北京：中华书局 1986 年版。

73. （宋）李肖龙：《崔清献公言行录》，岭南遗书 1911 年版。

74. ［德］马克思、恩格斯：《马克思恩格斯全集》（第 25 卷），北京：人民出版社 1974 年版。

参考文献

［1］陈国灿、方如金：《宋帝列传·宋孝宗》，长春：吉林文史出版社1997年版。

［2］何忠礼、徐吉军：《南宋史稿》，杭州：杭州大学出版社1999年版。

［3］［日］寺地遵著，刘静贞、李今芸译：《南宋初期政治史研究》，台北：稻禾出版社1995年版。

［4］陈乐素：《求是集》第二集，广州：广东人民出版社1984年版。

［5］杨渭生：《徐规教授从事教学科研工作五十周年纪念文集》，杭州：杭州大学出版社1995年版。

［6］王曾瑜：《汤思退与隆兴和议》，《漆侠先生纪念文集》，石家庄：河北大学出版社2002年版。

［7］王曾瑜：《宋孝宗时的佞幸政治》，见中国宋史研究会第十届年会论文。

［8］高纪春：《淳熙末至绍熙间道学与反道学斗争的加剧——道学朋党的形成与党争的激化》，见纪念岳飞诞辰900周年国际学术研讨会论文。

［9］张其凡：《两宋历史文化概论》，广州：广东人民出版社2002年版。

［10］张其凡：《“皇帝与士大夫共治天下”试析——北宋政治架构探微》，《暨南学报》2001年第6期。

［11］范立舟：《乾道、淳熙年间朝野对理学的批评》，《暨南学报》2000年第4期。

［12］王德毅：《宋孝宗及其时代》，《宋史研究集》第十辑，1978年版。

［13］柳立言：《南宋政治初探——高宗阴影下的孝宗》，原刊于《中央研究院历史语言研究所集刊》第57本，第3分，1986年版。

［14］Nap-Yin Lau, *The Absolutist Reign of Sung Hsiao-tsung*

(*r*. 1163—1189), Ph. D. diss, Princeton University, 1986.

[15] 诸葛忆兵:《宋代宰辅制度研究》,北京:中国社会科学出版社 2000 年版。

[16] 张希清:《宋朝典章制度》,长春:吉林文史出版社 2001 年版。

[17] 臧云浦、朱崇业、王云度:《历代官制、兵制、科举制表释》,南京:江苏古籍出版社 1987 年版。

[18] 王瑞来:《论宋代皇权》,《历史研究》1989 年第 1 期。

[19] 王瑞来:《论宋代相权》,《历史研究》1985 年第 2 期。

[20] 程民生:《论宋代士大夫政治对皇权的限制》,《河南大学学报》1999 年第 3 期。

[21] 赵永春:《宋金交聘制度述论》,《辽金史论集》1989 年第 4 期。

[22] 赵永春:《关于宋金交聘"国书"的斗争》,《北方文物》1992 年第 2 期。

[23] 赵永春:《宋金关于"受书礼"的斗争》,《民族研究》1993 年第 6 期。

[24] 王德忠:《孝宗加强专制集权浅论》,《东北师范大学学报》1989 年第 1 期。

[25] 朱学山:《宋孝宗的内政建设》,暨南大学古籍所刊《历史文献与传统文化》第二集,1992 年版。

[26] 邓广铭、程应镠:《中国历史大辞典·宋史》,上海:上海辞书出版社 1984 年 12 月版。

[27] 谭其骧:《中国历史地图集》第六册(宋·辽·金时期),北京:中国地图出版社 1982 年版。